ЗДРАВСТВУЙТЕ, ДЕТИ!
Ш. А. АМОНАШВИЛИ

学校无分数教育三部曲

孩子们，你们好！

Haizimen,Nimenhao!

【苏】Ш.А.阿莫纳什维利 著

朱佩荣 译

教育科学出版社
·北京·

本书是苏联著名教育家Ш.А.阿莫纳什维利根据他长期进行没有分数的教育实验的成果写成的描述小学教育的三部曲中的第一部。作者以一个教学班为实例,生动、形象、具体地展现了他和他的学生在小学四年里的教学和教育活动的全过程,涉及到学校教学教育工作的所有方面。这三部书均被苏联教育部列为推荐给广大教师阅读的教学法参考书。

本书主要描述小学一年级(书中为6岁儿童预备班,按新学制为一年级)的教学和教育工作。作者以一个教师在9月1日前夜的思考开始,最后以他对一年级学生的明天的畅想告终。作者选择了5个学日(如开学第一天、学完识字课本、第122个学日,最后一个学日等)展开他的叙述,在叙述解决对学生进行教育和教学的任务时,论证了基于从儿童个性的观点和对儿童人道态度的立场解决这些任务的原则和方法,阐述了组织儿童学校生活的总方针和在解决对最年幼的学生进行教学和教育的任务中,教师内在的创造活动。此外,作者还叙述了种种与众不同的把儿童吸引到教学和教育过程中来的方式方法。

孩子们,你们好!

孩子们,你们好!

孩子们，你们好！

孩子们,你们好!

目 录

译者的话 …………………………………………… (1)

序言 ………………… 苏联教育科学院院士 A. B. 彼得罗夫斯基 (5)

作者自序 …………………………………………… (9)

第一章　前夜（8月31日） ……………………… (1)
    儿童是我的老师 ………………………………… (1)
    通讯相识 ………………………………………… (3)
    第一个老师 ……………………………………… (5)
    教时的"会计学" ……………………………… (7)

第二章　"我在小孩子的时候……"（开学第1天） …… (11)
    未来一代人的榜样 ……………………………… (11)
    学校是你的 ……………………………………… (13)
    单词的"透明度" ……………………………… (16)
    课间休息的教育学和儿童的顽皮 ……………… (21)
    "我们究竟谁对？" …………………………… (26)
    体贴入微地爱护儿童的心灵 …………………… (32)
    成长的台阶 ……………………………………… (34)
    障碍物 …………………………………………… (36)
    家长会 …………………………………………… (38)
    80年代的现象 …………………………………… (41)
    建议和询问 ……………………………………… (43)

第三章　在课上欢笑赶走了睡神（第20天） ………… (49)
　　相互律 ……………………………………………… (49)
　　"字母狂" …………………………………………… (50)
　　做单词结构分析的游戏 …………………………… (53)
　　认识的快乐是怎样产生的 ………………………… (60)
　　思考着的人看上去是令人愉快的 ………………… (66)
　　使教育的秒时裂变 ………………………………… (80)
　　激起良心 …………………………………………… (83)
　　用俄语交际的快乐 ………………………………… (87)
　　爸爸们是形形色色的 ……………………………… (95)
　　家庭和学校的联系 ………………………………… (100)
　　学日延长班：丰富多彩的活动 …………………… (104)

第四章　识字课本的节日（第84天） ……………… (113)
　　阅读——通向认识的必由之路 …………………… (113)
　　编写初级教科书的原则 …………………………… (121)
　　谢谢你，识字课本！ ……………………………… (122)
　　全校祝贺 …………………………………………… (125)
　　儿童——宇宙"无穷无尽"的缩影 ………………… (126)
　　每一个儿童的权利 ………………………………… (129)
　　奇迹的"秘密" ……………………………………… (130)
　　6岁儿童的快乐和悲伤 …………………………… (134)
　　为家长们举行的歌舞会 …………………………… (138)
　　不仅仅是委屈 ……………………………………… (140)

第五章　一个学日的总谱（第122天） ……………… (143)
　　音乐和教育学 ……………………………………… (143)
　　教育"交响乐"的主旋律 …………………………… (146)
　　使儿童的生活在课上得到继续的原则 …………… (150)
　　确立与儿童实事求是关系的原则 ………………… (152)
　　按适当的速度上课的原则 ………………………… (156)

第 122 学日的总谱实录 ·················· (160)
　　教学法的疏漏 ······················ (173)
　　要是迈娅不生病的话 ··················· (176)
　　"请您做我的爸爸" ···················· (179)

第六章　个性（第 170 天，最后一个学日）·········· (183)
　　9 月 5 日　关于单词和句子的选择 ············ (184)
　　11 月 29 日　"派谁去做客人" ·············· (185)
　　12 月 4 日　秘密会议 ·················· (188)
　　12 月 6 日　生日 ···················· (191)
　　2 月 20 日　个性与墨水的颜色 ············· (195)
　　3 月 7 日　几件"小事" ················· (197)
　　没有你们在一起，光我一个人在这空旷
　　　的教室里，感到很寂寞 ················ (200)
　　"学校精神" ······················· (205)
　　给家长的纸袋 ······················ (212)
　　我们的展览会 ······················ (214)
　　向小树告别 ······················· (218)
　　114 封信 ························· (220)

畅想 6 岁学生的明天 ······················ (223)

附录
　　阿莫纳什维利没有分数的教学体系
　　　的几个主要问题 ···················· (231)

译者的话

Ш. А. 阿莫纳什维利(Шалва Александрович Амонашвили)是著名的格鲁吉亚教育家，心理学博士、教授，他也是苏联继苏霍姆林斯基、赞科夫之后的又一位杰出的教育革新家。在苏联解体前，他是苏联教育科学院院士，全苏教师创造协会理事长，合作教育学派的主要代表人物之一。

阿莫纳什维利致力于教育革新的实验始于20世纪60年代初。他像赞科夫、达维多夫等很多心理学家一样，深入研究了教学、教育与儿童发展的关系，以儿童个性的观点和以人道的态度（热爱、尊重、相信儿童）对待儿童和处理教学、教育问题，创建了他的被简单称做没有分数的教学体系（又称做以实质性评价为基础的教学体系）。

1964年，他在格鲁吉亚教育科学研究所组建教学论实验室，并创办第比利斯第一实验学校（实验室就设在这所学校里），从取消传统教学中的分数、改变师生关系入手，开始了他的长达数十年的没有分数的教学体系的实验。实验学校除第比利斯第一实验学校外，还有格鲁吉亚城乡的很多学校，实验班总数达550个之多，参加实验的教师有320多人，其中很多教师都参加过三至四轮实验。1980年前，实验主要在小学阶段进行，1980年后他又把实验扩及到中学阶段。

奉献给读者的中译本《孩子们，你们好!》、《孩子们，你们生活得怎样?》和《孩子们，祝你们一路平安!》就是他在小学阶段实验的成果结晶。这三部书均被苏联教育部列为推荐给教师阅读的教学法参考书。在这三部书中,阿莫纳什维利以一个教师的口吻,用艺术的手法,生动、形象、具体地描绘了他和他的学生们在小学四年里的教学和教育活动的全过程,揭示了这一年龄阶段(6—10岁)儿童的年龄、心理特点,教学和教育工作的内容、原则、方式和方法,书中还有许多关于他对一系列教育理论问题的思考、借以自勉的警句、准则(原文均用黑体字排印)和饶有风趣的教学和教育活动的实例,表述了他的教育主张。《孩子们,你们好!》描述小学预备班(按新学制为小学一年级)的教学和教育工作,《孩子们,你们生活得怎样?》描述小学一、二年级(新学制为小学二、三年级)的教学教育工作,《孩子们,祝你们一路平安!》描述小学毕业班的教学教育工作。

阿莫纳什维利的著述甚多,除上述三部书外,有代表性的还有:《教学·分数·评价》(1980)、《6岁入学》(1984)、《对学生的学习评价的教养和教育职能》(1984),以及与他人合著的《我们今天的教育学》(1989)等。他的部分著作在国外已被译为多种文字出版。一位印度教师读了泰米尔文版的《孩子们,你们好!》后赞叹说:想不到世界上会有这样好的学校和教师。

阿莫纳什维利的实验早在20世纪70年代就受到苏联教育界的好评。1976年,苏联教育科学院主席团曾就阿莫纳什维利的实验召开了一次专门会议进行讨论和评估。与会学者充分肯定了他的实验对改进中小学教育的现实意义和重要性:激起学生的求知欲,调动学生内在的学习兴趣、积极性、自觉性,培养自我控制和自我评价的能力,形成有社会价值的、内在的有效学习动机。心理学家A. B. 扎波罗热茨在发言中指出,阿莫纳什维利以自己的方法继续了赞科夫开创的事业,阿莫纳什维利创立了师生关系、儿童与学校集体相互关系的新体系,在其中居于中心地位的是在教师领导下班级集体共同的创造性活动。当时的教科院院长B. H. 斯托列托夫在总结发言中指出,阿莫纳什维利的实验是在苏联学校生活中具有重大意义的事,必须继续进行下去。1980年5月26日,他在《真理报》上撰文,又一次肯定阿莫纳什维利的实验,他说,阿莫纳什维利解决了苏联学校长期以来存在的问题:"教学方法没有以培养儿童的求知欲和认识积极性为明确目标",因而他的实验成果"显得尤为重要"。

教育评论家C. 索洛维依奇克于1986年12月4日在《教师报》发表的《阿莫纳什维利的原则》一文中,把阿莫纳什维利列于俄国和苏联历史上一些杰出的教育家之列:"相信儿童的原则是一条古老而又常新的原则,这是皮罗戈夫的原则、乌申斯基的原则、托尔斯泰的原则、克鲁普斯卡娅的原则、马卡连柯的原则、苏霍姆林斯基的原则,而现在——是阿莫纳什维利的原则"。

Ａ．Ｂ．彼得罗夫斯基院士在为阿莫纳什维利的著作《孩子们，你们好!》俄文版所写的序言中盛赞阿莫纳什维利是"卓越的教育家"，把《孩子们，你们好!》与马卡连柯的名著《教育诗》相媲美，是"教育交响诗"。在苏联解体后，在彼得罗夫斯基院士等人编写的俄罗斯高等师范学校《教育学概论》课程教学大纲第三章教育思想部分，专门论述了20世纪70—80年代以阿莫纳什维利为首的教育革新家的教育和教学思想。

作为一位学者，阿莫纳什维利具有一个学者应该具有的可贵品质：理论联系实际。数十年如一日，他始终像一位普通教师一样每天在学校给学生上课。他既是一位著名的学者，又是一名教师。他认为，在学校给学生上课，这是一个教育科学工作者的基本功，就好比体操对于运动员必不可少的一样。他说："我的公理是：最能强有力地推进教育科学的学者是不脱离实践的人，是本人就是一名卓越的教师的人。"（苏联《教师报》，1988年2月25日）因此，他们的实验室有一条规定：学者必须亲自在学校上课，掌握教育艺术，否则就剥夺他写学术著作的权利。同时，也要求实验学校的教师在进行教学的同时，要进行教育科学研究，成为新型的学者型教师。阿莫纳什维利对教育理论研究的这种态度和作风，正如苏联教科院院士И. 兹维列夫所说的，使得"阿莫纳什维利的每一条思想都有丰富的实际经验做后盾。一个学者、理论家、实践家的个性品质，在他的著作的每一页里流露出来"（《学校没有分数行吗?》，教育科学出版社，1986年版，第123页）。

人道主义原则和使学生得到学习成功的快乐是阿莫纳什维利最基本的教育原则。关于他的人道主义教育原则，作者在这三部书中有明确的论述，其主要内容是：教师要热爱、尊重和相信每一个学生，对他们的成功要抱有信心，使他们得到学习成功的快乐，同时，要排除权力主义、强迫命令、侮辱人格、粗暴作风等种种违反教育原则的表现形式。在这三部书中，读者将可以看到，在学校教育教学工作的许多问题上，他都有自己的独到见解，恕不一一列举。在本书的附录"阿莫纳什维利没有分数的教学体系的几个主要问题"一文中，译者对他的教学教育思想和某些教学法问题作了择要的介绍。

1986年，教育科学出版社曾出版本人编译的阿莫纳什维利的文章汇编《学校没有分数行吗?》中译本，引起了读者对这位教育革新家的教育思想和教学方法的关注和兴趣。1990年，开明出版社曾出版拙译《孩子们，你们好!》中译本（译文有少量删节）。但仅从这两本书中，读者不足以了解阿莫纳什维利教育思想的全貌。在新世纪到来之际，教育科学出版社花大力气完整地出版阿莫纳什维利的一套三部代表作的中译本：《孩子们，你们好!》（全译本，对原译文作了校订）、《孩子们，你们生活得怎样?》和《孩子们，祝你们一路平安！》，这必将满足读者全面了解阿莫纳什维利的教育思想和教学方法的愿望，也将有助于我们对这位教育家的教育教学思想的深入研究。

限于译者水平，译文中不当之处，敬请读者不吝批评指正。感谢教育科学出版社的领导对我们的信赖，出版社总编室葛都老师为这三部书的中译本的出版竭尽全力，付出了辛勤劳动，编辑部其他有关老师都做了大量工作，在此表示衷心的感谢。

朱佩荣

2001 年 12 月于上海

序　言

苏联教育科学院院士　А. В. 彼得罗夫斯基*

我认为，可以毫不夸大地说，Ш. А. 阿莫纳什维利的著作《孩子们，你们好!》，无论印刷多少万册，也不过是投入读者需求的沧海里的一粟而已。事实上，这部篇幅不算小的著作，既是我国几百万小学教师的真正必要的精神食粮，也是千千万万家长爱不释手的案头书。

Ш. А. 阿莫纳什维利的这部著作具有惊人的魅力。它的体裁、写作风格别具匠心，不落俗套。在其中叙述的一切，似乎都挺简单，其实这是作者基于自己多年的教育实践所获得的对 6 岁儿童进行教学的经验结晶。不过，在书中 Ш. А. 阿莫纳什维利没有谈到他的教育实践和这些经验的来之不易，他给读者的印象只是一个普通的小学教师，而事实上，他是一位著名的苏联学者，心理科学博士、教授。从本质上说，展现在我们面前的是一部对 6 岁儿童进行教学的方式和方法的教学法参考书。在书中叙述了（借助图片和图表）形形色色的与众不同的教儿童掌握读、写、算的初步知识的教学方法，作者和他的同事们得心应手地运用了这些方

---

* 彼得罗夫斯基（А. В. Петровский）——苏联解体后出任首任俄罗斯教育科学院院长。——译者注

法，并使儿童有效地掌握了有关学科的基础知识。因此，读者从中获得上述印象是符合常情的。读者，首先是小学教师和幼儿园的教养员可以从中获得教学法的全部财富。就其渊源来说，这些财富的产生要归功于 Л. С. 维果茨基、Д. Н. 乌兹纳泽、Л. В. 赞科夫、Б. И. 哈恰普里泽、Д. Б. 艾利康宁、В. В. 达维多夫和苏联其他很多心理学家的教育心理学思想。这么说来，这部著作究竟是什么呢？难道它不是一本教学法参考书，小学教师的读物么？完全不是那么回事！摆在我们面前的这部著作是名副其实的教育诗篇，真正的抒情诗！自从 А. С. 马卡连柯①的名著问世以来，我还没有读到过任何一部同样可以配得上称做教育诗的著作。并且，我认为，对于 Ш. А. 阿莫纳什维利而言，他的这部著作与其说是教育诗，不如说是教育的交响诗！作者所叙述的他与儿童们每一次交往的情景，使人无不感到似乎有一种极优美和悦耳动听的音响在字里行间回荡，作者自己把行将到来的他与他的学生们相处的一天看做是一部由教育的主旋律及其无限数的变奏曲组成的完美的交响乐。Ш. А. 阿莫纳什维利写道："一个学日好比是一部交响乐，而这交响乐的主旋律，在我听来，就是孩子们的叽叽喳喳声"。正因为这样，就使得这位教育家能够像作曲家谱写歌剧总谱或钢琴和乐队协奏的舞蹈组曲一样地谱写每一个学日的"总谱"。

他在书中用一行行的字句"弹奏"出的这个永不变更的教育交响乐的主旋律是什么呢？——这就是对儿童的爱，对儿童的脆弱的心灵关怀备至的态度，任何不谨慎的言语或举动都极易伤害和刺痛儿童的心灵。我曾经到第比利斯去听过沙尔瓦·阿列克桑德罗维奇的课。他向全班学生刚一发问，立即就有很多孩子举手要求回答。他以迅速、轻盈的步伐走向其中的一个孩子身边，轻轻地说："达托，对着我耳朵悄悄地告诉我。"达托全神贯注地在他的耳畔悄悄地说了点什么。沙尔瓦·阿列克桑德罗维奇脸带笑容地听着，然后，他温存地抚摸了一下达托的头，用很轻很轻的声音说："达托，再稍许想一想。"达托皱着又黑又浓的眉毛，全副身心地陷入了沉思。就在这时，Ш. А. 阿莫纳什维利已经走到了另一个孩子的身边，这孩子站了起来，大声地、充满信心地在回答问题。

不久前，我的一位熟悉的同志对我谈起了她的一个年仅5岁的女儿的一件事："我一走进房间，就发现，我的塔纽莎在想些什么，可不知怎的，她竟然会出神到听而不闻、视而不见的地步。我呼喊了她两遍，她都不吭一声。我不

---

① А. С. 马卡连柯（1888—1939）——苏联著名教育家，著有《教育诗》、《论共产主义教育》、《塔上旗》、《父母必读》等教育名著。上文"马卡连柯的名著"系指《教育诗》（1933—1935）一书。——译者注

得不说，'你在想些什么呀？'这一下她才总算听到了，急匆匆回了我一句话，'没有什么，好妈妈。我在思考自己，思考自己的童年……'"。儿童们在思考自己，思考自己的童年。童年——这是儿童的一个小世界。对我们大人来说，要洞察他们的这个小世界，确实不是一件容易的事，但是，它又是我们必须洞察的，否则，我们就不能使他们加入到成人的大世界中来。因而，要保证使他们养成遵守必要的社会生活准则的习惯，保证以我们教育者所希望达到的目标去教育他们，也将会落空。可以用两种不同的办法去尝试一下，一种是命令、恫吓、强制的办法，另一种是Ш．А．阿莫纳什维利的办法——深入理解儿童的志向、意愿，理解他们的行为、举动的意义，充分调动他们的内在潜力，以慈祥、和蔼可亲、宽宏大量的态度对待他们，并富有幽默感，激起他们旺盛的求知欲和创造性地获得知识的需求。在这样的情况下，"自己的、童年的"就成了学生急不可待地和尽快地要与教师分享的那种财富和快乐的源泉。同时，他们也很清楚地知道，他们自己认为重要的和感兴趣的一切事情，教师都认为是重要的和感兴趣的。即使他们的答案和运算并非全都是完美无缺的，但教师却始终洋溢着炽烈的教育创造的激情。在这部著作中，自始至终贯穿着一条把教师和学生紧密地联结起来的牢固的纽带，这条纽带一刻不停地叩动着读者的心弦，把读者的注意引向Ш．А．阿莫纳什维利的思想和事业。

这部著作是专门论述6岁儿童的教学问题的，这是一个大众所关心的、尖锐的、迫切需要解决的问题。众所周知，在最近几年里，我国国民教育体系必须完成一项艰巨的任务——过渡到实行儿童从6岁起入学的制度①。怎样才能做到这一点？这是否会给儿童造成不良的影响？这是否就等于缩短他们的童年期？在70年代，围绕着"6岁儿童"的问题展开了多次辩论。当时，А．В．扎波罗热茨②院士正在领导关于幼儿园对5岁和6岁儿童进行教学的可行性问题的科学研究，他曾强调指出，对这一年龄组儿童的教学工作的任务，既不是训练他们跳级，也不是使他们超越发展，而是培养他们对学校生活的适应能力，即丰富他们的精神世界，促进他们的智力发展，扩大他们的见识。苏联教育科学院学前教育研究所的实验幼儿园取得了成功解决这一任务的经验。Ш．

---

① 苏联儿童入学年龄从1944—1945学年起由8岁改为7岁，小学学制4年；1969—1970学年起，小学全面改为3年制，同时，在小学和幼儿园广泛开设招收6岁儿童的预备班，又称"零年级"；1985年起改7岁入学为6岁入学，小学学制由3年改为4年；1989年又改为6岁或7岁入学，学制4年或3年，视儿童发展水平而定。——译者注

② А．В．扎波罗热茨（1905—1982）——苏联心理学家、教育科学博士、教授，苏联教科院院士，曾任苏联教科院心理学研究所学前儿童心理学实验室主任，研究学前儿童的心理和教育问题。——译者注

Ш. А. 阿莫纳什维利在小学里进行的实验也证明了这一点。然而，有一个问题是值得我们很好地思考的：在大规模推广对 6 岁儿童进行教学的经验的条件下，应该以怎样的细心周到和关怀备至的态度对待他们。在这一方面，卓越的教育家 Ш. А. 阿莫纳什维利的全部工作为我们做出了深思熟虑地解决这一问题的范例和榜样。

作者自序

奉献给读者的这本书是一个教6岁儿童——小学预备班学生，或者，如同人们有时所说的"零年级学生"——的教师的自述。在书中总结了积15年之久的对这些"不同寻常"的学生进行实验教学的经验。家长们的怀疑（"让孩子6岁就上学，有此必要吗？"），某些学者的反对（"干吗要让他们提早入学？儿童的心理发展尚不具备入学的要求！"），现在都已成过去。……随着岁月的流逝，预备班的学术问题已经成为一个具有国家意义的大问题了，在苏联共产党第二十六次代表大会的决议中明确写道："为逐步地过渡到在普通教育学校设立预备班，对6岁儿童进行教育创造先决条件"[①]。

在本书中，我不想给读者证明，是否可能和是否需要在学校、在幼儿园或家庭的条件下，对6岁儿童施行教学，因为我认为，这一问题，无论从它的科学根据，还是从生活的要求和儿童本身对学习的向往来看，都是肯定无疑的。所以，我想还是给读者谈一下这样的一个问题：按照我的信念，我们可以给6岁儿童安排怎样的学校生活。

在着手写这本书之前，我给自己提出了下述任务：第一，根据小学教育体系的整体性，并尽可能按照整个普通教育体系的整体性，来认识预备班的意义；第二，

[①]《苏联共产党第二十六次代表大会文件汇编》，莫斯科，1981年，俄文版，第181页。

不能把 6 岁儿童仅仅描绘为一个学生（甚至很难把 6 岁儿童称做真正的学生），但，首先要把他描绘为一个正在成长中的人，一个有自己的多方面的生活的人，一个与周围的人们有着复杂关系的人；第三，既然每一个儿童都是一个有自己的独立个性的人，因而，只有在考虑到他的实际生活经验，考虑到他的快乐和悲伤、他的需求和志向、他的才能和期望等情况的条件下，我们才能了解他，才能使他成为乐意接受教育的人；第四，用实例说明 6 岁儿童是具有其特殊性的一类儿童，因此，在教学工作中，不能机械地照搬通常适用于一年级学生的教学方法。最后，我还给自己提出了这样的任务：确定学校生活的人道主义和乐观主义的教育学原则。

上述任务决定了我叙述"零年级"实验教学体系的形式——这是一个教师对自己的实践、自己的探索、自己的发现和挫折的回顾和思考。我描述了 5 个学日，其中的每一个学日都体现了儿童的学校生活的某一个阶梯：开学第一天、学完识字课本，等等。

在叙述我所必须解决的教学和教育任务时，也论证了基于对儿童人道态度的立场解决这些任务的方法和原则。

我并不打算把本书写成一本分学科的预备班教学法指南。我认为，阐明下述两个问题尤为重要：第一，组织儿童的学校生活的总方针；第二，在解决对最年幼的学生进行教学和教育的日新月异的新任务中，教师内在的创造活动。本书的开篇是从一个教师在 9 月 1 日前夜的思考开始，最后以对 6 岁学生的畅想为结尾。

也许，在读者看来，似乎，我的经验仅仅是一种实验，是特殊的、脱离学校的实际条件的；实验班上的儿童也是专门挑选来的；我的教育工作方法更是独特的和无与伦比的。不言而喻，每一个教师都有，也应该有自己的某种独有的特点，每一个教学班大致也有自己的独有的特点，每一所学校和每一个教师集体都在创造与众不同的用以对学生进行教学和教育的条件。这全是对的。然而，如果基于这样的认识而得出结论，认为我叙述的对 6 岁儿童的实验教学经验是一般教师可望而不可即的某种海外奇谈，那就大错特错了。这一经验来自一般条件的学校，入学的儿童也不是专门挑选来的。至于我的工作方法，我要请读者相信，它不仅仅是我个人的，其中也包含着许多教师的教育工作的特点。有 100 多名小学教师参加了实验班的教学工作，他们顺利地贯彻了格鲁吉亚苏维埃社会主义共和国教育部 Я. С. 戈格巴什维利①教育科学研究所实验

---

① Я. С. 戈格巴什维利（1840—1912）——格鲁吉亚民主主义教育家和儿童文学作家，写过儿童读本。格鲁吉亚教育科学研究所以他的名字命名。——译者注

教学论实验室拟定的教学宗旨和组织儿童的学校生活的原则，我是这个实验室的领导人，因此，为了履行道义上的责任才把实验教学的经验公之于世，同时也是对这些教师的辛勤工作的谢忱。在业已过去的15年的实验教学工作中，他们都以自己的成果证明了我们所介绍的小学教育体系的生命力，并在过去的共同工作中，以自己宝贵的教学方法、教学形式和建议丰富了这一体系。

　　我在教育儿童工作中的实践经验，在组织儿童快乐的和引人入胜的学校生活的途径方面的科学探索，在与很多实验班教师们长期的、创造性的和科学的共事合作，这些都有助于我形成基于乐观主义的、人道主义的教学和教育原则的某些教育信念。我在教育问题上的见解，对读者来说，也许并非一切都是能够接受的。但是，我认为，如果在最主要的问题上，即在学校教育的条件下，对6岁儿童的教学和教育需要特殊的教育方法，小学教育的教学内容和教学方法也需要根据现代生活的要求和苏联社会的发展重新加以认识方面，我们能够成为志同道合者，那么，我写这本书的目的就算达到了。

谨将此书献给学者型教师瓦列里娅·吉维耶芙娜·尼奥拉泽和纳捷拉·阿列克桑德洛芙娜·阿莫纳什维利。

第一章 前 夜

（8月31日）

儿童是我的老师

8月底的第比利斯，天气还很炎热。火辣辣的太阳把沥青马路烤得油光闪亮，人们都没精打采，似乎对什么事都不感兴趣。

街道上很少能见到孩子。大多数孩子都被家长送往疗养地、别墅区、少先队夏令营和农村度假去了。特别多的是到他们在农村的祖父、祖母或者亲戚家去。

孩子们喜欢到农村去，喜欢与农村的孩子一起玩，同他们一起到树林里去采集黑莓、石枣，或者用树条编结篮筐。这不禁使我想起了自己的童年。我的童年就是在农村度过的。那里是离齐纳达里、伊卡尔托、阿拉维尔迪、格列缅不远的卡赫齐亚谷地。我常常与农村的孩子一起到平静的阿拉扎涅河里去游泳；有时同他们一起去骑放牧的马。我们骑上马就不知疲倦，一会儿信马由缰在河谷里漫步，一会儿扬鞭催马在原野上疾驰。有时我们扛着一袋袋的玉米和小麦到水磨作坊里去磨粉，看着那巨大的石磨盘的转动和芳香扑鼻的面粉有节奏地从磨盘中飞溅到盛器里，是很有趣的。有时举行摔跤比赛，每当举行摔跤比赛时，在不大的林中草地上聚集了几乎全村的人。

不用说，孩子们都喜欢到农村去，这我完全知道，因为我自己从前也是一个孩子。在农村有很多快乐的事情，比在城市待在自己的家里要自由自在得多，而且还有从事令人神往的历险和猎奇的更加广阔的天地。

在第比利斯，夏日炎炎的8月已接近尾声，很快就是9月1日了。我们都知道，这一天是什么日子！可是，在街上还听不到孩子们的喧闹声，很少能遇见孩子。这是怎么一回事呢？莫非开学的日期推迟了，不在9月1日而是推迟两周？要不，推迟一个月？难道能在这样热的鬼天气里正常地上课么？在农村，现在正是葡萄、各种水果成熟的季节——应该让孩子们多摄取些维生素！……

但是，学校在召唤！这是仅次于保卫祖国的最神圣的召唤。

学校的钟声快要敲响了！在接连两三天里，在阳光辉耀下的城市被打扮得万紫千红，焕然一新。全城恢复了生气。也许，你现在已经感觉到了，认识到了从前你所不知道的一条真理：原来，在我们这个具有1500多年历史的，并以自己的姆塔茨明德和卡舒耶季引以自豪的古城，如果没有自己的最年轻的公民，没有儿童，它就毫无价值，它的生活就是有名无实的。

听！街上多么的喧闹！多么愉快、多么快乐的喧闹声！孩子们在急步前行！有的在跑！有的骑着自行车在行人中间穿来转去！他们打破了我们在街头漫步的宁静和悠闲。他们改变了我们在夏日里惯常的话题："哎哟！多热的鬼天气！"行人的脸上显得更精神饱满、更热情、更快乐起来了——因为孩子们回城了！

寒暑表上的水银柱尚未下降。然而，寒暑表关儿童什么事！

今天是38度！难道他们不觉得热吗？

是的，孩子们不觉得热！他们的"热点"在别的方面——准备上学！要领教科书、练习本、自来水笔、尺子、成套图画器、彩色铅笔，并把它们通通装进书包里去。还要准备好学生制服，要穿着得使人看上去漂漂亮亮的……

我们该做些什么呢？我亲爱的同事们！我们聚集在教师休息室里，大家互致问候，交流交流情况。但是要知道，在我们的公文包里也要装进新学年的新的教育计划、新的期望，而我们的心里充满即将与我们的学生会见的心头激荡的期待，充满捉摸不定的和迷离惝悦的激动和快乐的心情！

如果你们的心里确实充满了这样的感情，这就很好，你们一定会获得成功，你们将获得一枚全世界的儿童创设的最高荣誉勋章——他们对你们的爱和信任。如果一想到你们未来的课，一想到同这些不听话的小淘气见面，就使你们感到难受，那可怎么办呢？

但愿事情不致弄到这般地步，最好你们得赶紧……

不过，还是你们自己去决定，该怎么办！

在8月的最后几天里，我天天要伏案工作到深夜。我在思考，制订计划，反复估量，做出结论，自己与自己辩论，规划自己的教育革新的蓝图。我是好几代儿童的教育者，我愿与自己的孩子们一起成长和发展。

我觉得，在有些方面我比他们要处于更有利的地位。他们，即我的"零年级学生"，只有一个老师，而我却有36位（也许，还要更多些）老师。他们所有的人将全是我的最靠得住的老师。我将教他们读书和写字，计算和加减乘除，画图和唱歌，而他们将授予我最高水平的师范教育。为了更多地从自己的学生那儿知道，他们需要什么样的教师，需要的仅仅是要认识到自己也是一个接受教学和教育的人。因而，我在伏案思考怎样与我的预备班新生会面的时候，我给自己写下了下述箴言：

想要了解儿童心灵的秘密，想要揭示教育的技巧和教育学科学的秘密，先要把每一个儿童认做是自己的老师和教育者。

29 年来，我天天在琢磨这条箴言的教益……
我的小老师们究竟是些怎样的人呢？

通 讯 相 识

我把我的学生们的人事案卷全部拿回家去。我想了解每一个儿童的情况。我从人事案卷中取出他们的相片，把它们一张张地排列在桌上，这就是我的班级！在我的耳畔似乎响起了孩子们的清脆的嗓音和笑声。这有什么可听的？不就是儿童们的喧嚷声么？我认为，把这声音称做喧嚷声是不妥当的。教师应该具有教育的听觉，以便从这种所谓的喧嚷声中辨别出在这个儿童乐队中各种不同音律的乐器所奏出的音响，并使你满怀着先行聆听一下这未来的生活交响乐的激情。要知道，当我们听到鸟儿的啼叫声时，我们当然不会说：鸟儿在喧嚷！对于儿童的喊叫声，我们也不能说：儿童在喧嚷！这种儿童所特有的喊叫声，在学校里无处不有，我觉得，在我现在能够找到的用来表述这种喊叫声的词汇中，最合适的莫过于格鲁吉亚语中的"叽叽喳喳"一词了。这个词的意义是：鸟儿和儿童表示欢乐和愉快的一种叫声。我们的先辈创造出这个词儿，是为了划清成人通常的喧嚷和儿童的喧嚷之间的界限。儿童的喧嚷就是欢乐和愉快。

现在，我正注视着我的 36 名学生的相片，并且满怀着要听听这些儿童的"叽叽喳喳"声的急不可待的心情。我把我对"叽叽喳喳"声的爱好，看做是我能够理解儿童的明证；因为我喜欢这"乐器的音律"，喜欢儿童的"叽叽喳喳"声，就意味着我自己将能够成为一个接受教学和教育的人。我坚信：

谁爱儿童的叽叽喳喳声，谁就愿意从事教育工作，而谁爱儿童的叽叽喳喳声已经爱得入迷，谁就能获得自己的职业的幸福。

多么漂亮的孩子！多么快乐的笑容！难道他们照的相片，仅仅是为了在上学前夕在相片上留下自己的快乐么？

孩子们，你们期望着从我这儿得到些什么呢？你们的笑容使我感到了一种快乐的预兆。你们对自己的老师是这样的慷慨和信任。你们还没有见到过我，可是就已经给我送来了如此迷人的笑容，并以如此信任的眼光注视着我。你们想要我做些什么？是要我教给你们各种科学知识吗？要是你们发现我原是一个凶狠的、严厉的老师，我将因你们的每一个过失而处罚、训斥你们呢？在那样的情况下，你们还会有兴趣学习科学知识吗？请别担心，我完全可以向你们保证，这种情况绝不会发生。否则，你们就再也不会喜欢自己的老师和他教的各种科学知识，他的智慧，他对你们的善良愿望了。那么，你们的笑容究竟说明了什么呢？我该怎样猜到你们用笑容表达的意思呢？

"我们生来都是善良的孩子，请不要把我们当做凶恶的孩子！"

孩子们，请告诉我，这话是你们中哪个人说的？

我拿起第一张相片。"捷阿"——在相片背面写着这个向我微笑着的女孩的名字。应该记住她的脸，以便明天见到她时能够认出她，叫出她的名字。也许这句话就是你说的，是吗？

在另一张相片的背面写着——"戈恰"。他留着这样子的一头鬈发！我不必要求家长给他剪发。就让他这个样子吧！这样子有什么不好？戈恰在笑，我好像已经听到了他的清脆的笑声。"你等着吧，孩子，明天我就要在 36 个孩子中认出你！你不是一个爱跟人打架的孩子吧？你不调皮捣蛋吧？"

"尼娅"——我念着下一张照片上的名字。她微笑着，不——她咧着嘴在笑，因此，我一眼就看出，她的门牙全掉了。也许，有很多语音她将很难正确地念出来。不过，这也没有关系，我一定不允许任何一个孩子讥笑她。"尼娅，请告诉我，你不会毁谤他人吧？请记住，孩子们，在我们的班上，严禁互相毁谤！"

这个男孩子的下巴长得稍微长了一点。眼睛机灵而又略带狡黠，端庄的脸庞微露笑容。"萨沙"——我从相片的背面读到了他的名字。慢着，你不就是那一个萨沙吗？！当你还没有降临人世的时候，你妈妈就已经在为送你上哪所学校而操心了。我跟她在 6 年前就有过公务上的联系。我曾给她叙述过我的教育意图和教育儿童的工作。当时她向我表示："我一定把我未来的孩子送到您的预备班上来学习。"这就是说，你是我的老相识了！不过，要到明天我们才能第一次亲自见面，互相握手。

"邦多"。他低着头，令人信赖地微笑着。"邦多，你是个善良的孩子吗？你能把自己的糖果分给同学吃吗？你能向女孩子让步、卫护弱者吗？"

这是谁呢？"埃拉"。一个胖胖的女孩子。说真的，我搞不懂，她是在微笑呢，还是相片上照下了她在朗诵诗歌时的情景。"埃拉，也许你能朗诵很多诗歌，是吗？你还能数数，从 1 数到 10，是吗？那么，读呢？如果这一切你全懂得，那我该教你什么呢？我该给你别的课业，以便不使你丧失对学校的兴趣，是这样吗？你先别着急，往后自会知道的。"

我把他们的相片像在教室里给孩子们排坐位一样地排列起来。也许，吉哈个子较高，列拉个子也较高，他们可以坐在最后一排。玛里卡坐在左边第一排坐位上。让维克多靠窗坐……这样，在我的面前就呈现出了一幅孩子们济济一堂的教室的图景。我站在黑板前面。

"孩子们，"——我在心里默默地向他们说，——"你们全都是善良的孩子，这是你们对我说的吗？"

"是的！"——在我的耳畔好像响起了齐声的回答。

"孩子们，不要把你们当做凶恶的孩子，这是你们对我的请求吗？"

"是的……是的！"

究竟怎么样？我们还要等着瞧，我们的教育学结果会是怎样的。现在我还需要训练自己，记住你们每一个人的脸和名字。这个，应该是马格达。我把相片翻转过来。不错，是马格达。……这是达托。不对，我弄错了，这是捷恩戈。达托是这一个吧……我翻转相片检查。不错……这是捷卡……这是……

第一个老师

一周前，我给每一个孩子都寄去了一封祝贺信，也许现在他们都已收到了。不用说，他们也已经不止一次地请他们的妈妈或爸爸，奶奶或爷爷读过这封信了。我的信是这样写的：

你好！亲爱的……

我是你的老师。我叫沙尔瓦·阿列克桑德罗维奇。我向你祝贺——你要上学啦，你已经长大了。我希望，我跟你将成为好朋友，你跟全班所有的孩子也将成为好朋友。你知道你有多少同学吗？有 35 个！我们的学校很大，校舍是四层楼，每一层都有走廊。你已经长大了，所以，应该自己找到自己的教室。请记住，该怎么走。当你一跨进学校的大门时，你就可以看到画着红色箭头的路标。沿着箭头所指的方向走去，你就能找到自己的教室。在我们班的教室门上画着一只燕子。如果你仍然找不到教室，那也不用害怕，少先队员们一定会前来帮助你的，他们就在走廊里值勤。

我将在教室里等待你的到来，我将非常高兴地同你见面。

你的老师 Ш. A. 阿莫纳什维利

无需验证，这些信现在正珍藏在很多孩子的枕头底下哩！因为，这些用彩色信纸写成的信是他的第一位老师从学校里直接寄给他本人的呀！

当然他也很想知道，在他的学校生活中的第一位老师究竟是一个怎样的人？

毫无疑问，最近几天，每一个家庭都在谈论我。确切地说，你们不是议论我本人，而是议论寄这封信的，并将在9月1日在学校里跟孩子们见面的那个老师。爸爸和妈妈们、奶奶和爷爷们的议论是形形色色的。有什么样的教育观，就有什么样的议论，在教育儿童中最感头痛的是什么，就喜欢议论什么。同样可以预料，在孩子们的想像中，他们的这尚未亲眼见到过的第一位老师的形象也是形形色色的。每一个儿童都在描绘自己的老师的形象和性格。有多少儿童，就有多少个形象。正因为这样，在我给孩子们的信中，最好应该给每一个儿童附上一笔请求的话，给他们布置第一次作业："请拿出纸和彩色蜡笔，在纸上画出自己的第一位老师的形象——你怎么想，就怎么画。"

在大多数家庭里，父母和大人们会使儿童对教师形成这样的印象：他的老师是一个万事皆知的、慈祥和蔼的、富有同情心的、热爱儿童的人。这种家庭的儿童会把我描绘成像艾博利特大夫①一样的人，他们来到学校以后，就会老是依恋着我，爬到我的膝盖上，向我提出成百上千个问题，滔滔不绝地给我讲他们自己的事，并且能马上就爱上了我，因为艾博利特大夫是不能不令人喜爱的。不言而喻，为了使孩子们人人都能喜爱我，我必须具有这个慈祥的医生所具有的性格特点。

在某些家庭里，父母和大人们会使儿童对教师形成另一种印象：这是一个对每一个儿童的任何最微小的过失都能明察秋毫的人；谁不听大人的话，谁吃东西挑挑拣拣，谁任性胡闹，谁吵吵闹闹，谁调皮捣蛋，他都要处罚，而且要狠狠地处罚！他会把所有这样的孩子赶出学校，他……这种家庭的孩子会把他的第一位老师描绘成一个凶恶的老妖婆。在第二天，当他在母亲的伴送下来到学校，一见到自己的老师时，他会紧紧地抱住母亲拼命地哭喊："我不要上学！……我要回家！"

为什么在一些家庭里，教师的形象是讨人喜欢的艾博利特大夫，而在另一些家庭里却变成了凶恶的老妖婆和女妖魔呢？6岁儿童的家长们早已不害怕任何女妖魔和可怕的怪物了，但是，他们却要利用这些妖魔鬼怪来吓唬自己的小孩，这又是为什么？为什么某些家长宁要这些魔鬼充当自己在教育自己孩子中

---

① 艾博利特大夫——童话中善的化身，他能给人带来智慧、力量、快乐和幸福。下文"凶恶的老妖婆"、"女妖魔"是童话中恶势力的化身，她们能给人带来灾难、死亡。——译者注

的同盟者，却不要艾博利特大夫？为什么他们觉得，用吓唬的办法教育儿童很省事，这又是为什么？我的经验告诉我，这不过是年轻的爸爸和妈妈们不懂得初步的教育知识罢了。

话又得说回来，他们能从哪儿获得这种科学知识呢？在中学里，谁也不教给他们关于教育的科学知识，好像他们压根儿都不是潜在的妈妈和爸爸似的。可是我们应该懂得，中学毕业生是很快就要成家立业和生儿育女的。正因为他们不懂得关于教育的科学知识，所以，在他们有了孩子以后，就把凶恶的老妖婆、长生不死的恶老头和形形色色的魔鬼"请进"家门，为的是使自己的孩子驯服听话，不调皮捣蛋，不东奔西跑，不大喊大叫，不损坏玩具。

在大学的讲堂里，学者们在给千千万万个大学生传授各种各样的科学知识，为的是把他们培养成为生产部门的第一流专家。可是，在大学里，人们往往也忽视了这一问题。须知大学生们已经是潜在的爸爸和妈妈了，他们需要教育的科学知识。难道关于教育的科学果真没有什么可学的，教育是挺简单的事么？如果有人这样地认识问题，那是极大的谬误！

在9月1日的前夜，我一直伏案工作到深夜。我在想些什么呢？我在想：让所有的中学高年级学生都手持一本最美好的书，去听最有意义的课，让所有的大学生、所有的中等专业学校和职业技术学校的学生，都手持一本最美好的书，去听最有意义的讲课。至于包含在这本书中的，并在中学和大学的最有意义的课上所讲的主题，我要把它称做"人是人的塑造者"。教育学正在变成人人都必须学习的一门科学，因为教育儿童是社会每一个成员的公民义务。离开实现这一理想的日子还遥遥无期吗？我多么想使这一天早日到来！

就算遥遥无期，在学校里我也要走我自己的路……

"孩子们，你们的笑容是多么可爱！难道我有权利在班上禁止你们露出笑容么？也许，你们中间有人很害怕见到我，因为你们的妈妈和爸爸、奶奶和爷爷都曾经拿我吓唬过你们。咳！这些大人哟！别害怕我，我的亲爱的孩子们，我不是吓人的怪物，我一点儿也不凶狠！你们喜欢艾博利特大夫吗？我就是他的朋友！所以，你们要明白，我们有一个大家共同喜爱的人！就这么办吧，请你们明天不要迟到。我对你们每一个人都很喜欢，我急切地期待着你们的到来！"我在想像中同我的学生进行的会面结束了。我把他们的相片放回到了人事案卷里。明天得把它们带回学校去。

教时的"会计学"

我早已形成了这样的习惯：在9月前夕计算出未来一个学年、整个小学教育阶段4年的学日数和课时数,甚至还计算出我直接与儿童们交往的分钟数。结果,我总会因时间不够而心焦起来,我意识到自己肩负的责任重大,一秒钟都不能浪费,要把每一秒钟都播种到精耕细作的和日益改良的教育田野里去。

在童年时,我常常跟农村的孩子一起在收割过的庄稼地里拾取麦穗。我们一个一个地拾,但是当把它们堆在一起的时候,大人们都大吃一惊:有多少粮食可能被白白浪费掉啊!

但是,怎样才能把瞬息即逝的每一分钟、每一秒钟"拾取"起来呢?

有时我想,在学校里,挤满了孩子的教室和走廊不也正是一块像庄稼地一样的田野么?不过,这是一块教育和教学的田野,在上面不停地播种和收割的是"教育康拜因"。但是,已经浪费掉的成千上万的无形的分分秒秒,无论如何也是无法"拾取"回来的。一个粗心大意、工作马虎的播种者在播种小麦的时候,总是把种子东撒一把、西撒一把地乱来一通,至于种子被撒在田块以外,或者撒在未耕耘的田垄上,他是不予理会的。一个粗枝大叶、工作马虎的教师在上课时也像这个播种者一样,把不可复返的、无价之宝的教育时间的"种子"白白地浪费掉了。如果能够把所有这些无价之宝的分分秒秒汇集起来,加以精打细算的安排,用来开展内容丰富多彩的教学和教育活动,那将会获得怎样丰盛的收获!我们能够毫不费力地实行五日周工作制,缩短每节课的时分①,延长课间休息时间;然而,最主要的是使儿童毫无阻碍地得到适时发展。因为在一个严格确定的时间里——不早也不晚,就在此时此刻,每一个教育的秒时,对每一个儿童的发展都是不可缺少的。

是的,不应该糟蹋教育的秒时,因为我们是时光的穷人,我们没有使时光增生,或者使时光倒流的回天之力。

我在自己的教育实践中实行五日周工作制和35分钟课时制已很久了。每逢星期六,孩子们都不必上学,如果家长乐意的话,也可以把他们送到学校里去,我组织他们做游戏、行军,带领他们去参观博物馆、动物园,观看马戏、电影。在这样安排时间的情况下,结果是怎样的呢?下面就是我的课时核计:

一学年的学日数	170天
预备班的课时数	630课时=28 800分钟
一、二、三年级	
每年级的课时数	850课时=29 750分钟

---

① 在阿莫纳什维利的实验小学里,各年级均实行每周上课5天,休息两天(周六和周日),每节课35分钟的制度。——译者注

小学四年的总课时	3 230 课时 = 113 050 分钟
教师在预备班与儿童积极交往（课上、课间、课后）的时间	32 300 分钟
教师与一、二、三年级每年级儿童积极交往的时间	39 950 分钟
教师在小学四年中与儿童积极交往的时间	154 700 分钟

一学年！似乎这时间多么漫长！可是，与造就一个正在成长中的人的过程相比较，这时间又显得多么短促！在一学年的 3 230 节课的时间里，儿童不断地在成长，不断地在改变自己的面貌，无论在身体方面，还是在智力方面，都越来越使人难以辨认。这些课很多吗？是否需要增加一些课时？在小学四年里，教师与儿童交往的时间（154 700 分钟）在他们四年（2 103 380 分钟）生活中占多大的百分比？原来……只有 7% 左右！难道只有这么一点儿？在小学生的生活中，只有 7% 的时间用在学校教育上！在预备班更少——只有 5.5% 左右。

我很着急。也许，不该实行五日周工作制，不该把课时缩短 10 分钟，是么？然而，我之所以需要短课时的课，是为了帮助儿童最富有成效地工作和思维。我感到，我正处在与教育时间搏斗的情况下。就这样吧……因为一个热爱生活、专心致志于事业的人，总是在与时间搏斗。于是我给自己写下了我将从明天起遵循的下述箴言：

处在与教育时间搏斗的情况下，我将常常迫使自己在有限的秒时里完成决定儿童今后一生命运的极其复杂的教育任务。我要有条不紊地做到这一点，并牢牢记住，我对儿童的命运承担着个人的责任。

第二章 "我在小孩子的时候……"

(开学第 1 天)

未来一代人的榜样

有一次,我的一位朋友和战友季纳京·米哈依洛芙娜·格拉什维利对我说:"每年 9 月 1 日,当我来到学校,见到孩子们的时候,总觉得:我是永生的!"她的话使我陷入了沉思。当时我想,实际上,每一个教师,只要他能够将自己的心血倾注于受教育者身上,使他们具有善良、美好的心灵,以他人之忧而忧,以他人之乐而乐,富有同情心,就有可能和有权利成为一个永生的人。真正的教师虽死犹生,因为他们在塑造千千万万个男女青年的个性,把他们培养成为具有一颗丹柯①般心的、有崇高生活理想的一代人,在这一过程中,也使自己在一代一代的青年中获得了永生。

今天是 9 月 1 日,我感到无比的自豪。我暗暗地嘱咐自己:20 世纪 80 年代的苏联教师——是 21 世纪人的榜样,他来到儿童们中间,是为了激起他们对明天的渴望,把他们明天生活的清澈、晶莹、欢畅的涓涓细流疏通到今天生活的快乐之源中来。

清晨,我动身去学校。学校离我家不远,我觉得,今天还是步行去的好。因为,一方面,时间尚早;另一方面,我还得思考点什么。

我要对孩子们说的第一句话是什么呢?这句话我早已想好了:**"孩子们,你们好!"** 我们的预备班有 170 个学日,我将有多少次跨进教室,将有多少次向孩子们说这句话。

---

① 丹柯——高尔基根据民间传说写的《伊泽吉尔老婆子》一书中《丹柯》篇的主人公。他在整个部落面临灭绝命运的紧急关头,掏出自己一颗比太阳更明亮的红心,照亮了人们走出黑暗的大森林,获得自由。而他却倒下死去了。——译者注

然而，问题不在于这句话本身，而在于我将用怎样的语气说这句话，在说这句话的时候应该有怎样的表情。不用说，我的语气应该是和蔼可亲的、慈祥的、令人感到愉快的，我的面部表情也应该是这样的。似乎这都是一清二楚的事，可是实际上能否真正做到这样，我仍然没有把握。我对自己向孩子们说这句问候语总觉得不满意：有时过于严肃、死板，有时声音太高、故意做作，有时（我羞于承认）应付了事。

也许，不值得绞尽脑汁去思考这种几乎觉察不到的问候语的语气？也许这里没有任何教育学的问题可言？难道我每天怎样向孩子们问好对他们有那么重要么？在一次由我举行的公开课上，有15位教师前来听课。我用"孩子们，你们好！"这句话开始了我的课，当时我立即高兴地意识到，我成功地以那种特殊的语气说了这句话。在下课以后，我走到听课者中间，逐一听取他们的意见："也许，您注意到了，我是怎样说'孩子们，你们好！'的？您觉得如何？"可是他们都说不出什么，甚至连我用什么样的问候语向孩子们问候的，都记不清楚了。"问候语就是问候语"——他们都莫名其妙地说——"这里面有什么名堂？……"对于他们的这种话，我感到很惊奇。问候语的特殊语气——令人好感的，和蔼可亲的，慈祥的，激起精神振奋、学习快乐和交际幸福的语气，怎能不值得被看做是培养人对人的爱和信任、对人的期望的一种手段呢？请读者试着把"您好！"用倨傲的或是表示会面快乐的这两种不同的语气对人说说看，您一定会发现，同样一句话，由于语气不同，将改变人们对您的态度。

怎样说"孩子们，你们好！"这是一个重要的教育学问题，而对我个人来说，在这一时刻更重要的是要掌握说这句话的语气和面部表情。因为我所遵循的箴言是：

如果我力图显示出自己对儿童的真正的爱，我就必须以最完美的形式去显示它。

在去学校的路上，我试着练习说这句话，"孩子们，你们好！"——我一面低声地说，一面倾听着自己的声音。没有成功。也许，这是因为在我面前没有我可以向其说这句问候语的孩子。应该设想这一场面：这就是我的班级，我走进教室，孩子们都看到了我，以好奇的目光望着我，我微笑着向他们说："孩子们，你们好！……"这时，不知为什么有一个行人以诧异的目光看了我一眼。

在第一堂课上我将做些什么——也许，这也不是一个问题？

在第一堂课上，甚至在随后的几堂课上，我都不给孩子们讲学习的意义、知识在人生中的重要性，我也不准备给他们讲在学校里、在班上的行为规范。对刚刚入学的儿童来说，讲学习的意义、知识的重要性，为时尚早。而且，是否需要泛泛地谈这些问题呢？也值得怀疑。知识和教育的重要性，本来就是明白无疑的事情，我们干吗要去怀疑呢？没有必要指令6岁儿童，必须好好学习，因为他们本来就是喜欢学习的人。如果我们填鸭式地向他们灌输知识，并叮嘱说："这是必定要掌握的！"他们就会不再喜欢学习了。

至于在学校里和班上的行为规范，诸如此类的谈话很可能变成一大堆束缚儿童手脚的禁令和义务，并使他们从明天起就不愿意上学。我认为我的每个学生在班级集体里交往的过程中，自己会确定自己在集体中的相互关系的性质、自己的行为规范。我所说的——自己，指的是我所组织的导致儿童独立得出伦理道德规范结论的教育过程。

那么，在第一堂课上我究竟讲些什么呢？首先，我要自我介绍我的姓名，告诉他们，我一直在急切地期望着能立即见到他们。其次，我要说，因为他们也一直在急切地期望着能立即见到我，并立即开始学习知识，因此，我们得分秒必争地转到正题上去。在课结束的时候，我建议他们互相认识一下。在最后一堂课上，我还要给他们提出下述问题："今天在你们每一个人的生活中，发生了什么样的大事？""你们认为，在学校里你们将做哪些事？"当我提出后一问题时，在我的脑海里立即就浮现出了多年前的一件往事，想起了那时的一个"零年级学生"，当时他从坐位上站了起来，激动而又非常认真地回答说："要干很多很多的大事！……"

我的沉思被打断了。我登上了第比利斯市的共和国第一实验学校教学大楼的四层。格鲁吉亚苏维埃社会主义共和国教育部戈格巴什维利教育科学研究所实验教学论实验室就设在这里，我的办公室也在这儿。旁边就是我的"零年级学生"的教室，他们将在这里学习、生活、劳动、娱乐和嬉戏……

学校是你的

离上课还有一小时的时间，可是，在实验班的门口已站有两位家长和5名儿童。教室的门敞开着，但他们都未敢进去，因为教室里还空无一人。在我的脑海里浮现出了3个孩子的相片。

"你们好！"我向他们说。"你们为什么来得这么早呢？"

孩子们默不作声。他们还不知道，我就是他们的第一位老师。

"你叫吉哈，是吗？"

男孩子露出十分惊异的神色。

"是的，我叫吉哈……您怎么会知道的？"

"你好，吉哈！"我把男孩子伸出的小手握在自己手里，与他紧紧地握了握手。

"你呢？——你叫玛里卡！……你好！"

我温存地把她的小手握在自己手里，她的手柔软、娇嫩。女孩子还很幼小，她究竟几岁呢？

"你好，埃拉！"我转向第三个孩子。她真的如同相片上照的一模一样：胖胖的。埃拉微笑着。

"你们两个叫什么名字，非常抱歉，我记不起来了！"我转向其余两个孩子：一个男孩，一个女孩。

"我们没有赶上实验班招生的时间，我们是来找老师的！"

我该怎么办？按照规定标准，一个班级不应超过 25 名学生，可是我已经有 36 名学生了！

"我建议你们去找教导主任姆济娅·萨穆伊洛芙娜！"

家长们开始着急起来。

"我们已经找过她啦！教导主任说，实验班招生的事由教师自己决定！"

于是，我开始了艰巨的解释工作。

"请你们不要误解我的意思。就我个人来说，我很乐意接受这个女孩和这个男孩，但是班级已经满额了！"

"多一两个，或少一两个孩子，这有什么关系？！"

"不，这对我们却是个大问题！"

女孩的母亲还是坚持己见。

"您知道，我的女儿真聪明……她已经会数数，能够数到 100，她还知道很多诗歌。她的智力发展得很早……她在学习音乐……她简直是个天才，这对你们的实验班是很需要的……您随便拿她作什么实验都行，她都一定表现合格……"

唉！我的亲爱的同事们，请给我出点主意吧，我该对这位妈妈说些什么好呢！为什么很多妈妈都认为，只要她的孩子学会了数到 100，背熟了几首诗，哪怕学会了很好地读，这个孩子就是有天赋的，出类拔萃的？当然，有出类拔萃的孩子。但是，如果去问问妈妈们：您的孩子怎么样，是个像其余孩子一样的平常的孩子，还是个有天才的出类拔萃的孩子，那么她们大多数人就会不假思索地回答，并要你相信："我的孩子是有天赋的……出类拔萃的！"也许这个可爱的女孩子确实有天生的才能——这样的孩子在我们的现实生活中日益增多起来……于是我试图从另一方面来解释：

"我们不招收具有特殊天赋的儿童！我们班的儿童与其他预备班的儿童是一个样的。很遗憾，班级已经满额了……"

妈妈们提出了抗议：她们非要让自己的孩子上实验班不可，接着她们就转身而去。看样子，她们是不达目的决不罢休的，想拿着必要的"批示"再来找我。我目送着两个离去的孩子。男孩子的视线始终盯着我，我清楚地看到，他的双眼噙着泪水。他走着走着，突然挣脱了他母亲拉着他的手，张开手臂跑到我的跟前，抱住我的膝盖，边哭边说：

"大叔，别赶走我……我要学习……我会好好学习的！……"

我用双手把男孩子抱了起来。

"别哭，你是男子汉嘛！（他不停地哭着）学校是你的，我怎么能够从学校把你赶走呢！……好吧，进教室去吧！……"

有哪一种加有"批示"的申请书，具有儿童以自己固有的童心的真诚和天真所凝结起来的申请书那样大的影响力，能直接叩动一个教师的心弦？

我给这5个孩子全都安排了坐位，让他们能细细地观看教室，然后我请他们帮助我一起浇花、打开窗户。这时，其他孩子也陆续来了，有的是自个儿来的，有的是由家长伴送来的，他们也都参加到我们的工作中来。

"你好，达托！"

达托很惊讶。

"你好，迈娅！"

迈娅很惊讶。

"你好，柯蒂！"

柯蒂也显出惊讶的神色。

"你好，尼卡！"

尼卡见到我很高兴。

"我忘了你的名字啦，请告诉我！"

"格奥尔吉！"

"你好，格奥尔吉！"……

我同所有的孩子都握了手。我打量着每一个孩子的身高，给他们安排了坐位。

季马在他的母亲伴送下来到了。男孩子愁眉苦脸的。

"你好，季马！"我伸出手来。

季马没有跟我打招呼。他妈妈说，她丈夫是在阿尔及利亚工作的，全家在那里住了两年。男孩子不习惯与孩子们、与陌生人交往，他交的朋友很少。

季马紧紧拉住妈妈的手，不让她离去。维克多也是没有妈妈带着就不进教室。就这么办吧，让妈妈们坐在预备班教室里听课吧。

单词的"透明度"

响起了悦耳动听的上课铃声。我关上教室的门。在教室外的走廊里守候着好几位妈妈和奶奶，在教室里面坐着五位妈妈。

"请起立，孩子们！"

孩子们都很乐意地站了起来，并以好奇的目光盯着我："看他下面怎么办？"

"孩子们，你们好！"

他们的"您好！"说得很不协调，此起彼落的。没关系。往后你们会习惯起来的。你们的"您好！"意味着你们跟我会面的快乐，就像我的"孩子们，你们好！"表示我跟你们会面的快乐一样。

"请坐下！……我是你们的老师。我祝贺你们开始了学校生活！也许，你们都急着要上课。好吧，让我们现在就开始，一分钟也不要浪费！……我们的第一堂课是语文课。你们知道什么是语文吗？"

"格鲁吉亚语！"

"你们每个人都知道很多很多格鲁吉亚语单词。现在让我们一起把它们收集在这个盒子里！"

我手中拿着一个色彩鲜艳的盒子。孩子们每个人也都有这样的一个盒子，只是略小一点：早在昨天傍晚我就在每一张课桌上都放上了内装10块拼字板的盒子。这些用蓝色硬纸板做成的直角三角形拼字板，我们将用来表示单词。我对孩子们说："你们要咬字正确、清楚地读出单词，以便使所有的同学都能听到，每读一个单词，就放一块拼字板到这个彩色盒子里。我们让伊利科拿着这个盒子在教室里走动，'收集'你们的单词。"

伊利科作好了准备。孩子们手中都拿着一些拼字板。

"你们能让我把第一批单词投放到盒子里吗？"

我清楚地念出一个又一个单词，把拼字板一块又一块地投入到伊利科拿着的盒子里去：祖国……幸福……善良……

伊利科缓慢地在课桌的行间走动着。第一批拼字板纷纷地落入盒子中去：球、课桌、桌子、铅笔、书、自行车、洋娃娃……

不，不，这不是单词，而是东西本身！落到盒子里的是代表东西的卡片，不是单词的卡片。孩子们能说出在教室里所看到的，在家里或在别的地方曾看到的一切东西名称，但像"空气"这种看不到的东西，在38个孩子中间，谁也没有提到过。桑德利科张着嘴站着，他已经投放了两块拼字板，说出了"黑板""粉笔"这两个单词——现在正环视着教室：还可以把什么"东西"投放到盒子里去。罗西柯说了"房子"，投放了一块拼字板，接着就停住了。维克多却硬是把这"房子"分成了几部分：墙、屋顶、地板、阳台……

他们在单词的海洋里遨游而看不到单词本身，在森林里嬉戏而看不到树木。单词作为一个实实在在的、特殊的世界，对他们来说是不存在的。科学告诉我们，对儿童来说，单词仿佛像玻璃一样透明，透过它可以看到物体，而玻璃本身呢？看不到！

于是我拿起这块玻璃，并把它"涂黑"，以便透过它什么也看不到。在这样的情况下，儿童就截断了自己的语流，给自己打开了一个五彩缤纷的现实世界，并开始丰富、完善和锻炼自己的语言。现在应该把儿童从具体的物体名称引开去，帮助他们从"魔力圈"中挣脱出来。

我与伊利科站在教室中央。

"你们能让我再说几个单词吗？"

我清楚地念出一个又一个单词，同时把一块又一块蓝色的拼字板投入盒中：

"美丽的……明天的……"

接着，我同伊利科一起手持盒子在教室里迅速地来回走动。我悄悄地告诉伊利科，同学们每"投入"盒中一个单词，他就把这个单词复述一遍。

"抚爱……温和……幻想……"

"谢谢，迈娅！"

"昨天……想要……跳跃……分钟"

"谢谢，萨沙！"

"愿望……飞行……"

玛里卡想得很久很久，投放了一块拼字板，非常快乐地大声说：

"鼻子！"

可是格奥尔吉和罗苏丹又把人体"分割"成了好多个部分：

"头……头发……耳朵……嘴……牙齿……"

够了。"涂抹玻璃"的工作今天我们就做到这里。今后不能只用"一把刷子"来"涂"。要用另一把"刷子"来试一试。不过，首先，我得弄清楚，谁能够从1数到100："应该计算一下，在盒子里我们共放进了多少个单词！"伊利科、捷恩戈和迈娅表示愿意完成这一任务。"好，你们在课间休息的时候去数，然后告诉我！"接着我建议孩子们做做别的作业。我对他们说：

"我说一个单词，说得很慢，声调拖得很长，声音很轻，你们试着猜出来，我说的是哪一个单词！"

我念得很慢，声调拖得很长，是为了使孩子们因此而能够"捕获住"单词的语音结构，打量打量这个词，让他们养成"捉摸"单词词义的习惯，在学习字母阶段，他们自己也将这样拖长声地读词。念得很轻，是为了发展他们的听觉、语音听觉，并引起他们的注意和兴趣。我站在黑板前，身体略微前倾，以神秘的表情轻轻地说出一个单词：

"Мммммааааааааамммммммммааааааааа"（妈妈）。

我暂且不把"语音"断开，不把语音读成单个的、独立开来的音素。

"妈妈……您说的是妈妈！"孩子们喊着，当然，并非每一个孩子都猜到了。很多孩子尚来不及想，有些孩子已经喊了出来。应当采取让孩子们对着我的耳朵悄悄地回答的办法。因为，第一，孩子们很喜欢这种方法，第二，可以满足很多人要求回答的愿望。

"现在，我再说一个词。谁猜着，就轻声地对着我耳朵说答案。清楚吗？"我做出神秘表情，用更慢、更拖长的、刚能听到的声音说：

"Рррррроооооооддддддииииииннннннаааа"（祖国）。

我刚一说话，立即有很多孩子举起了手。我走向一个又一个孩子的身边，弯下腰，他们都用双手抱住我的脖子，把嘴凑到我的耳朵边，悄悄地说出自己的回答。"谢谢！"我大声地对正确回答的男孩或女孩说。"请再好好地想一想……Роодииннаа（祖国）……我过一会儿再到你这边来！"——我轻轻地对答错了的孩子说。差不多所有的孩子都悄悄地对我说了自己的回答。接着，我又以乐队指挥的姿势站到了黑板前面。

"我一挥手，你们就马上一起念出我们的秘密单词！……都准备好啦……闭上嘴，别急着说！……"

我好像要在空中抓住什么似的猛一挥手，整个教室就响起了一阵认识的欢乐声：

"祖国！"

我立即又做出原先的那种神秘的神色，轻轻地说：

"Хххххххллллллллеееееее666666"（面包）。

我马上做出乐队指挥的姿势。

"请大家想一想！……闭上嘴，别急着说！……那么，我就挥手啦！……"

我猛一挥手，"抓住"了在空中传来的孩子们快乐地齐声念出的单词"面包"。他们像中了魔法似的望着我，急不可待地期待着我说下一个单词。每隔

10秒钟，在教室里就迸发出一阵齐声念单词的声音：幻想！太阳！行星！

最后，我轻轻地给他们念了普罗米修斯①一词。我迅速地无一例外地走到每一个孩子身边，他们一个个地用手把我拉向自己身边，微动着嘴唇，对着我的耳朵悄悄地回答。

而佐利科，就是刚才号啕大哭的、恳求我别把他从学校赶走的那个男孩子，紧紧地用双手把我搂住，偎依在我的身上，以他真诚无欺的童心，在38个孩子中第一个在开学第一堂课上就给了我在以后的年月里我将从所有的孩子那里获得的那种感情。"大叔"，男孩子悄悄地对我说，"你是个好老师，我爱你！"

孩子哟，你为什么要这样地慷慨、轻信，这样地突然，而且还是在我不配受到的时候，就给予我这样的信任呢？当然，我将竭尽全力争取成为一个无愧于你的教师，我将夜以继日地工作，以便不辜负你的期望，我将为了你本人而跟你一起成长！但是，为什么你在学校生活开始的头几分钟就认为我对自己教育良心的纯洁承担着责任呢？

我的眼睛湿润起来了。最好此刻别让孩子们看着我。

"请大家把头伏在课桌上……闭上眼睛！……回想点你们生活中令人可笑的事情，你们的某一件顽皮的事也行！"

我已及时地控制住自己内心的激动，使自己镇定下来。我看到，孩子们都用双手抱住自己的头，紧闭着眼睛，在回忆自己的快乐和淘气的情景。我轻步在坐位的行间边走边低声地说：

"很可笑的事……你们顽皮的事……可笑的事……在课间休息的时候讲给我听……可笑的事……"

突然，我听到了像有医疗效果的矿泉水从地底下冒出水面的淙淙声。我很难描述出这种强忍住的、压低了声音的笑声。这笑声由低到高，越来越响，渐渐变成了忍俊不禁的哈哈大笑。38个孩子都伏在课桌上，闭着眼睛，发出清脆、响亮的笑声。一会儿，笑声停息下来。现在，该回到"透明的玻璃"上去了。

"请大家注意听我说！我们刚才念了单词，现在我们要说句子了！……请大家抬起头！……请坐直！"

我拉开黑板上的帷幕。黑板上挂着一幅画：一个男孩子在读一本书。

"请你们根据这幅画的内容造一个句子。男孩子在做什么？"

---

① 普罗米修斯——希腊神话中造福于人类的神。他因偷天火给人类而触怒了最高天神宙斯，被锁在高加索山上，神鹰每天啄食他的肝脏。——译者注

"男孩子在读书。"

显然，塔姆里柯没想到造句，她直接回答了我的与画面内容相联系的问题。现在我们就把"男孩子在读书"这个回答叫做句子。

"请大家一起把这个句子读一遍！"

我像乐队指挥一样挥动着手臂，指挥着孩子们的回答大合唱。我拉上黑板的帷幕，拿起3块蓝色的直角三角形的硬纸板——代表单词的拼字板。

"我用拼字板'写'这个句子。男孩子（我在黑板上显要的地位安放一块拼字板）……在读（并排放第二块拼字板）……书（我安放第三块拼字板，在末尾安放一块画着句号的拼字板）。"

"请大家把这个句子'读'一遍！"

我逐个逐个地指着拼字板，孩子们"读"："男孩子在读书。"

接着，我拿出一块红色的拼字板。

"这块拼字板代表'有趣的'这个单词。请大家一起把它读一遍！……现在，我要请你们帮助我出个主意，这个单词放在句子的什么位置最好？"

不知是哪一个孩子立即说："最好放在最前面。"我们试着放：

"有趣的男孩子在读书"。

还提出了其他的方案：

"男孩子有趣的在读书"；"男孩子在读有趣的书"；"男孩子在读书有趣的"。

红色拼字板不断地在其他拼字板中间变换位置。孩子们反复试着各种方案之后，劝我把有趣的放在第三个单词处。我接着问：

"在这个句子中共有几个单词？……如果从这个句子中拿掉第二个单词（我取下第二块拼字板），这句子怎么'写'？"

孩子们读："男孩子有趣的书"。

"请您把单词放回去，拿掉了不好！"有人建议。

我把拼字板放回了原处，又拿掉最后一个。孩子们"读"着，就笑起来。

"您拿走了句子的结尾！"

我把拼字板放回原处。又拿出另一块红色的拼字板。

"这是'很'字。请你们出个主意，最好把它放在哪两个单词之间呢？请你们对着我耳朵悄悄地说。"

我迅速地逐一走到孩子们的身边："谢谢！……谢谢！……谢谢！……"很少有人说错的。可是邦多却突然紧紧地拉住我的手，微笑着说："我不让你走！"

"好呀，你就拉住我，我们一起在教室里走吧！"

邦多跟随在我的后面。

"你们建议把'很'字放在'在读'和'有趣的'之间"。

我故意拉开别的两个单词之间的距离,在其间安放上一块表示'很'的拼字板。

我与邦多一起退立在一旁,等候孩子们起来纠正这个错误。可是只有一个女孩子,仅仅只有一个女孩子在检查我的"作业"。

"您把单词放错了!"迈娅跑到黑板跟前,"应该把它放在这里,而不是在这里!"

她把拼字板重新放正确了。

"谢谢你,迈娅,非常感谢你。你发现了我的错误!"

现在,我们三个人站在全班的前面。

"让我们大家一起来总结一下我们的工作。我们在课上做了些什么?"

"我们跟您说悄悄话……"

"我们闭着眼睛伏在课桌上……"

"我们把单词收集起来放到盒子里……"

"您轻轻地念单词,我们猜您念的单词……"

"还有句子呢!……"

"我们把'红色'的单词放到句子里……"

"我们回忆自己顽皮的事情……"

"我们开心地笑了……"

我说:"你们喜欢语文课吗?"

"非常喜欢!……是的!……很喜欢!……"

这时,响起了悦耳的下课铃声。第一堂课结束了。

"我们的下一堂课是数学课。起立!孩子们……男孩子们,要记住,你们是男子汉,进出教室都得让女孩子先走!下课!"

课间休息的教育学和儿童的顽皮

我们的第一次课间休息共10分钟。其后还有两次休息,一次30分钟,一次10分钟。三次课间休息总共50分钟。在教育学上讲不讲课间休息的问题?没有,我没有读到过。在学校的实际工作中也不讲这个问题。我一次也没有听说过,让教师认真地考虑如何组织这些为时不长的课间休息的问题。也许,因为这里的确没有什么值得研究的问题吧?据说,在课间休息时间只需要注意监督,让孩子们不乱跑,不损坏什么东西,不打架,不绊同学跌跤,还有,让男孩子不欺侮女孩子。这种话难道听说得还少吗？

在学校的走廊里站着右臂套着红袖章的纠察值日教师，他监督着秩序。因而孩子们就不敢冒遭到大人愤怒训斥的风险去做热闹的游戏。

从而，大人们就会说，在他们的学校里已确立了良好的秩序，有严格的纪律。不过，他们不会说，这一切全是教育上的形式主义，只要没有戴着红袖章的值日教师，孩子们立即就会找到创造性地使用自己的精力的办法来。要知道，对于儿童来说，需要在课间休息的时候有事可做，而不只是呆头呆脑地在走廊里踱步。但是，如果周围没有任何有助于儿童饶有趣味地消耗自己的体力和满足他们的认识渴望的那种可能性呢？请恕我直言，在那样的情况下，孩子们就会巧妙地把自己的顽皮伪装起来，从表面上看，好像是规规矩矩的。

我们都爱说"自觉纪律"……这是什么意思？孩子们为什么要用充分理解社会要求来遏制自己的精力？他们为什么要靠我们的训条——什么是好，什么是坏——来强化这种理解？也许，应该使孩子们觉悟到，顽皮是要受处罚的，并惧怕这处罚？这些觉悟的"小桥"确实使儿童避免了许多难免会遭受到的损害。不用说，在某些场合，严格的禁令实在也是必要的。但是，如果儿童的需求强于觉悟，如果儿童不能，并且也不想安安静静，不能不顽皮，该怎么办呢？

没有儿童的顽皮，没有顽皮的儿童，就不能建立真正的教育学。儿童的顽皮和顽皮的儿童给我们提供了养料，可以使教育思想前进，使教育者始终不渝地必须创造性地思考，表现出革新精神和教育的敢作敢为的精神。对于一个教师来说，给具有成人般的觉悟和成人般的由饱经世故的生活经验所养成的行为举止的儿童上课，该多么没有意思！要是我，我首先要唆使这样的孩子去顽皮，去吵吵闹闹，然后着手探究个性的教育学。

最后，我们为什么要如此地反对儿童的顽皮呢？为什么大人们都倾向于把儿童的顽皮看做是罪过一类的东西，把它看做是违反自觉纪律的表现？我认为，这是由于我们还不懂得顽皮是怎么一回事，这些顽皮的孩子是怎样的人。我非常有兴趣读一些关于顽皮儿童心理学的著作，可是，哪里有这类书呢？！

儿童的顽皮扰乱了我们的宁静，提出了我们有时无力解决的教育问题。

顽皮的儿童是一些机智、头脑灵敏的儿童，他们善于在一些突然发生的情况下施展自己的才能，激起大人必须重新估计情势和对他刮目相看……

顽皮的儿童是乐观愉快的儿童，他们善于帮助别的儿童成为活泼好动的人，帮助他们善于保护自己……

顽皮的儿童是具有强烈的自我发展、自我运动倾向的儿童；他们善于给自己弥补教师在发展他们个人才能方面的失算和不足……

顽皮的儿童是有幽默感的孩子，他们往往把极其严肃的事看成很可笑的事，在某种特殊的场合，甚至可以杂乱无章地玩到精疲力竭的地步，并以此为乐事；他们喜欢取笑别人，不仅自己情绪激昂、笑声不绝，而且也把这种情绪和笑声感染给同样富有幽默感的旁人……

顽皮的儿童是乐于与人相处的人，因为他们是在与一切能够成为他们的顽皮的参加者的儿童的交往中实现自己的顽皮的……

顽皮的儿童是积极的幻想家，他们总是竭力设法独立地去认识和改造现实生活中的某种事物……

顽皮的儿童是教师关注的和教育学研究的对象。

顽皮的儿童可能会受处分，但他们更需要鼓励。

在课间休息的时候，该让这些顽皮的儿童，积极的幻想家，在教室里和走廊里做些什么呢？读已经出了一个月（也许更多些时间）的墙报吗？为什么他们要读这种枯燥乏味的墙报？也许，应该让他们在走廊里踱来踱去，把挂在墙上的口号、宣传画、陈列在橱窗里和陈列架上的东西看上千百遍么？让他们没完没了地看著名的作家和科学家的相片，向往着成为像他们一样的人吗？儿童难以接受标语、口号式的教育，对此我们大概是很容易理解的，但是，要儿童本身理解必须做一个自觉遵守纪律的人却是一件困难得多的事。

顽皮是儿童的可贵品质，需要的仅仅是加以引导。我在很久以前就给自己规定了一条原则：

儿童纪律的主要之点在于不是去压制顽皮，而是去改造它。不能要求儿童去做我们用自己的教育学不能开导他们的事。

如何做，才能使儿童的顽皮得到改造，而不是被压制下去呢？在课间休息的时候怎样做到这一点？我们知道，正是在这个时候，儿童内在的力量已开始不可控制地积聚起来，他感觉到了它们就要不可阻挡地迸发出来的冲动。这就给我提出了学校课间休息和学校纪律的复杂的教育问题。虽然这一问题我还没有解决，而且，在将来也未必就能得到圆满的解决。但是，在这个问题上，比起我的某些同事来，也许我仍然要问心无愧得多。我之所以能问心无愧，这是因为我知道我的孩子们在课间休息的时间里必定会做些什么。

几个女孩子发现了挂在一个钩子上的可以用来跳绳的绳子，我听到了从走廊里传来她们在跳绳的有节奏的击拍声和响亮的笑声。

在走廊里的墙上挂着一些令人心旷神怡的图画，在图画前聚集着一群孩子。

在走廊里的墙上还张贴着一张很大的、长达两米的厚实的白纸。在这张白纸的四周用扁平的木条安上了边框，看上去就像挂着的一幅巨幅图画一样，不过在上面还没有图画。在它的上方写着："请画下你想画的一切！"在旁边放着一些削好了的彩色铅笔。我确信，现在肯定已有四五个孩子把自己的幻想果实搬上了这张白纸。

在走廊里还挂着一块长黑板，旁边放着彩色粉笔，挂着黑板擦。也许，有几个孩子已经把自己的手和脸弄成了五颜六色的了。

在挂着的一幅横幅上用大写字母写着各种单词、成语、绕口令、谜语和数字。有一部分孩子一定在试着读呢。

所有这些都挂在与儿童的身高相适应的地方，让他们能很方便地看、读和画。

在走廊的一角放有4张小桌子，小桌子四周放着小椅子，在桌上放着内有彩色插图的册子、儿童杂志、数学罗托①、成套的构筑玩具、跳棋，甚至还有象棋。

在窗台上放着一套做滚球游戏②的瓶状柱，我听到了叽叽喳喳声，这是孩子们在惊叹塑料制成的瓶状柱的精美匀称。

不久以后，孩子们将发现在教室里放有弓箭，到那时我将跟他们一起举行射箭比赛。

在走廊的另一边墙上，我还要安上运动梯墙，在地上铺上运动垫子。在这里孩子们将其乐无穷！……

所有这一切，我将随着孩子们年龄的增加，年级的升高而适时地加以变换。我还要根据我自己的想像能力和……（请读者别见怪！）顽皮的本领随机应变地加以变化，因为我的直觉使我形成了一个思想：为了理解改造儿童的顽皮的教育学，教师自己先得学会顽皮。

儿童是活泼好动的人，是渴望改造的积极幻想家。如果是这样，那么，我们就应该为他们创造一个实现他们渴望的有组织的环境。不过，在这个环境里没有用手指指着的威吓，没有对调皮捣蛋的后果的警告，也没有道德说教，有的仅仅是对他们的活动的组织和指导。

---

① 罗托——一种抽对数字的赌博或游戏，由袋中取出有号码的牌子置于本人手中纸板上的相同号码上，以先摆满纸板号码者为胜，亦可用图画取代数字。此处系指算术游戏。——译者注

② 滚球游戏——亦称地球游戏、九柱戏，这是一种以球沿着球道滚着击倒数个立着的瓶状柱的游戏。——译者注

第二章 "我在小孩子的时候……"

只有把自己当做儿童，才能帮助儿童成为成人；只有把儿童的生活看做是自己童年的重现，才能使自己日益完善起来；最后，应当全心全意地关怀儿童的生活，才能使自己成为一个人道的教师。

……我在黑板上写着数学练习题。有几个孩子围着我，好奇地注视着我的书写。

"大叔，您在写什么？"

"他不是大叔，是老师……"

"干吗您用彩色粉笔写？"

"要我告诉您，刚才我笑什么吗？"

柯蒂："当我是小孩子的时候……"

埃卡："你现在就是小孩子……"

柯蒂："等一等……我在很小很小的时候，有一次，我抓住了覆盖在桌上的桌布，拖着它在房间里走，结果我把桌上的东西全弄翻在地上啦！……"

纳托："这有什么可笑的？"

塔姆里柯："这是愚蠢的举动！……"

柯蒂："为什么？当时我不知道自己在做什么啊！"

纳托："给你一巴掌，你就知道啦！……"

尼科："你们要知道我小时候的一件事吗？有一次，大人把我一个人留在家里，嘱咐我谁敲门也不许开。后来，我忽然听到有人在敲门。我害怕极了，大声叫喊了起来，'救命！救命！'可是门敲得更响了，我叫喊得也更响了，'救命！'邻居们跑来了，隔着门大声对我说，'别害怕，快开门！你姐姐放学回家了！'我打开门一看，果真是姐姐，我们笑了很久很久！"

我笑着，站在我周围的孩子们也笑着："这真令人可笑！"

达托："我在两岁的时候，妈妈要送我上幼儿园去，可是我不想去，我就跑开躲起来，我一不小心从楼梯上滚了下去……"

格奥尔吉："我在小孩子的时候，爸爸送我上幼儿园去。我们在一起玩，有些孩子忽然打起架来，我就躲到一只柜子里去。"

戈恰："你是个胆小鬼，所以才躲起来。"

叶莲娜："我在小孩子的时候……"

伊拉克利："我在小孩子的时候……"

孩子们已经在互相抢着叙述了。只是在这个时候，我才发现，他们每个人的开场白都是"我在小孩子的时候"，"我在小孩子的时候"，这就是说，他们已经并不认为自己是小孩了。因为他们已经上预备班啦！也许，需要巩固他们已经长大了的感觉！

很快就要响上课铃了。应该看一看，那些不跟我在教室里的孩子们在干什么。走廊里静悄悄的，这是怎么一回事？原来，今天充当志愿值日员的家长不让孩子们在墙上贴着的白纸上作画，不准他们触摸卡通画片，还有人夺下了儿童手中的字母卡片！家庭里压服儿童的经验侵入了学校的走廊，破坏了我们的全部计划。我想起了一位小学教师的话："教育儿童应当从教育家长开始。"于是我决定今天就召开第一次家长会。

在小学的4年中，课间休息的时间合在一起共有39 100分钟左右。不能把这些时间当儿戏，因为如果把它们折算成学日，差不多有160个学日之多。

悦耳的电铃声响了起来。

"孩子们，进教室去！男孩子们，记住，你们是男子汉！"

"我们究竟谁对？"

大概，所有的孩子都能从1数到10，也许，还能数到20，甚至数到100。关于这一点，从我过去的经验中就可以知道。因此，检查每一个儿童能否连贯、流畅地说"1—2—3—4—5"之类的绕口令，是毫无意义的。

就是在今天，这样做也是毫无意义的，因为他们还没有任何关于数的概念。最好还是从他们所不习惯的练习入手，这种练习可以使他们运用已有的经验，并赋予"1—2—3—4—5"之类的绕口令以丰富多彩的内容。

但是，首先得弄清楚，在语文课上被收集在我们的盒子里的拼字板有多少。伊利科拿着盒子，捷恩戈和迈娅跟随在他的后面。

"很多拼字板！"迈娅说。

"100多块！"捷恩戈清楚地说。

"你们看，今天我们收集了那么多的单词！明天我们还要收集更多的单词！"我一边说，一边转向全班，"非常感谢你们帮助我数清了拼字板！"

"您需要那么多单词干吗？"纳托问。

"关于这个问题，我下一次给你解释！"我对纳托说，"现在我们上数学课。"

在第一堂数学课上，教师通常都会向孩子们说，他们开始学习计算了，要学习加法和减法、乘法和除法。他们认为，这样解释数学这门课程，是儿童们容易理解的。给孩子们说：从5只苹果中拿去3只，还剩下几只；或者，有3只核桃，再添上6只，共有多少只；把10只梨分成2份，每份各有几只，等等。这对于儿童来说，确实是很容易理解的。但是，我们要知道，加法和减法，乘法和除法，这不是数学的本质所在。

就算我将会导致教学法上的疏漏，我仍然要走我自己的路。

"孩子们，你们知道吗？什么是数学？"

塔姆里柯："这就是从 1 数到 100……"

叶莲娜："要会从 1 数到 100，还要会加法……我会做……5 加 5 等于 10 ……"

瓦赫坦："我也会做加法和减法……爸爸教我的……"

我走向黑板，拉开了黑板上的帷幕。在黑板上用彩色粉笔写着：牛顿公式、导数函数公式，画着带有函数图像的笛卡儿坐标系。

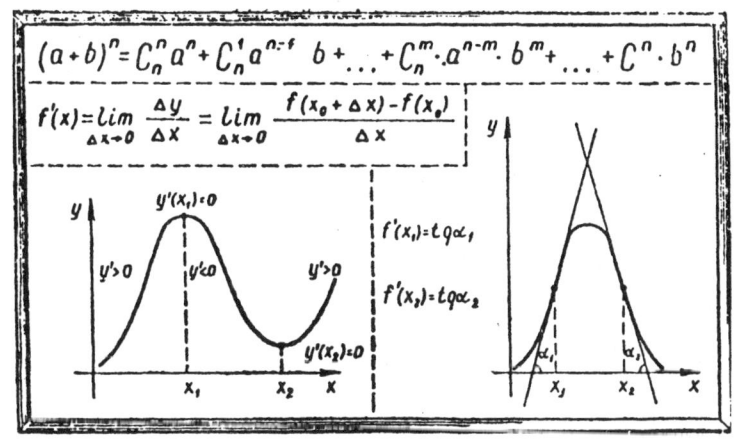

萨沙："这是什么？多么奇怪的字母！"

孩子们都睁大了眼睛盯着黑板。为了能看得清楚些，很多孩子都从坐位上站立了起来。

"这才是真正的数学，关于数的相关和空间形式的科学！"

"多美啊！"列拉感叹地说，目不转睛地盯着黑板。

"因为数学本身是美的。科学家们说——数学是科学的女王！"

这样地解释数学，儿童们能懂吗？

不用说，我的孩子们还不完全懂得我所讲的和指给他们看的很多东西。但是，正因为不全懂，所以才能引起他们的好奇心，给他们留下极其深刻的印象！

"你们喜欢数学吗？"

"喜欢！"响起了齐声的欣喜声。

埃卡："你教我们这个（指着公式）吗？"

"我来教给你们准备去学会这些公式的练习，你们乐意吗？"

又是一阵齐声的欣喜声："乐意！"

"那么我们现在就来做这种练习！……请坐直！……这样坐很好……请看这些图，并记住它们的次序。"

我把几块画着下述图形的小方块按在黑板上：

$$\triangle \ \bigcirc \ A \ \cdot \ \square \ /$$

"记住了吗？……请低下头！闭上眼睛……请抬起头！……请说说，这些图形的次序有什么变化？"

现在的次序是这样的：

$$\triangle \ \bigcirc \ \cdot \ A \ \square \ /$$

吉哈跑到黑板前，喊着说：

"您把这里移动了……这个在这里（指着圆点），字母 A 在这里！"他把它们放回了原来的位置上。

"现在请大家把这些图形排列的次序再记一遍……请低下头，闭上眼睛！……这一回请你们对着我耳朵悄悄地告诉我，我移动了哪些图形的位置……请抬起头，看着黑板！"

我走遍整个教室，与孩子们悄悄地说话。可是，谁都没有答对！原来，哪个图形都未被移动过！这是怎么回事？题目太复杂了吗？这不可能。想必，我的孩子们太信赖我了，他们根本没有想到，我会用这样的办法跟他们开个玩笑的。他们在寻找实际上根本不存在的图形位置的变化。面对这种情况，我就对他们说：

"孩子们，难道你们没有发现吗？在这里我什么也没有移动过，所有图形都在原来位置上。"

迈娅："我发现了，在上面与原来的一样，但我不相信……"

达托："您在黑板上做了动作，因此我肯定，您移动了点什么……"

"下一回你们可得注意点啦！现在我给你们做另一个的练习，请大家看着黑板，你们得确定一下，在黑板上画着的图形中什么东西多一些！"

在孩子们面前有两块黑板。在课间休息的时候，我在上面画了如下图所示的各种各样的图形，其目的是为了做这样的一些练习：某种图形有多少，哪种图形多一些；在什么中，在什么地方多些（右边、左边、下方、上方）。这一切都画在第一块黑板上（见图：黑板1）。在另一块黑板上（见图：黑板2），散列地画着各种图形。孩子们应该分清："什么东西有多少"。我打开第一块黑板的左边三分之一。

黑板 1

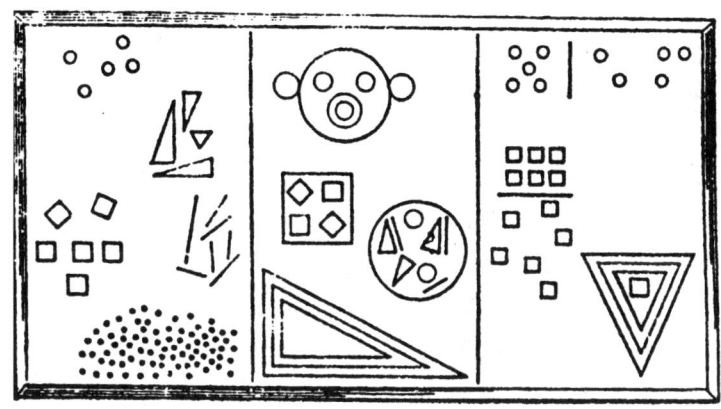

黑板 2

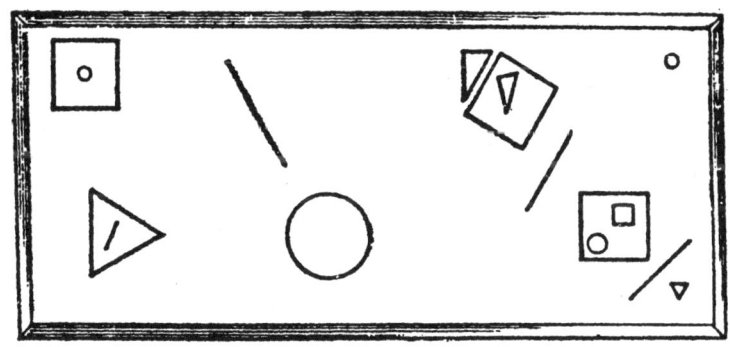

"请你们告诉我，这里有几个小圆圈？"

"5 个！"孩子们说。

"谁能告诉我，在这些数字中哪一个是'5'？"我指着写有 0—9 的卡片问。

"是这一个，中间的一个！"很多孩子回答说。

"是这一个吗？"我拿起写有数字"3"的一张卡片问。

"不对！旁边的一个！"

"噢！原来是这一个！"我拿起写有数字"4"的一张卡片。

"不对！"迈娅说，"您搞错了，您拿的不是那个数字……我来指给您看，行吗？"

"行！请前来指给我看！"

迈娅离开坐位跑了出来，从一列数字卡片中取下了写有"5"的一张卡片。

"孩子们，这是哪一个数字？"我指着数字"5"问全班孩子。

"5！"他们回答说。

"谢谢，迈娅！"

我把写有数字"5"和"4"的两张卡片按次序放回到黑板上原来的地方。现在一切都对了。

"这里有几个三角形？"我用教鞭指着一组三角形问。

"4个！……4个！"孩子们此起彼落地回答说。

"在这些数字中，哪一个数是'4'？是这一个吗？"我指着数字"2"问。

"不对！……这是'2'！"

"大概，是这一个吧！"我指着数字"6"说。

"不对！……这是'6'！"

"那么，是这一个？"

"不对！……这是'7'！"

孩子们活跃极了。他们都急着要指给我数字"4"。马格达离开坐位跑了出来（不用说，未经许可），拉着我的手，指向上面写有数字"4"的那张卡片。

"数字'4'是这一个！"

"谢谢，马格达！你帮助我找到了数字'4'。这儿有几个正方形？"

"6个！"孩子们回答说。我从数字卡片的序列中拿起写有"6"的一张卡片，并把它倒过来放回原处。孩子们快乐地提醒我：

"这样就变成'9'啦！应该把它倒过来……那样才是'6'！"

我接受了他们的意见。

"那儿有7条直线！"柯蒂指着一组直线大声地喊着说。

"柯蒂说这儿有7条直线，可我认为有8条！请大家评判一下，我们俩谁对！"

"您对！"很多孩子毫不思索地脱口而出。

"他对！"少数孩子指着柯蒂说。

这时，迈娅聚精会神地看着黑板，并轻声地数着。接着，她从坐位上站起来说：

"我来说，可以吗？那儿是7条直线，不是8条。因此，说对的是这个男同学，不是您！"

"你们大家都同意迈娅的意见吗？"

我的支持者减少了。埃拉从坐位上站起，迅速地走到黑板跟前，默默地数着直线。

"怎么啦，埃拉？"

"是7条直线，不是8条！"她说着，跑回自己的坐位。

"让我们来一起数数看！"

我用教鞭指着一条又一条直线。

"1—2—3！"孩子们随着我的教鞭所指齐声地读着。

当指到第4条直线的时候，我把教鞭略为停顿了一下。

"4—5！"他们不顾我的教鞭所指，继续读着。迈娅提出了异议："全都搞乱了，不能这样数。"我们不得不又从头开始。这一次我加快了教鞭移动的速度。在孩子们齐声读到"7"时，我没有立即把教鞭停顿下来，而是继续一个劲儿地移动着教鞭。

"8—9—10—11！—"

声音在渐渐地低下去，很多孩子一下子都明白过来：又搞乱了。于是我指名迈娅到黑板跟前来帮助我们数直线。在迈娅的帮助下，第三次集体朗读进行得很顺利。

"对啦，当然是'7'，不是'8'。柯蒂说对了！"我说着，把写有数字"7"的卡片安在黑板上与"7"相邻的两块卡片之间。孩子们都仔细地注视着我的动作，生怕我又会搞出错误来。有个孩子竟然大声地喊了起来："这不是'7'！"但其他孩子都证实说，这真的是"7"，不是别的数字。

"现在请大家看着这些圆点。请数一数，总共有多少，请悄悄地对我说。"

我迅速地走向每一个举手示意要求回答的孩子身边，听到了一连串均不符合数学科学的精确性原则的答案："5……9……10……20……100……1 000……100万！"可是捷娅却说："圆点很多很多，数来数去数不清。"我在她身旁止步了。

"捷娅，再说一遍，说大声点，让全班同学都听到：那儿有多少个圆点？"

"圆点很多很多，数来数去数不清！"

"谢谢，捷娅！……孩子们，你们认为怎么样呢？"

体贴入微地爱护儿童的心灵

突然,教室门被人猛烈地推开了。有个女人(我把她称做"好耍威风的妈妈")把一个衣着入时的男孩子推进了教室,把一个书包塞到了他的手里。女人以充满着某种使我莫名其妙的威胁口吻大声地说:"快给我的儿子在班上安排个坐位!过后会有人打电话通知您的!……"她把男孩子留在了教室里,自己转身走出教室,又以同样粗暴的举动砰地一下拉上了门。

我该怎么办?追上这个妈妈,强使她把孩子带走吗?或者,不准这个男孩子上课,把他带到走廊里去吗?在我班上已经有38个孩子啦,增加这一个孩子,我得再搬一套课桌椅来,往哪儿搁?何况问题的症结还不在这里。最重要的是,现在,我们班上每一个儿童能从我这儿得到的注意、抚爱、关怀、帮助的份额更少了,而这一切,他们又是多么需要啊!

没有哪一种教学方法,没有哪一个教师,能够在学生人数任意增加的班级里获致同样的教育效果。一架飞机的乘客超过定额,就会导致空难事故。让一架超载的飞机起航是危险的。可以去问问飞行员、机械师,作这样的航行,值得不值得。

"多一个,少一个,有什么关系呢?"有,有很大的关系!难道少一个,或多一个被教坏的儿童就没有关系么?可是,我像我的千千万万同事一样,也承担着塑造每一个儿童个性的崇高使命。我怎能坐视教育的"空难事故"的发生呢?6岁儿童的班级不是一个公式化地对儿童施行教学和教育的大规模生产车间。在这里应当精雕细刻地去塑造儿童心灵的每一个最微小的部位,使他们心中的每一个细胞都充溢着热爱人的激情。在17世纪,夸美纽斯[①]认为,同时在一个容纳300名学生的班级里进行教学是可行的。我们原谅这位天才教育家的谬误。那么,从大体上说,在21世纪前夜的今天,这种"批发"教育的教学法是否可以被接受呢?

当然,如果在一个班级里只有一个儿童和他的老师,这同样是很糟糕的,因为这个儿童将会感到寂寞:没有同年龄的、学习同样学科的孩子与他为伍,即使是最有趣的功课也会使他感到没有趣味了。每一个儿童都渴望在与其他儿童的交往中学习和生活,他必须在儿童中间占有他自己应有的地位。无论处在

[①] 夸美纽斯(1592—1670)——捷克伟大的教育家和爱国主义者。他是外国教育史上最早提出普及教育的思想家。他的《大教学论》是系统论述全面教育问题的世界教育名著,被译为世界上许多种文字出版。——译者注

一个人的班级里，还是处在儿童数过多的班级里，他都不能成为这样的人。在一个儿童数过多的班级里，儿童们像一群蠕动着的蚂蚁，各管各地忙于做自己的功课，他们没有共同的理想和志趣、快乐和悲伤。在只有一个儿童的班级里，他就会感到孤独，生活枯燥乏味，没有乐趣。如果他处在一个 25 名儿童的班级里，他就能像其他儿童一样，成为一个其他儿童所需要的人，同时，他有他自己的个性，在这样的班级里，生活对他来说是快乐的和有趣的。如果他处在一个 45 人的班级里，他充其量不过是很多儿童中间的一员，别人不很了解他，他自己也不了解别人，因此，他又成为孤独的，没有乐趣的了。为了使人了解他，为了使人尊重他，他就会尽自己一切可能竭力用种种办法来突出自己。

  难道你们没注意到这种常见的情景：在一个家庭里只有一个孩子，他是不大可能破坏大人的安静的，在任何情况下，大人都容易让他听话。如果在一个家庭里有 3—4 个孩子，并且，大人也无暇去照管他们，在这样的情况下，家里就会常有"地震"的感觉。如果我们让 40—50 个孩子聚集在一起，即使他们都是些绝顶聪明、安静、沉着的孩子，在远处观察一下，我们就会看到，他们很快就会丧失理智，互相指责，房子将遭到一次真正的里氏 9 级地震。在这样的情况下，儿童通常的顽皮就变成了粗暴、肆无忌惮、损坏日用物品的恶劣表现，而不是较好形式的多种多样的活动……

  真没有想到，邦多脱下了皮鞋，把它们放在课桌上，出神地看着。应该走过去告诉他，在课上是不能这样做的。可是就在这时罗西柯却突然从坐位上站起，向教室门外直奔而去。

  "罗西柯，你要往哪儿去？"

  罗西柯不吭声。她打开了门，发现在走廊里没有她妈妈，就哭了起来。应该去安慰她。

  正在这当儿，班上最小的一个女孩子又发生了什么事啦！

  "孩子们，快低下头！闭上眼睛！回想你们生活中最令人可笑的事情！"

  我用双手抱起了这个最小的女孩子，把她抱到了走廊里。

  "妈妈们，请帮帮忙，这女孩子不舒服！"

  有人赶忙去找医生。有人把小桌子上的东西全都扔到了地上，从我手中接过小女孩，让她平躺在桌子上。一会儿医生来了，把小女孩抱到医务室去。

  可这小女孩的妈妈呢？为什么她不在这儿？为什么她不把女孩子的病情事先告诉我？

  我尚未从这突如其来的事情中镇静下来，立即就回到了教室。我看到，孩子们都闭着眼睛，把头伏在课桌上，他们已经笑过了一阵。

"孩子们，请抬起头！"

他们是否看到了刚才发生的事？没有！只有罗西柯可能看到些什么，但她在忙她自己的事：哭和喊"妈妈"。还有这个新来的孩子，也许全看到了。我跟他握了握手，迅速地扶着他坐到中间一排的第三个坐位上去。我安慰罗西柯（"让我们一起到教室里去吧！"）。我帮助邦多穿上皮鞋。

"请看，多一个或少一个孩子，原来是这样的！"……

"你们回想的令人可笑的事情在课间休息的时候告诉我！"我打开第一块黑板的中间部分，"我认为，在这儿（我指着画着圆圈的一个图形）有8个圆圈！"我边说，边装着检查一遍的样子，"我说得对吗？"……

成长的台阶

"我在小孩子的时候，有一次，有一条大狗在我后面跑着。我很害怕，我拼命地跑，大狗紧紧地跟着我，我就喊了起来：'救命！'突然，我被什么东西绊了一下，跌倒在地。大狗走到我身边，那时我差点吓死了。但它温和地用牙齿咬住了我的衣服，帮助我站立了起来……"

"有一次，我把我家的小狗系在一个雪橇上，从小丘上赶着它往下奔。小狗'汪汪'地叫，雪橇翻倒了，它四脚朝天地滚在雪地里。我很难分辨出来，这是一条狗，还是一个雪堆……"

"有一次，我的哥哥在浴室里洗澡，他边洗澡边唱歌。我觉得他唱得很好听，就打开浴室的门。他全身擦满了肥皂站在莲蓬头下面，闭着眼睛继续在唱。那时我就向着他'汪汪！汪汪！'地学狗叫，他害怕极了，叫喊了起来：'妈妈！'……"

"我在小孩子的时候，大人带我去看马戏。在那里有丑角表演，我笑呀笑个没完……"

"我在很小的时候，跟我哥哥一起上幼儿园。有一次，妈妈前来接我们回家。天下着雨，在人行道上积起了水洼。妈妈说：'把腿抬起点走！'我刚一抬腿，就跌倒在水洼里……"

"我在小孩子的时候，有一次，一个男孩子带我去喝冷泉水。泉水很凉很凉，差点把喉咙都冻僵了。我爬上了更高一级的山岩，那儿的水更凉，我冷得从山岩上掉了下来，正好掉在我的同伴的头上，我把他压得跌倒在沼地里……"

"有一次，我同哥哥一起拉一袋面粉，我们不小心把口袋给扯破了，我们就用面粉我撒你、你撒我地玩了起来……"

"当然，现在你们已经是大孩子了。你们想去看小孩子吗？"

"他们在哪儿？"

"在幼儿园里。要我带你们上那儿去吗？在那儿你们对他们作些观察，然后互相谈谈，他们的表现怎么样！……都准备好啦！……站成两列纵队！这就对啦！每人都拿一面小旗——一路上我们始终要高举着小旗前进。开步走！妈妈们，请你们随同我们一起去！……"

幼儿园与我们学校是邻居，就在篱笆的那一边。沿着篱笆种着灌木和树。幼儿园的孩子们正在院子里玩耍。我建议孩子们藏在灌木和树的绿荫中，从这儿进行观察——这样，可以使幼儿园的小孩子看不到他们。

孩子们沿着篱笆分散开来，有的坐在草丛中，有的蹲在灌木林里，每个人都找到了自己的观察窗口，进行着观察。我自己呢？我像一个在战壕里指挥作战的指挥员一样，小心翼翼地从一个侦察员小组到另一个侦察员小组地移动着自己的位置，并收集情报，有时也同他们一起进行观察……

我的孩子们觉得，小孩子们的顽皮和玩耍看上去很可笑。因为他们自己已经是大孩子了！我把他们带领到一个角落里去，让他们交流各自观察到的情形。他们用种种有力的表情手段告诉我或互相交谈：原来，这些小孩子们是这样可笑。

"有一个小孩子在用小铁铲把沙铲到一个小桶里去，一下子又把沙全倒了出来，那孩子真傻！"

"有一个男孩子在追逐一个女孩子，女孩子拾起一块石子想丢他，但教养员走来了……"

"在那儿有5个男孩子钻进一座小房子里，后来他们花了很大的力气才从里面爬了出来……"

"有一个女孩子拿着一个洋娃娃，她自己不玩洋娃娃，可是又不肯让别人玩。两个孩子抢洋娃娃，结果，洋娃娃的头被扭断了……"

"有一个男孩子不停地在东奔西跑，活像一辆横冲直撞的汽车！这真可笑……"

"有两个男孩子在奔跑，跑着跑着，两个人互相对撞了一下，两人都跌倒了，其中有一个孩子哭喊起来：'妈妈！'……"

"他们多愚蠢！您还会带我们到这儿来吗？"

是的，孩子们，当然我还会带你们到这儿来！你们多么盼望自己能早日变成大人！在观察较年幼的儿童的行为，关怀他们的过程中，你们会感到年长者的义务。这种感觉愈深，你们就会更迅速地成长！……

障 碍 物

第一个学日的最后一堂课已接近尾声。

孩子们正在向我递交他们任意作画的作业纸。我要求他们在各自的作业纸上写上自己的姓名和自己所知道的任何单词、字母和数字。所有这些作业我将留待课后去审阅。

现在，在他们已经获得了第一个学日的印象的时候，我要向他们提出两个最主要的问题。看来，在学校里他们是感到快乐的，在他们的生活中已发生了转变，这是我敢肯定的。但是，他们究竟将会怎样回答我的这两个问题呢？

"孩子们，请告诉我，今天在你们每一个人的生活中发生了什么样的重大事情？"在我看来，他们无疑会说："我们上学了！""我们当学生了！""我们开始读书了！"

对这一个问题，我曾经久久地思考过。确切点说，我思考的是这样的一个问题：我需要从孩子们那里得到怎样的回答，以便利用他们的这一回答，在日后率领他们日益深入地在认识的世界里遨游。

在他们回答了第一个问题以后，我还要提出另一个问题来结束我们的课："你们认为，你们在学校里将做些什么样的事？"

我觉得，这两个问题的措辞在逻辑上是互相呼应的：对第一个问题的回答是提出第二个问题的依据。

现在，孩子们的图画作业已经收齐，他们都目不转睛地望着我。

"孩子们，请告诉我，今天在你们每一个人的生活中发生了什么样的重大事情？"

出乎我的意料，他们接二连三的回答简直使我惊呆了：

"我家的房子拆掉了！"

"在我们的院子里有一辆汽车起火，结果被烧掉了！"

"在我们的街区出了交通事故！"

"汽车压死了一个人！"

"我妈妈病了！"

"在我家住的一幢楼房里有一个邻居死了！"

"我家的自来水管破裂了！"

"我的祖父生病住院了！"

这是怎么回事？

不言而喻，这不可能是孩子们故意作弄我！莫非我提问的措辞不确切么？

或者，孩子们都像绵羊一样地盲从说"我家的房子拆掉了"的那第一个孩子么？为什么所有的孩子都只想到悲伤的事情——火烧、车祸、死人？

也许，我应该在刚一发觉他们的回答不符合我的原定计划时就立即制止他们回答？但是，我多么希望忽然间会有一个孩子站起来说："你们都胡说什么哟？要知道，今天在我们生活中发生的最重大的事情——是我们上学啦！"

咳！你呀，你这个问题！你是教师的绊脚石！

"孩子们，这一切多令人伤心！但我的问题指的不是这一些事。我问的是'在你们的生活中发生了怎样的**重要**而又**快乐**的事情？'好好地想一想！"

可是孩子们不愿意多作思考，对这个问题他们已经胸有成竹。莫非他们又要说一些不是我所期望听到的事情么？这样的事果真又发生了。

"我家得到了一套新住房！"

"妈妈说，星期天她带我去看马戏！"

"我家买了一架竖式钢琴！"

"昨天我爸爸出差回来了！"

"我家来了农村的亲戚！"

"昨天我的祖父出院了！"

"我的一条小狗跑回家了！"

"今天我爸爸要给我买一辆自行车！"

"我妈妈头上的绷带取下了，她的伤口长好了！"

就这样也行！应该顺应孩子们的心情！这是孩子们自己在给我上课，我应该从中学会些什么。至少，我对孩子们感到快乐和悲伤的事情已经有所了解。我得到了一个对我自己来说很重要的结论：儿童回答教师提问的精确性，主要取决于儿童自己的经验的逻辑性，而不在于事物本身的逻辑性。趁着孩子们还在继续叙述的时候，我在自己的记事本上写下了今后我将遵循的一条箴言：

教师向儿童发问的问题——这不仅是教学法的，而且也是整个教育学的细胞。如果能够把它放在显微镜下仔细观察一下，就可从中认清整个教学过程的方向、师生关系的性质；也可从中认清教师自己，因为问题——这是教师的教育技巧的风格。

"原来，你们的快乐真不少！很好！现在请告诉我，今天你们在哪儿？"

"在学校里！"

"回答得很好，声音很整齐！谢谢。孩子们！你们能不能告诉我，在学校里你们将做些什么事情？"

"有趣的事情!"

我又一次听到了与几年前的一个"零年级学生"所说的(同样地有鼓舞力和十分认真地)同样的一句话:

"很多很多的大事!"

"请再说一遍!"

"我们将做很多很多的大事!"

原来是这样——既简单又明白!

我们沿着楼梯下到底楼,家长们已在楼梯口等着我们。

我对家长们说:"请你们明天送孩子上学时不用带书包!"

"不带书包?难道书也不要带?这怎么行……学校毕竟是学校!……"他们都很不理解。

在家长们的诧异声中,突然传来了一个孩子的声音。他激动地在反复地说:

"妈妈,妈妈!你听我说,真有趣!妈妈!你听我说,真有趣!……"

家 长 会

——尊敬的家长们,你们好!今天,大多数孩子的爸爸和妈妈都一起来参加我们的家长会,这太好啦!首先我要向你们大家祝贺,祝贺你们的孩子已经成为学生啦——这是你们家庭生活中的一件大事!从今天起,你们的孩子的生活开始了新的一页,学习将成为他们的主要的生活内容。

——假如我问你们:"你们想把自己的孩子培养成为无愧于我们社会的人吗?"——想来,你们一定会一致地回答说:"当然想!"但是,想是一回事,极其认真地从事教育事业又是一回事。

——虽然家庭教育和学校教育的性质各异,但是,它们彼此不应该是互相对立的。既然学校是组织儿童的教育和教学工作的中心,所以它有权向家长提出家庭教育的要求。

——我与你们都有幸生活和劳动在苏维埃国家里,在我们苏联,人们之间的社会关系是建立在高度人道主义原则的基础之上的。在我们每一个人的生活和多方面的活动中,都应该体现、发展和确立我国社会制度的真正的人道主义。人道主义原则应该成为我和你们的教育活动的指针。

——贯彻这一原则容易吗?

——不,不容易。

——其所以不容易,是因为我们还缺乏这种教育的经验。对儿童的人道主义态度要求我们：相信人道主义教育的改造力量，相信每一个儿童的无穷潜力，在对儿童的教育中要有极大的教育耐心和体谅，深刻理解儿童的内心活动。

——不言而喻，用人道主义教育的方法来解决教育问题，较之以粗暴的压制个性的方法去摆脱教育问题，要复杂得多……

——我们应该怎样认识人道主义教育的意义呢？

——人道主义教育的意义就在于：使儿童自觉自愿地、乐意地接受我们以他们的全面发展为宗旨的教育意图，使他们成为我们在对他们施行教育中的同盟者和战友；帮助他们养成对知识酷爱和对独立的学习—认识活动的迷恋。

——对于权力主义的、强迫命令的教育而言，除了加强对儿童的压力，强制他们履行自己的义务以外，在教育儿童的工作中就再也没有任何别的问题可言。很多非常精细的压服和强制手段可以使教育者摆脱种种难以处理的教育问题，但是，这种教育的气氛无助于儿童全面地和充分地显示自己的才能，无助于形成他们的完全合乎要求的个性。

——是什么东西可能会阻碍我们基于人道主义的原则来解决这些问题呢？

——儿童的天性！

——儿童是易受冲动的人，他们的全部兴趣都在今天的快乐和满足上。可是我们却要使他们今天的生活服从于准备走向明天的需要，即服从于准备参加未来的多方面的、丰富的、内容充实的社会活动的需要，并且，我们深信，这种准备将给他们带来幸福和真正的快乐。用怎样的方法才能消除受教育者和教育者的意图之间的这种矛盾呢？

——学习过程不是一个轻松的过程。为了促进儿童的才能和天赋的发展，学习也应该是困难的。儿童并不害怕认识的困难，然而，由于种种原因（我认为，首先是由于强制他们履行自己的学生的义务），他们的学习愿望渐渐地消失了。怎样才能激起和发展儿童旺盛的求知欲呢？

——在我们面前有两条路可走，一条是迫使、强制儿童服从自己的教育者的意志，另一条是指引他们走上自我教育和自我教养的道路。

——尊敬的家长们，我呼吁你们选择第二条道路！

——为了使我们在教育儿童方面的努力不致相互抵消，我决定向你们提出一些建议，并希望这些建议能够成为我们共同遵循的原则。经典教育家们的遗产，共产主义社会的理想，很多优秀教师的经验，以及我自己的教育信念，这是我拟定这些建议的准绳。我把这些建议相对地称做教育箴言。

——不要把我的建议看做是详尽无遗的教育法典。我希望，你们自己的经验，我与你们齐心合作的经验，将会使这些建议的内容更加充实。

——请你们大家各拿一份建议——"箴言",并把它默默地读一遍。

教育者的10条"箴言"

1. 在一个人道主义的社会里,教育只能是人道主义的。使儿童对教育过程产生好感,使他们成为我们在教育他们中的自愿助手——这是人道主义教育的主要原则。

2. 交往——是人们生活的主要之点。使儿童得到与我们交往的快乐:共同认知、共同劳动、游戏、休息的快乐——这是人道主义教育的主要方法。

3. 成人的日常生活和相互关系的性质——这是未来的人的个性赖以形成的环境。因此,极为重要的是,要使我们的日常生活、我们的相互交往,尽可能在更大程度上符合我们力求使儿童树立的那种理想。80年代的教育者应该是21世纪人的榜样。

4. 人对人们的信赖,人对自己的生活立场的信心——这是人与人之间富有人生乐趣的交往和使个性升华的本源。因此,我们必须爱护和发展儿童对我们——自己的教育者、对自己的同学、对人们的信任感和对自己的信心。

5. 社会主义社会是一个平等的和互相关心着的人们的社会。我们的教育过程应该贯穿对每一个儿童个性的尊重,应该使儿童养成关心同学、亲人和一般的人们的感情。

6. 只有在使人能感到自己是社会所需要的人,是自己人,只有在他既不人为地被抬高,也不人为地被贬低的社会里,人才能显示和发展自己的一切才能和天赋,并成为幸福的人。在对儿童的教育中,也应该使他们感到自己是所生活的社会中的这样的一员。

7. 儿童是感情容易冲动的人,他们很难理解我们。但我们教育者有义务去理解儿童,应该在考虑到儿童内心活动的情况下拟定我们的教育计划。

8. 教育是一个长期的潜移默化的过程,因此,我们在解决教育任务的一切具体场合,都应该表现出明智、有远见、合情合理和耐心。

9. 对儿童富有同情心、体贴入微、心地善良、爱、温和、直爽、乐于帮助、休戚与共,这一切应该是我们教育者的行动指南。同时,还应该把这一切与对自己和儿童的严格要求,对年轻一代的责任感和关心祖国未来结合起来。

10. 我们应该坚决摒弃与人道主义教育相对立的和抑制儿童个性发展的权力主义、强迫命令及其种种表现形式,如训斥、辱骂、伤害自尊心、讥笑、粗暴、恐吓、暴力,等等。

——我们没有把这些"箴言"付诸实践的现成处方。因此,尊敬的家长们，我们必须发挥创造精神，孜孜不倦地去探索以人道主义的原则教育儿童的方法！这乃是我们对每一个儿童最大关怀的体现！

——现在我有一件紧急的事情要请求你们帮助。请大家都拿一张白纸，在上面写下你们每一个人可能给予学校的帮助。我指的是：美化我们的教室和走廊，组织教育工作等。也请你们就组织孩子们的学校生活问题提出自己的希望和建议。

——我相信，再过一两个月，当我们积累了协同工作的某些经验的时候，我们将会重逢，我们将再一次互相商讨关于对孩子们的教育问题……

80 年代的现象

我的"零年级学生"的第一个学日已经过去。但是，它并不是无形无迹地飞逝而去的，它给我留下了思考明天的计划的轨迹。

我的 6 岁学生究竟是些什么样的儿童呢？（顺便说说，他们中的很多人尚不足 6 足岁，差两三个月，甚至更多些！）

我翻阅着他们的图画，读着他们写在图画纸上的单词和句子。画就是画！在其中我没有发现可以称得上令人赞美的天才之作。但是，它们的内容本身却引起了我的注意。孩子们画了些什么呢？宇宙飞船、宇航员、飞机、汽车、高楼、学校、马戏团表演、参观动物园、山脉、草地和森林、鲜花、妈妈、节日、做游戏的孩子、球、人物、动物，当然，还有微笑着的太阳，等等。

总之，他们画他们的快乐，表达他们对世界的看法。他们为我们的飞机攻击敌机而感到快乐。为了使人不致误解，还用虚线标明子弹飞行的方向。并且，敌机必定被击中，在浓烟烈火中坠毁。有一个孩子画了一个光芒四射的、微笑着的大球，在大球上系一根绳子，绳子的另一端握在一个男孩子的手里。男孩子拉着大球在向前奔跑。"我抓住了太阳！"少年艺术家在画面上写着。在其他很多画上都写有诸如此类的说明："这是坦克"、"月亮"、"我在玩"、"我的妈妈"、"学校"、"我们的院子"、"我的小弟弟"、"蘑菇"。

我把孩子们写在画页下方的单词、句子和数字全部抄录在一个本子里。原来，所有的孩子（只有两个孩子例外）都在上面写自己的姓名和形形色色的单词或句子。例如，捷恩戈写着："我会读和写，爸爸教给的。"捷娅写着："我已经读完了一本书。"而马格达在纸上写了一连串的算术题及其答案：$10+5=15, 100-90=10, 100+100=200$……

看，这是些多么不平凡的儿童，这是 80 年代的新现象！为什么他们如此喜欢字母、书和数字呢？玩猫捉老鼠、捉迷藏的游戏和跳绳，岂不更合他们的心意么！为什么他们总是喜欢指着电视片的字幕，街道上商店的招牌，问自己的爸爸、妈妈、祖父和祖母："那上面写的是什么字？""这字母怎么念？"有时候，他们还试着去猜报纸大标题中的不认识的字母。干吗他们要这样地折磨自己呢？即使是5岁的儿童，甚至4岁的儿童，都渴望学会读！他们常常缠住父母教自己读的科学。他们自己也常常互教互学，认读字母、数字，往往会入迷到忘记了玩自己的玩具汽车、洋娃娃、小自行车的地步。因此，6岁儿童在升入预备班的时候，不仅具有获得知识的渴望，而且已经具有了一定的知识。

我曾多次听到，教师对很多孩子上学时已经会读识字课本表示不满。他们抱怨地说："现在究竟该怎么办？"我甚至还从报上读到过一位女教师对家长的呼吁："在家里不要教孩子读和写、数数和加减法，否则，到学校来教他们同一内容的读、写、算，他们就会感到枯燥乏味的。"

但是，要知道，家长们并没有按照学校的教学大纲在对儿童施行专门的教学，而是儿童们自己在用他们的特殊的方法组织这种教学："为什么？""怎样？""这是什么？""如果……那就怎么样呢？"我认为，呼吁家长在家里不要教儿童识字是没有意义的，因为没有哪一种力量能够遏制现代儿童的认识渴望。问题的症结在于，该不该遏制儿童的认识渴望？这种渴望是否会阻碍儿童的发展？

不言而喻，在一个班级里，儿童的知识水平参差不齐，就会使教师的工作复杂化起来，因为久已习惯的用从"零"开始进行教学的那种教学方法已经不"灵"了。在这样的情况下，必须改造教学的方法，有时甚至还要用别的教学方法来取代久已习惯的方法。实际上，这意味着教师要改造自己的教学法原则，往往还要同自己的教育惰性作斗争。某些教师关于破坏传统的教学方法的害处的高谈阔论，正是他们对自己的教育惰性的绝妙伪装。确实，在某些场合，一些教师在教育上的无进取心危害着另一些教师的创造精神，致使教育革新者不敢"冒尖"。结果，出现了一种极为反常的现象：没有创造思想的懒教师竟斥责自己的学生在学习上怠惰；课上得拙劣到只够给"2"分的教师却肆无忌惮地在自己的课上给学生打"2"分。

我们全部的现代生活——家庭、无线电广播、电视、幼儿园、杂志和报纸、书籍、电影、玩具和人们——共同造就了今天在我的课上的这些不平凡的儿童。显而易见，他们中的很多人已经具有了读和写的技能，会做加法和减法，甚至还会做乘法和除法，并且还不仅仅是10以内数的加减乘除。今天，他们曾多次以他们的智力"发达"和"文化程度"使我感到惊讶。因此，我没有权利把他们看做是不懂事的傻孩子。就让我的班级，像很多其他预备班一样，成为一个由具有各种不同水平的知识和技能的儿童组成的"大杂烩"吧！

如果个别对待的原则在我的班上起不了作用，在教学论里何必要大加推崇这一原则呢？

那么，这是否就意味着我同意下述见解了呢？

既然6岁儿童在入学时，甚至在入学前已经表现出了认识的渴望，所以他们就能忘掉其余的一切，以高度负责的精神致力于学习。

如果我同意这种看法，我岂不就成了一个脱离儿童实际生活的、幼稚可笑的教师了吗？！我对他们的教学和教育工作的全部复杂性就在于，无论他们的知识水平有多高，他们毕竟是儿童，对他们来说，玩就是他们生活的主要内容。

有一次，有位家长带来一个5岁的女孩子，要我测定她的"学问"怎么样。女孩子读得非常好（她已读过很多故事书，甚至也读过《金钥匙》一书），她能描述自己的印象，认识钟点，会做除法和乘法，还能毫不费力地解答复杂的智力测验题。可是，当我刚一宣布结束对她的智力测验，开始同她的父母交谈起来的时候，她就爬到了桌子底下，对着我们"汪汪—汪汪"地学小狗叫。

知识是否会急剧地改变4岁、5岁、6岁的儿童，也许还有7岁、8岁的儿童的天真烂漫的天性，即夺去儿童的童年呢？虽然这一年龄的儿童能够掌握不少内容很像样的知识，并且也渴望获得更多的知识，但他们并不因此而就会成为很严肃、认真的人。要使"零年级学生"理解我的指示、禁令和履行学生义务的号召，是很困难的，他们对学习任务缺乏耐心，不能持久，单调的学习活动极易使他们感到乏味……

今天我给他们上课遇见了什么情况呢？有两次我都发觉，孩子们很疲倦，他们对上课感到乏味起来了。于是我就想，也许我得把课安排得更短一些？每堂课15分钟，每天8节微型课！不，只有语文、数学、俄语这三门学科宜于这样安排。因为与图画、唱歌、体育课相比，这些学科的课要求儿童有更紧张的思维活动。上15分钟语文课后，就打一次铃，然后在教室里休息5分钟，后15分钟上数学课。明天要试一试！……

建议和询问

……我急于想知道，家长们究竟答应给予我哪些帮助，他们对我的实验教学有什么好主意？我想最有效地吸引他们共同实现我的预定计划——以人道主义的原则教育儿童。他们能跟我合作吗？在过去几年里，很多家长都曾以极大的热情参加了这一工作，这种经验今天也鼓舞了我，今天就向"零年级学生"

的家长们提出了我所思考的 10 条 "箴言"。

他们答应做什么？他们最关心的是什么？

我先把他们答应给予我的帮助抄录在一起：

"我本人是一名考古工作者。我可以给孩子们讲述关于考古学的趣闻，带领他们去姆茨赫塔——格鲁吉亚的古都参观，让他们亲眼看一看，考古的发掘是怎样进行的。我请您相信，他们一定会感到非常有趣的。"——柯蒂的祖母。

这是个很好的主意，也许在二、三年级时可以享受她的效劳。

"我每年可以为孩子们派两次汽车。您可以用来组织孩子们到郊外参观。不过，您必须在两周前通知要车的时间。"——格奥尔吉的父亲。

这太好啦！我将计划带孩子们去市植物园作第一次参观，最好安排在 10 月间。我们将观察大自然在秋天的绚丽多姿。

"我可以给孩子们做一块电动黑板，装配各种电动器具！不过，您得告诉我，您需要哪些教学法上的机制。"——捷娅的父亲。

该在本周就与捷娅的父亲商讨一下。

"我们夫妇俩都是作曲家。我们可以写一个短小精悍的儿童歌剧，并在课外活动时间亲自前来指导排练。全班孩子都一起参加。"——戈恰的父亲和母亲。

这是一个非常有趣的建议。

"如果有两三位家长帮忙的话，我愿意重新粉刷教室的四壁，用一些使孩子们置身其境感到更愉快和更有趣的颜色。"——塔姆里柯的父亲。

应该考虑这一建议。

"我是一个退休人员。我可以组织家长来校值日，我自己也将在走廊里值日。我们将在各方面帮助您。"——迈娅的祖母。

家长值日——这是需要的工作。应该利用他们的帮助。

"也许，需要给班级制作陈列橱窗或者小桌子之类的东西吧？"——埃卡的父亲。

当然需要，最好在整个墙上都安上陈列橱窗。这样，可以挂上所有儿童在幼年时的照片。将来，还可以挂上每一个儿童过生日时的照片。

"我可以带领孩子们去印刷厂参观，让他们看一看，书是怎样印制的。"——叶莲娜的母亲。

当孩子们升入高一年级的时候，一定要请她带领他们去参观。

"我家有一个小花圃，在里面栽种了各种观赏花卉。我可以给班上送些盆栽花卉，让孩子们照料它们。我还将不断地调换花卉品种。这样，孩子们就能认识各种各样的花卉。"——尼娅的母亲。

这是一个好主意。应该请尼娅的妈妈立即着手这一工作。

还有很多其他的建议：给班级赠送磁带录音机、电唱机、装着鱼的鱼缸，给孩子们上图画课，教他们各种户外游戏，给我们的走廊装帘幕，拍摄反映孩子们的生活的照片，并把它们陈列在走廊里。家长们的所有这些建议都将根据需要一一地付诸实现。

现在，我又把家长们向我提出的问题和希望抄录在我的本子上：

"也许，可以请您给我们谈谈，为什么要让儿童从6岁起上学？我们干吗那么性急？干吗要夺去儿童的童年？"

我一定给他们谈一谈。

"请您给年轻的家长们组织一个教育讲习班。我们非常需要这方面的知识！"

应该满足他们的请求!

"您是否经常带领孩子们去户外呼吸新鲜空气?"

一定去,甚至每天都去!

"请您实行学日延长班①制度。很多家长都有这一要求。"

明天我将查明组织学日延长班的可能性。

"请您给我们的孩子说说,要求他们每天早上别任性胡闹,乖乖地进餐,因为他们更听您的话!"

好吧……应该给孩子们讲一讲,早上饿着肚子来上学是有害的。

"请您安排个时间给我们仔细地讲一讲,您的实验的主要之点是什么?请您用具体例子来说明,您将怎样进行实验!"

是的,家长们当然有充分的权利提出这一要求!关于这一问题,我将在下次与他们会面时给他们讲。

"家长可以来听课吗?"

当然可以!这样的公开课将有助于我用具体的例子向他们介绍我的实验教学。对爸爸、妈妈、爷爷和奶奶们的公开课——这是使我与每一个孩子的家庭之间增进互相理解的最好方法。

"您所讲的关于以人道主义的原则教育儿童的一切都太好了。但是这能实现得了吗?"

---

① 学日延长班,俄文原文为"Продлёнка",该词原义为有加片的电影场次。学日延长班指学生在校时间延长至父母下班的制度。在这段时间里,由教师辅导学生复习功课、完成家庭作业,组织学生从事文娱体育活动和各种课外兴趣小组的活动。——译者注

我究竟怎样才能使家长们相信人道主义教育的思想呢？也许，他们将随着自己的孩子的变化和发展才能逐步地树立对这一思想的信念。

孩子们，请你们帮助我证明：在对你们的教学和教育中，没有强制和压服行吗？"行！"我一定要使你们戒除要求你们同意的事不假思索地齐声说"是！"的坏习惯！

第三章　在课上欢笑赶走了睡神*

（第 20 天）

相　互　律

上课铃响了。我迅速走进教室，环视全班。孩子们很快就安静了下来。

"孩子们，你们好！"我愉快地向他们问好。

自从我第一次在教室里会见我的 6 岁学生以来，今天已经是第 20 个学日了。我觉得，孩子们非常爱我。

有一位妈妈叙述了她的儿子在星期六恳求她送他去学校的生动情景。"今天是休息日，不上课！"妈妈说。"我要到那儿去休息！……为什么不能到学校里休息？"男孩子坚持要求到学校去。

是的，孩子们喜欢学校，喜欢同学，喜欢教师，喜欢学习活动。为什么？是什么力量吸引着他们？

我要请读者相信，在这里存在着一条体现在教育过程中的特殊的客观规律。这条规律我打算把它称做"相互律"：

但愿教师时时刻刻都急着要走到儿童们中间去，为与他们每一次见面而感到喜悦。这样，儿童们就会每天急着要到学校里来，为与自己老师的每一次见面而感到由衷的喜悦。

"您好！"他们快乐地回答我的问好。

---

* 本章原题为"在课上莫姆斯赶走了莫尔飞"。莫姆斯——希腊神话中嬉笑和戏剧之神。莫尔飞——希腊神话中的睡神，在古典造型艺术中，是一个长有翅膀的老人。"吗啡"（morphine）一词源出于此。——译者注

"请坐下！今天我们有很多大事！让我们现在就开始，别浪费一分钟时间。"

很多孩子都急不可待地想读字母。最近三四天，他们不断地央求我："让我们学习字母吧！"于是我想，也许我应该把所谓的字母前阶段缩短三四天，我已经使孩子们在单词的结构分析上"耽搁"得太久了。

我该怎么办？

应该是这样的：在孩子们懂得了单词的音素分析的原则（要经过15个学日才能达到）以后，应该立即使他们转到学习字母上去，同时继续致力于使孩子们掌握记录单词和句子的方法。

可是我却坚持字母前阶段的原则，至少使孩子们延迟三四天学习字母。"请原谅，孩子们，我不是故意的呀！你们简直一刻不停地在向我夺取科学知识，我很难预见一切！但我可以向你们保证，再过四年，在我教现在刚满两岁的其他孩子时，我一定改正这个疏忽！"

"字 母 狂"

我的孩子们急着要学习字母。是呀，我自己早就在促进这种渴望的加剧。在我们的走廊里放着的几张小桌子上常常陈列一些有彩色图画的小册子。他们很想知道，在书里写着些什么，但不会读，感到很难受。列拉跑到我跟前来问我："书里写的是什么？"格奥尔吉喋喋不休地说："请把这故事读给我们听！"萨沙在课间休息时拿起一本小册子，试图读书上的单词和句子。他问同学们："知道吗，这个字母念什么？这个字母是'З'，对吗？"

为了及时在走廊里的黑板上写上几个单词和字母，我每天都一清早就来到了学校。早上，每当孩子们一走进走廊，马上就发现，在黑板上写着某种新的东西。于是他们就开始读了起来：

"这个字母是 T！"

"不对，这不是 T，这是 Ч！"

"这里写着的单词是 радость（快乐）。"

"Оооог-оооонь……我读出来了！……Огонь！（火）……"

"Нааароод！……Народ！（人民）……乌拉！……"

在我们的走廊里响起了在任何一个森林里都不能有的更美妙动听的叽叽喳喳声。孩子们在互教互学字母，认读单词。我写在走廊里的黑板上的这些单词他们已并不陌生——在前几堂课上，他们全都已经读过，对其中的每一个单词都进行过音素分析。结果就搞成了这个样子：在教室里，在上课的时间，字母前阶段还在延续着,而在走廊里,在课间休息的时间,字母阶段已开始炽烈起来了。我把最近三四天里充溢着我的 6 岁学生的那种心情称为"字母狂"。

应当及时地把"字母阶段"从走廊里"搬"到教室里去,"搬"到课堂上去,否则我又要陷入最近几天在向他们提出他们所理解的语言现实的问题时曾陷入过的那种死胡同里了。当时狂热的征兆刚刚开始出现。

"我现在做的动作可以用哪一个单词来表示?"

我在教室里给孩子们演示"走"的动作。

"走路……走!"孩子们回答说。

"那么,这个动作呢?"

"坐下!"

"这个呢?"

我拿起一支粉笔,在黑板上写下一个偶然想起的单词"勇敢",并指望得到他们的回答:"写"。

埃卡:"勇敢!"

"这是'勇敢'的动作吗?"我以惊奇的语气问。

沃瓦:"您写了'勇敢'这个单词!"

"我可没有问你们,我写了什么单词?我是问:我做的动作用哪个单词来表示?请大家看着我!"——我在黑板上又写了一个字母更多一些的单词"Отечество"(祖国),我写的不是印刷体,而是书写体。——"这个动作表示什么?"

不用说,这当然是"写"啦!但是,不知孩子们是怎么搞的,很多人都用食指指着黑板,嘟嘟囔囔地读了起来——

迈娅:"О……оте……"

达托:"Отечес……"

吉哈:"不对!Оте……Теческий Отеческий!(祖国的)"

迈娅:"О - те - чество……Отечество!(祖国)"她高声地说:"那儿写着:'祖国'!"

"好吧!"当时我略一思索,说,"这个练习我们下次再做,用别的方法来做!而现在……"我中止了用语言来表示实际情形的练习。

"你们想玩一会儿吗?我写一些单词在黑板上,如果你们会读的话,马上大声地把它们读出来!"

"太阳!"我刚一从黑板前站开,孩子们看到了我所写的单词后,整个教室就响起了一阵嗡嗡声。

我又在黑板上用我的身体挡住孩子们的视线的部位写了一个单词,接着又站到一边去。

"树！"孩子们快乐地读着。

随后是：房子！……妈妈！……爸爸！……祖母！……

当然，不是所有的孩子都在读。一些孩子还来不及把单词读出来，而另一些孩子已经大声地读了出来……

所有这一切是以朗读《布拉季诺历险记》① 一书来完成的。在一切空闲的时间——在课间大休息、在去公园里散步的时候——我都要有表情地、动人情感地（当然，尽我之所能）给他们读一段这本书中的故事。孩子们都希望我一口气把这本书读完，不喜欢一次又一次地继续。不久前埃拉对我说："您能这样读书，您多么幸福啊！""是呀，孩子们，会读和喜欢读，这是人生的最大幸福。不过，为了使你们对于能增长知识的阅读的渴望更加强烈起来，我该怎么办？这就是我的操心事！"——我在心里暗暗地对埃拉回答说。

我就是这样地激起孩子们的"字母狂"的。他们经常缠住我和他们的父母："请告诉我，这个字母怎么念？……那儿写的是什么？……请读一遍给我听！"每天早晨，我都要在走廊里的黑板上给孩子们写一些字母、单词、句子和绕口令，他们一到学校，就站在这块黑板的前面，指点着尝试读起来，久久地不愿离去……

从明天起，我将教他们学习字母，我将精雕细刻地使他们每一个人养成流利地和有理解地朗读的技能。在今天，就在我们的15分钟的"微型课"上，我要给他们布置对单词进行结构分析的作业，我将让他们做准备朗读和准备书写的练习。

顺便说说微型课。微型课是个好东西：时间紧凑，内容丰富！不等孩子们感到疲劳，我就拿起我的一套金色的小铃——它们共有3个，被固定在一个金属圈上——摇了几下，响起了悦耳动听的铃声。这铃声告诉孩子们，5分钟教室内休息开始了。在这个时间里，通常我让孩子们跟我一起做徒手操。有时我让他们随意休息，有时我建议他们把头伏在课桌上，边听音乐，边想点好事、善事，或者作任意的幻想。过了5分钟以后，我的这一套小铃响起了低低的、令人欢快的声音，于是我们又开始了认认真真的学习，直到响起了全校下课的欢快的电铃声为止。

---

① 《布拉季诺历险记》是苏联著名作家阿·托尔斯泰（1882/1883—1945）根据意大利作家科洛迪的《木偶奇遇记》改写的儿童文学作品。阿·托尔斯泰著有《苦难的历程》、《彼得大帝》等文学名著。——译者注

做单词结构分析的游戏

"让我们现在就开始,一分钟也别浪费!"我站在黑板前适中的地方,以便使孩子们都能清楚地看到我。

"我该给你们念怎样的单词?难的,还是容易的?"孩子们都知道,我指的是什么:在一个单词中字母越多,就意味着越难。

"难的!给我们念难的!"孩子们在鼓励我。

"那么,请你们仔细地听着:我故意把声音拖得长长的,轻声地读出一个单词,你们呢,你们要随着我的手势齐声地但轻声地说出来,我读的是哪一个单词。作好准备!……"

我环视了一下全班:会不会有人注意在别的什么事情上?没有,人人都聚精会神地看着我。我略略前倾着身体,开始用故意拖长了的声调轻轻地读出一个单词。

"Гееееррррроооооооой!"我稍作停顿,就猛然挥了一下右手。

"Герой!"(英雄)孩子们立即回答。

"很好!现在请听下一个单词:Дооооооббббрррроооот……ааааа!"(Доброта——善良)

我的手臂一挥,他们就把单词"归还"给了我。

"谢谢!……作好准备!……Чееееллллоооооввввееее!"我挥手。

"Человек!"(人)但是只有少数几个孩子读这个单词,大多数孩子都忍不住笑了起来,抑制不住内心的喜悦。

"您没有读完这个单词!……"

"您说的是 челове!①……"

"说得对!原来是我搞错了。现在请你们把自己双手的手指交叉起来,用手掌组成一个'小碗'!"

从我的这句话里孩子们都已知道我们要做的这个游戏:先由我给他们念一个单词,我念的速度快,声音轻,而且只念一遍。接着他们各自对着由手掌组成的"小碗"轻声地、故意把声调拖得长长地念这一个单词。他们需要"小碗",是为了不使声音"飞走"。随后,开始研究单词"解剖学"。我的6岁学生们都爱做这个游戏,因此马上就作好了准备:把手掌移近了嘴唇,略低着

---

① 在这里阿莫纳什维利对他的预备班学生开了个小小的玩笑。俄语"人"是"Человек"。他在读的时候故意漏掉了最后一个字母"к",读成了"челове"。——译者注

头，皱着眉头注视着我，如俗语所说的竖起了耳朵来听。

"Буратино！（布拉季诺）请对着'小碗'自己读一遍！"

孩子们都细细地谛听自己的单词。

"我敢断定，在这个单词里共有7个字母。我说得对吗？"

"对！"有几个孩子轻信地说。

"不对！……不对！"很多孩子都坚定地说，"不是7个，而是8个！"

"这不可能！Бу－р－а－т－и－н－о！（我用手指头一个一个字母地数着，"求出"的答案是7。）这下你们都清楚了吧，是7个字母！我们接着做下去。我敢断定……"

但孩子们不让我说下去。

"8个，8个！……您数错了！"

沃瓦："请您看着——Б－у－р－а－т－и－н－о！"——在他的一双手上弯曲着8个手指。

"请原谅！你们说得对。现在我们接着做下去……我敢肯定，在这个单词里，第二个字母是 y。"

"对！"

"这个字母是元音。"

"对！"

"第四个字母是 A。"

"对！"

"这个字母是元音。"

"对！"

"第六个字母是 И。"

"对！"

"这个字母也是辅音。"

"对！"

"第七个字母……"

吉哈："不对，不对！И是元音，可是您说是'辅音'！"

马格达："您还说'也是辅音'，应该说'……也是元音'！"

"我是这样说的吗？"

"是的！"

"请原谅！当然，И是元音！……第七个字母是 M！"

"不对！"

"那么，是 H。"

"对!"

"我敢肯定,第九个字母是 O!"

"对!"

捷阿:"O 是第八个字母,不是第九个!"

"哎,对啦!第八个字母!现在请大家坐直!好……现在我要请你们给我做听写,你们念这个单词,我把它写在黑板上。"

"Б。"

我在黑板上画一个小圆圈。

"У。"

我画第二个小圆圈。

"Р……А……Т……И……Н……О。"

我依次画了 5 个小圆圈,而不是 6 个。在黑板上写成了这个样子:ООООООО。

迈娅:"您写错了。漏掉了一个字母!"

"怎么漏掉了一个字母?!让我们一起来检查一遍!"

"Б……У……Р……А……Т……Н……О。"

全班喜气洋洋。

"不对!……您漏掉了 И,一下子就跳到了 Н 上去!"

玛里卡跑了出来。她的手够不着写在黑板上的小圆圈,我把它们写在很高的地方。

"您看,就在那里!"

我把玛里卡抱了起来。

"好吧,指给我看……我错在哪里?"

现在她正好与小圆圈一样高了。她用一只手抱住了我的脖子,另一只手指着黑板,给我作解释:

"请看,在这里!"玛里卡说。她边用手指逐一指着小圆圈,边"读"单词,"您看,您弄成什么样了?应该在末尾再写上一个小圆圈!"

"你说得对,玛里卡,谢谢你!"当我刚要放下她的时候,她就已经用双手抱住了我,在我的脸上亲了一下。

对此我感到生气吗?该训斥她吗?或者该感谢她?此时此刻我没有思考这一问题的时间。我拿起了一支粉笔,纠正我的"错误"。

"现在都对了吗?"

"对了!"

"现在请大家准备好拼字板!你们要设法'抓住'一个个的语音,然后猜出来，这些语音组成的是哪一个单词！"

在每一张课桌上都有两个小盒子，在盒子里放着一些 1.5cm×1.5cm 大小的蓝色和红色的正方形硬纸板卡片。蓝色拼字板代表辅音，红色拼字板代表元音。我们用这些拼字板进行单词的音素分析。为了给孩子们提供千百个各种各样的习题，并且其中的每一个习题都能使他们得到认识的快乐，教会他们对任何一个单词进行结构分析的方法，需要的仅仅是教师的足智多谋。感谢你们，仁慈的学者 Д. Б. 艾利康宁①、П. Я. 加里培林②，你们拟定了一个使活动具体化的有趣的原则。

拼字板拿出来了，有插口的拼字盘也拿出来了，它是我的每一个"零年级学生"用来"装"语音的。

"第一个语音——И"。我低声地念着，就像往清澈的池塘里投掷小石块一样地用右手把它向孩子们"投掷"过去。

孩子们跳跃着，用双手在空中"抓住"语音，立即从小盒中拿出一块红色的拼字板，把它装到拼字盘中去。

瓦赫坦："我没来得及抓住！"

萨沙："我也……这个音那么快地在我的头顶上方飞了过去！"

戈恰："要不要把我的给你？请拿去吧，这是 И！"——戈恰递给萨沙一块红色的拼字板。

"第二个语音——С"。我继续说。

孩子们在空中"抓"С，把蓝色的拼字板"放进"拼字盘里去。

"第三个语音——К……第四个——Р……第五个——A……请你们对着我耳朵悄悄地告诉我，这是哪一个单词？"

很多孩子已经举起了手。我一会儿走向这一个孩子，一会儿走向那一个孩子，不停地说：

"对！……对！……"

"孩子们，请大家一起把这个单词读一遍！"

他们齐声地说：

---

① 艾利康宁（Даниил Борисович Эльконин，1904—   ）——苏联心理学家，苏联教育科学院通讯院士。研究儿童心理学问题，提出儿童心理发展年龄分期理论。关于以词的声音分析为基础的阅读教学法，获得好评。他对 6 岁儿童心理特点研究为苏联实行 6 岁入学的学制改革提供了依据。——译者注

② 加里培林（Петр Яковлевин Гальперин，1902—   ）——苏联心理学家，学习活动理论和分阶段形成智力动作理论的创始人。根据这一理论曾进行广泛的实验研究，并形成相应的教学法：控制教学法，也称控制知识掌握过程的教学法。——译者注

"Искра！"（火星）

"让我来看一看，你们是怎样摆这个单词的！"

他们举起了装有红蓝相间的拼字板。我巡视了所有孩子的作业，纠正了三个孩子的作业，他们把元音摆错了。现在可以让我的6岁学生做单词结构分析的练习了。

"让我给你们讲一个故事"，我建议说。"Искра（火星）这个单词生病了。'要做手术'——一个'外科医生'高声地说，并从单词中拿掉了字母 С（孩子们从拼字盘中拿走了第二块拼字板）。'这完全成了另一个单词了！'——第二个'外科医生'愤怒地说。……请你们告诉我：现在搞成了哪一个单词？"

他们齐声地说：

"Икра！"（鱼卵）

"'我知道该怎么医治'，第二个'外科医生'说。他给单词动了手术，割下了字母 к 并安装一个新的字母 г 来取代它（孩子们都在自己的单词中调换了拼字板）。'怎么是这样的呢！'——第三个'外科医生'看到了生病的单词后，惊异地说。请你们告诉我，他在手术台上看到的是哪一个单词？"

孩子们愉快地说：

"Игра！"（游戏）

"第四个'外科医生'拿来了一个大写字母 Т，把它安在单词的'头'上。'让它多长一个头吧！'——他说。但是，其余几个'外科医生'都生起气来了：'你怎么搞出这样的事?！'"

孩子们又一次欢笑着说：

"Тигра！"

"很可惜，单词已经死了……第五个'外科医生'却想出了一个救活单词的办法，他割掉了单词的'尾巴'，说时迟，那时快，这个单词一下子就吼叫了起来，这吼叫声使所有的'外科医生'吓得东奔西逃四散而去了！"

"Тигр……Тигр……"（虎）——我的"6岁学生"喊着。

"那儿有一个勇敢的6岁女孩子，她一点儿也不害怕。她把字母 А 放回到原来的地方，拿走了多余的字母 Т……现在搞成了什么啦？"

"Игра……仍旧是 Игра！（游戏）……"

"如果从这个单词中拿掉中间的一个字母，你们猜猜看，这个女孩子的名字叫什么？"

"Ира！Ира！"（伊拉）

"现在请你们打开我放在你们每一个人课桌上的纸袋，从里面取出作业纸。你们还记得吗，应该做什么和怎么做？"

柯蒂："用线条把'单词'同画儿串联起来！"

"对！不过你们得赶在我们的沙漏计时器里的沙漏完前做好。请拿出红色的泡沫塑料吸水笔！"

我把家长们赠送给我们的沙漏计时器翻转过来，把它挂在醒目的地方。

"开始！"

我给每一个孩子都准备了如下图所示的图解作业：

我的孩子们应该确定每一组小圆圈（这一组一组的小圆圈对他们来说是"写好了的"单词）数与每一幅画儿所指物体的名称的字母数相等，并画一条红线把他们串联起来。如果他们正确无误地完成了这个作业，我从他们那里收到的将是如下图所示的作业纸：

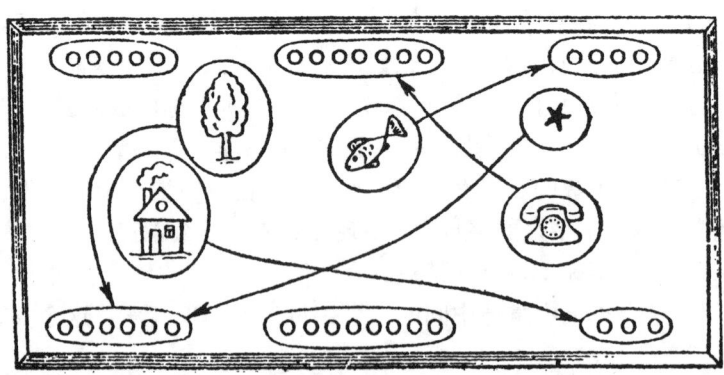

孩子们全神贯注地在做作业。我走到罗西柯跟前。女孩子在低声地自言自语,用手指头数着字母数。

"罗西柯,"我在她的耳畔轻轻地说,"做得怎么样啦?"

她已经用红线把5个小圆圈与画着一棵树的一幅画儿串联了起来。我帮助她数 Дерево(树)这个单词中的语音,然后建议她找出同样多"字母"的那个"单词"(也就是由6个小圆圈组成的一组小圆圈)。罗西柯很高兴。她看了一看沙漏计时器。

"我来得及。"她在我的耳畔轻轻地说。

我取下了沙漏计时器,拿着它在坐位的行间来回走动;让孩子们都能看到,还剩下一丁点儿时间了。他们应该学会珍惜时间,这个沙漏计时器将在课上经常地帮助他们。

我走向邦多。"亲爱的,我的好孩子,我的小淘气。我该拿你怎么办呢?我甚至自己也不敢承认自己的预感了!为什么你那样杂乱无章地画线,把纸都划破了?"

"邦多!"我在他耳畔轻轻地对他说。男孩子吓了一跳。"为什么害怕,孩子?要知道,我从来也没有恐吓过你。是因为太突然了吗?今后我将更加小心地对待你。"我与他并排地坐在他的坐位的椅子上。"邦多,轻轻地告诉我这幅画儿的名称!"

"Рыба!"(鱼)男孩子轻轻地读着,以十分注意的、祈求的眼光看着我。

"请把这个单词慢慢地再说一遍!"

"Дом(房子)……Рыба(鱼)……Часы!(钟)"

"请指给我看,哪幅画儿是房子。"

他用手指指了指画着房子的画儿,接着又指了指画着一条鱼的另一幅画儿。他说:

"明天我还要到学校里来!我一定来!"

萨沙:"我已经做完了!"

埃拉:"我也做完了!"

我高高地举起了沙漏计时器。

"时间到了!请大家都把作业装进纸袋里去!"

列拉、迪托、格奥尔吉、瓦赫坦着急地说:"来不及了!"

"没有关系!"我安慰他们,"我已把这个作业画在黑板上了。请你们在课间休息的时候给我批改一下,看我做得对不对!"

我拿起了金色的小铃。"丁当—丁当—丁当"。

孩子们很喜欢这套小铃。

"迈娅，请把电唱机的开关打开！你们可以在教室里跳一会儿舞。"

认识的快乐是怎样产生的

我的孩子们正在跳舞。这已经不是第一次了。在课间休息的时候，常常有一些孩子自己去打开电唱机的开关。这表明，他们很喜欢跳舞。我选择了莫扎特、肖邦、柴可夫斯基、帕利阿什维利①等作曲家的作品的唱片。我给孩子们作了讲解，在音乐的伴奏下跳舞的时候，应该注意乐曲的旋律，尽力理解乐曲所表达的情感，并在自己的舞蹈动作中体现这种情感。

现在正在演奏柴可夫斯基的乐曲《古老的法兰西》。孩子们一个个地从课桌间的走道走了出来，寻找较宽敞的可以进行跳舞的地方。迈娅、马格达、列拉、埃拉、尼娅和很多别的女孩子都跳得很优美。埃卡、拉利、伊娅只是手忙脚乱地在打转转。而某些男孩子把跳舞变成了游戏——他们互相挤挤撞撞在跳跃。玛里卡一个人站着。萨沙和捷恩戈坐在坐位上。我把他们招呼到我跟前来，建议他们与我一起进行观察，看别的孩子的舞跳得怎么样。我们低声地互相交换意见。

"你们看，你们看迈娅……她跳得多么漂亮，她双臂的动作多么协调匀称！"我对这三个孩子说，"你们喜欢谁的舞蹈？"

"我谁的舞蹈都不喜欢！"萨沙回答说。

"我却喜欢埃拉的舞蹈，她跳得多可笑。你们看，她是怎样旋转的！"

"那么，柯蒂的舞蹈你们喜欢吗？"

音乐在演奏，孩子们在跳着舞。在这 20 天里，难道他们真的已经长大了，或者这仅仅是我的一种感觉？不，他们还没有超越自己的年龄。如果按照严格的传统规则（坐直啦！把双手放在背后去！一动也不要动！注意听我讲！等等，等等）上课，孩子们马上就会感到枯燥乏味，开始打哈欠。以极严格、极认真的态度，即以所谓的纯教学的精神出发给孩子们布置作业，他们很快就会厌倦学习。

为了进行实验，我曾尝试按"传授和接受"的原则上过类似的课，我觉得，在这些课上孩子们好像与我疏远了起来。我感到很沉闷。在课上我好像在审问他们，迫使他们向我出卖某种重要的机密一样，他们不信任我。不，不！当然，他们举了手，回答了我的提问。但是，在所有这些场合都没有快乐，没有积极的意向。我常常必须对孩子们说："请举手！知道的都举手！……大家

---

① 帕利阿什维利（П. Палиашвили，1871—1933）——格鲁吉亚作曲家。——译者注

想一想!"原来的作业在这样的课上似乎一下子变难了。究竟是什么东西改变了呢?我的态度改变了:我变成了一个强迫儿童向我报告他懂和会什么的冷酷无情的、一贯正确的和严厉的人。我成了他们的知识的收发员,而他们——6岁的儿童——成了"收听员"和"答话员"。孩子们明显地都不喜欢这一切,萨沙(我记得,在课上他非常惊异地看着我)在放学后走到我的跟前问我:

"为什么今天您在所有的课上都愁眉苦脸的?您身体不舒服吗?"

"你不喜欢我的课吗?"我反问他。

"不,不!"男孩子回答说。

"我们一次也没有笑过!"伊利科补充说。

在我的脑海里闪过一个念头:也许,经常问孩子们,我们的课上得怎么样,让他们给我提出建议,他们希望在课上怎样工作,这是不坏的。也许,我在上课前就同他们一起商量,怎样安排我们的课,要好得多。"谢谢,孩子们!我把你们认做是我的教育技巧的老师,这不是徒劳的!"我决定再也不做这样的实验了:上没有与儿童共同工作的快乐的课。于是我给自己写下了下述箴言:

要更经常地把莫姆斯——嬉笑之神——请到课堂上来,以便赶走莫尔飞——酣睡之神。

在课上孩子们什么时候最快乐?

我手中拿着一个足球。

"4加5等于多少?"

足球向教室的右角落飞去。谁抓到足球,谁就回答。

"等于9!"抓到球的一个"零年级学生"说,并把球抛回给了我。

"9减3等于8。我说得对吗?"球飞向中间的一排坐位。

"您说错了!9减3等于6!"球又回到了我的手里。

"哪三个数加在一起等于10?"

有人可能会责问我:"要球干吗?难道没有球孩子们就不能解答这一类题目吗?"

问题在于,没有球,他们虽然也能解答习题,但是**没有愿望**。

"请大家把头伏在课桌上。闭上眼睛……我给你们出一道题,你们别抬起头,答案用手指头告诉我!"

孩子们都低下了头,闭上了眼睛。我轻声地说:

"我想出了一个数。如果再加上3,等于8。请问:我想出的是哪一个数?"

在教室里竖起了一片伸出五个手指的手的森林。我走到每一个举手的孩子身边,用手触动一下他的小手指,轻声地说:"对!……对!……不对!……不对!……再好好地想一想!"

"我想出了一个数。如果减去4,还剩下3。请问:这是哪一个数?"

现在孩子们都举起了一双手,竖起手指告诉我他们想出的那个数。"对!……对!……不对!……对!……"我又一次走到每一个孩子身边,边触动一下他们的小手指,边轻声地说。

干吗我要请孩子们低下头呢?难道他们端端正正地坐着就不能解答我出的题目么?当然,不用低头,他们也能解答,但是,同样**没有愿望**。

"现在请你们给我出这样的题目!"我向孩子们建议。

"请您比较 2+8 和 6+4 两道加法的和哪个大?"有一个孩子对我说。

"这挺简单!"我开始在黑板上写算题,并大声地说:2+8>6+4。"给我做难一点的题目吧!……"

但是孩子们提出了抗议。

"这是怎么回事?……哎呀,请原谅,应该写'小于'的符号……"

全班激动起来。

"怎么啦?!我做错了?"(我仔细地看着黑板上的题目)当然啰……2 加 8 等于 11,6 加 4 等于 10。一点不错:11 大于 10(我把黑板上的<改成了>)。

"它们是相等的!……应该写等号!……等——号!10 等于 10!"

我终于"理解"了孩子们"造反"的原因。

"请原谅!不用说,这里应该写等号。11 等于……不,不!10 等于 10!"

读者可能要问:降低自己威信的方法算什么名堂?这种诀窍有什么用?因为可以挺简单地问孩子们:"在 2+8 和 6+4 之间应该写上什么符号?"他们马上就能很流利地回答,应该写等号。事情就完了。可是在你的班上,孩子们像蜂箱里一群受惊的蜜蜂一样,嗡嗡嗡地乱成了一团糟。干吗要这样做?

是呀,某些教师所常有的习惯势力的惰性目前还十分强烈。不言而喻,给孩子们布置现成的习题,要求他们正确和尽心地作出解答(让他们自己绞尽脑汁去做出来),然后安排短时间的或长时间的个别和集体提问,了解孩子们学会了什么,是怎样完成作业题的,这对于教师来说要省事得多。如果一切教学活动都可以安排得简单到使"教师感到方便"的那种程度,似乎就不必采取各种各样的教育"妙计"了!

关于必须掌握科学知识、必须形成多方面的技能和牢固的技巧之类的空话,人们已说得够多的了。知识、技能、技巧……在人的生活中,在他的工作中，在他的创造活动中，它们是多么的重要啊！可是，为了利用自己的知识，哪怕利用以多位数表示的极大数目的知识，来创造个性，这些知识又显得是多么的不足啊。没有一定的知识，就没有个性，然而，光有丰富的知识也不等于就已经创造了个性。其所以不能，是因为人的个性是受制于他对现实生活、对人们、对周围世界，其中也包括对知识的态度的。人的个性还受制于他的生活目的和世界观。具有鲜明的个性的人，是一个奋斗不息的人，而不是一个俯首帖耳、惟命是从的人，不是一个盲目地履行自己的义务的人。为了成为一个奋斗不息的斗士，人就需要知识——需要现代的多方面的知识，需要在千变万化的生活条件下应用这些知识的技能和技巧。

怎样才能把知识和观点在正在教室里随着《古老的法兰西》乐曲跳舞的小孩子身上融为一体呢？怎样才能使他们每一个人都形成坚定的生活目的，使他们的个性得到升华呢？我的实验帮助我预见到，这条教育的小道是多么的艰险、漫长和陡峭。现在，我与我的孩子们正站在这条小道的起点上。我们正沿着这条小道迈出头几步。我该怎么办？迫使他们在这条小道上攀登，我却在一旁袖手旁观，对他们的诉苦听而不闻，对他们的伤痕和残疾视而不见，只是不断地告诫他们：学习——这是一种苦难，在这条漫长的小道上，他们没有回头路可走，也没有捷径，无论如何要克服这种苦难。能这样吗？虽然他们不乐意，但也要让他们经过努力去掌握知识，获得技能和技巧，是这样吗？因为他们迟早会明白我对他们没有恶意，我自己也没有别的出路。

难道我没有出路吗？要知道，当他们长大成人以后，他们将会回想起他们在学生时代遭受的种种学习的苦难。他们可能会突然发现我现在也许尚未认识清楚的事情。他们将会发现：我使自己的教育生活简单化和轻松化，却使他们在课堂上的学习生活变成了死气沉沉和没有欢乐。"他们能发现吗？能！"我自己对自己说，并且意识到，对玛里卡、萨沙、邦多和其他所有在我们的不大的教室里跳舞的可信赖的孩子们来说，我原来是一个利己主义的教师。这一令人难受的意识久久地折磨着我。

孩子们，你们喜欢游戏吗？游戏——这是你们的生活的本源。很好。我也乐意同你们一起玩一会儿。我们来做什么游戏呢？做"自己扮自己"的游戏，行吗？你们——是学生，你们就扮儿童；我呢，我是你们的老师，我来扮大人。我教你们，你们得学习，我给你们布置作业，你们得完成作业，我问你们，你们得回答。干吗你们全都皱起了眉头？这不是做游戏？这不是游戏？但是，为什么这样做不好呢？不好在哪里呢？因为这样做一切都是真实的，我真的是一个教师，你们真的是学生。好吧，那么就让我们按另一种办法来做另一个游戏：我们大家都是朋友，你们——是我的同事，是认认真真的大人，我呢

——还是让我当一个教师吧,不过我有点心不在焉、健忘,你们要目不转睛地盯着我,要警惕。我——是游戏的领导人,我要帮助你们把这想像的情景变成现实;帮助你们相信,你们真的是大人和认认真真的人。我们就这样地一起来创造我们的课。说真的,我"不知道",在 Родина(祖国)这个单词里总共有几个语音!5个?也许是7个?倒数第二个语音是 И 还是 Д?……假设有这么一个汽车库,在10小时里面,每隔1小时驶入8辆汽车和驶出7辆汽车,在车库里还剩下几辆汽车?——我也不知道?你们干吗那么性急?我"赶不上"你们了!你们说:10辆,可我"求出"的却是9辆!

你们都企求得到快乐,究竟什么东西才能使你们得到快乐呢?是巧克力糖?是认识?不用说,两者都能使你们得到快乐。我认为使你们得到认识的快乐和得到在掌握知识的过程中克服困难的快乐,是我的天职。我所致力的目标,是要探索这样的一种教学方法:不是把知识"填入"你们的脑袋,而是让你们自己设法向我"夺取"知识,从与我的智力"搏斗"中掌握知识,通过始终不渝的探索和对知识的孜孜不倦的渴求来获得知识。但是,为了使这一切真正地得到实现,我将在你们的认识的道路上设置一道道的障碍,你们必须以极大的努力来跨越这些障碍。

儿童们的清脆的笑声将给我们的课增添光辉。我的实验使我坚信,笑声不仅可以促进认识过程,而且它本身也是认识的方式和成果之一。笑声——这是表达欢乐的感受的鲜明形式。我还认为,把笑声从课堂上排除出去是不公道的。很多教师不但不去激起儿童的笑声,反而要追究发出笑声的儿童。对我来说,笑声是一个重要的教育问题。在我的课上,孩子们将常常发笑,"一本正经"地发笑。例如,给他们几张"令人发笑"的情节连贯的画片,让他们据以编成故事。这时,在教室里就响起了笑声。"你们笑什么?这里面有什么可笑的?"——我问他们,他们就争先恐后地描述故事的情节,给我讲述这情节为什么可笑。我将与他们一起发笑,并建议他们让自己的亲人和熟人也得到这种满足,把这个令人发笑的故事讲给他们听。"如果你们能够引起别人发笑,这就意味着你们善于优美动听地和活灵活现地讲故事!"——我将对孩子们这样说。

当我故意有错误地读完一篇课文,要求他们发现我的"错误"的时候,他们将发笑。我却装做十分严肃的样子,坚持自己的"错误",直到他们证明了确实他们有理的时候为止。当我请他们给我布置作业题,而我特意把题目答错的时候,他们也将发笑。在他们找出了我的"错误"以后,将会带着笑声给我证明,为什么我答错了。

也许,笑声是显示信念、使人确信自己的立场的最好的方法之一。在教育儿童的工作中我将这样地去认识它。是的，我将"犯错误"，但是这不仅仅是为了激起儿童欢乐的笑声。我的"错误"将激发儿童的思维活动。孩子们将同我"辩论"，而我将"被迫承认"："是你们对……我错了，请原谅！"

为什么我要这样做？允许教师故意出错，并向学生道歉，允许学生与教师辩论——难道这符合教育学的原则吗？对此，我暂时还没有认识清楚。但是，过去多年的实验帮助我懂得，这是一条生动活泼和妙趣横生的认识之路。

他们不在与我的智力搏斗中确立自己的立场、观点和自己的"我"，能有别的什么场合吗？对一个儿童来说，如果不与我辩论，他怎能感受到自己的智力胜利，怎能获得宣告和肯定真理的快乐呢！

难道在与"零年级学生"的智力搏斗中我真的难以取胜么？但是，如果他们每天放学回家都没有经历过智力"搏斗"，有的仅仅是为准备将来去进行这种"搏斗"的枯燥的考试，这又有什么好处呢？我在解答难题时故意搞出"错误"，是为了教会他们解答难题。我教会了他们有表情地朗读，日后他们就会自己"纠正"我在朗读中出现的差错。我教会他们下棋，是为了使他们日后有机会得到赢我一局的喜悦。

在这样的情况下，他们就会竭力地追求真知。如果我问他们："我该给你们做怎样的作业——复杂的、难的，还是简单的、容易的？"——他们就会雄赳赳、气昂昂地齐声回答说："给复杂的、最难的！"如果并非所有的孩子都能胜任这些作业，那可怎么办呢？有补救的办法——我设计了完成作业的标准步骤，他们可以用来加以对照。何况，一个儿童，一旦处在了思维的王国里，他就会千方百计地去追求认识的快乐。

孩子们，我相信，你们很快就会爱上学校生活的！你们将渴望上课！上课将成为你们的主要的生活内容！至于我的威信，我寄希望于你们的理智和你们的敏锐的心灵。也许，在你们中间，像在我过去的"零年级学生"中间一样，产生了一场关于我的辩论：我是一个怎样的老师？

"您多么滑稽可笑！"玛里卡说。"您总是逗得我们好笑死了！"

"他不滑稽可笑，"萨沙与她辩论了起来。"他是一个非常聪明的老师！"

"您大概读了有100多本书，对吗？"邦多问。

"为什么您会有错误？难道您真的不会写那么简单的单词吗？"捷恩戈好奇地问。

"你胡说点什么哟，他是故意写错的！"戈恰为我辩解说。

"难道您是故意写错的？为什么？"埃卡疑惑不解地问。

"您还记得吗？我曾经教您什么是周长？"吉哈自吹自擂地说。

"你什么也不会教他，他什么都懂！"迈娅反对他。

"要知道,他也是人,他怎么能够什么都懂,什么都记得!这不可能!难道不对吗?"伊拉克里问我。

亲爱的孩子们,我在你们心目中的威信大概是在你们的这种怀疑中增长起来的。但是,我也要请你们记住,你们的老师是你们所需要的人!如果还是一个你们所敬爱的人,那么你们对我的高度颂扬,对我来说是不需要的!

也许,传统的教育学反对这样的教学法。但是,对你们的信赖将永远帮助我勇往直前。正因为这样,现在我准备这样来开始我们的下一节15分钟的微型课:我待在坐在最后一排坐位的达托的身旁,并请你们中的一位同学把黑板右半部分的帷幕拉开。原来,在黑板上画着如下的图形:

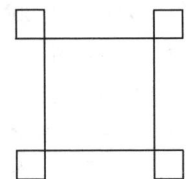

"孩子们,我看到黑板上画着6个三角形!"

也许,在孩子们中间有人会起来纠正我的错误:"正方形,不是三角形!"

……5分钟室内休息的最后几秒钟。我们该在我们的学习小道上继续前进了。也许,我们还来得及在这条小道上再跨越一厘米!

"玛里卡,请你从我的膝盖上下去!萨沙,请你拿起我们的小铃,把它们摇起来!"

"丁当—丁当—丁当!"小铃发出了使人快乐的声音。

思考着的人看上去是令人愉快的

"孩子们,我看见6个三角形!"

传来了好几个孩子的声音:"这不是三角形,是正方形!"

"不错,是正方形!谢谢,你们纠正了我的错误!请大家仔细地看一看,那儿有几个正方形——6个,还是7个?"

"6个!"有几个孩子抢先说。

"7个!"另几个孩子大声地喊着。

为什么6岁儿童的语言会如此地超前于思维呢?问题不在于他们要用大喊大叫的回答来妨碍别人思考。在实践中,很多教师通常都用极简单的方法来制止儿童在课堂上的这种叫喊:斥责儿童不守纪律,告诫他们回答问题先得举手,并且要把手一直举到教师指名某个学生回答时为止。但这能有什么实质性的变化呢？只有在达到了主要之点——儿童理解答案的意义，这种准备回答教师提问的形式才是可行的。儿童思考自己的答案，检查自己的答案，形成答案，然后举手，并安静地等待教师的指名。但是，问题在于儿童不能安静地等待。他们在没有充分理解题目之前就已急着要求回答，急着要抢先回答。我常常碰到这样的情况：我刚一张口，想要给他们提问时，他们就已经伸出了手。"你们还不知道我要问什么呢！"——我惊奇地想。但是，看来，对他们来说，回答什么问题，答案是否正确，这并不很重要，重要的是回答本身。

他们时刻"准备着"回答教师的任何提问。令人得到的印象，好像是他们对一切极伤脑筋的习题的答案都已"胸有成竹"，对任何问题的答案都能脱口而出。正因为这样，他们就喊着："6个"、"7个"，却根本不去考虑自己的答案是否正确。他们不考虑，但回答着，并争先恐后地回答着。

这是什么原因呢？也许，是他们渴望与自己的老师交往么？或许，是他们想在自己的同学中突出自己么？或者，仅仅是因为他们还不懂得，需要思考，主要地，还不懂得怎样思考？我认为，这是原因之一，但主要地还在于儿童的行为和举动的易受冲动性。他们不假思索地喊着回答，其根本的原因就在这里。

因此，如果孩子们喊出了正确的回答，表达了自己从理解真理中得到的快乐，我尤其不应该去制止这种其实不值得那么大惊小怪的叫喊。无疑，一个人在理解了真理以后，总是想尽快地把真理告诉别人的。况且，每一个人都有权利竭力使自己成为在人类认识的某一领域的开拓者，并为自己的领先地位而感到喜悦。但是，当在孩子们的头脑里刹那间产生了某种想法，当真理被他们"握住"了，或者马上要被发现了的时候，怎能迫使他们安安静静地举着手坐着，并等候我的从容不迫的指名呢？在这种场合怎能对他们说："孩子们，别吵吵嚷嚷，别招呼我，别叫喊，安安静静地坐着！"比如说，在这时，如果大家都想回答，而我却指名达托来回答，我岂不是人为地把这个达托变成了真理的开拓者了么？所有的孩子都有可能成为"哥伦布"。但是，以这种方法上课，我只能把我所选择的一个孩子变成"哥伦布"。这公正吗？我现在正在帮助所有的孩子成为"哥伦布"。我请他们把自己的答案在我的耳畔悄悄地告诉我，或者，我迅速地站到教室的中央，像一个乐队指挥一样向大家挥动着手臂，使真理齐声地轰鸣。这样，所有的孩子都会感到心满意足。

由此可见，应该制止的不是叫喊本身，而是不假思索的回答。可是，这是需要耐心细致地去做的。号召孩子们："想一想！再想一想！"这能帮助我吗？如果我不教会他们思考，不把我自己与他们的交流安排得达到使认识真理的过程比他们力求突出自己更重要的那种程度，那么，这种一般号召是无济于事的。

我将怎样做到这一点呢？

——我本人将经常在众目睽睽下一边思考，一边自言自语地解题，以此把应该怎样思考和解题变成孩子们耳闻目睹的事；

——我将给他们布置一些不作紧张的思考就不能解答的特别的作业，并帮助他们拟定循序渐进的思维活动计划；

——我将创造使他们能够自由地议论、证明、反驳、怀疑的条件；

——我将引导他们对作业进行思考，在脑中想着解答作业，使他们必须经过思考后才说出自己的意见；

——我将增强每一个儿童成为一个善于深思的、敏于思维而"不急于信口乱说"的人的渴望。

因此，我现在并不介意这种叫喊——"6个！"、"7个！"而是装着反复检查我的意见：我一面轻声地"自言自语"，在空中移动着食指，一面数着画面上的正方形的数目。孩子们模仿着我的样子也在数着。我还在继续数着正方形，可是很多孩子已经正确地解答了这道习题：

"5个正方形，不是6个！"

"4个小的，1个大的！"

"您说7个正方形，可那上面只有5个！"

在几分钟前，我曾听到列拉没有好好地想就喊了出来："7个正方形！"

"列拉，你能证明那上面有5个正方形吗？也许，我没戴眼镜，因此看不清楚。我还是觉得，那上面有7个正方形，对吗？"

列拉已经忘了，刚才她曾经喊过："7个正方形！"现在她已正确地数出了正方形的数目。她跑向黑板，正确无误地作了证明。

"是呀，刚才我没有看清楚。谢谢！这就是说，在那上面有5个正方形！……"

我走向黑板。

"现在我要给你们做一个比较复杂的作业。我在这上面画了几个正方形，但还来不及把它们的数目数出来。请大家仔细地看一会儿，数一数，那上面有几个正方形。为了不致搞错了，你们得检查一遍，答案要悄悄地对着我耳朵讲！"

我打开了黑板的另一半部分，在上面画着下述图形：

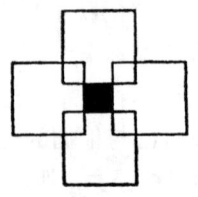

"请大家别急着回答!"我给孩子们发出了警告,并且自己也"开动脑筋"解答起习题来。我站在教室的中央,在空中移动着食指。我"自言自语"地数着正方形:"一个正方形……两个……三个……四个……"

为了用耳语告诉我这个习题的答案,有几个孩子已经在招呼我了。我得到了很多错误的答案:"4个!""8个!""12个!""100个!""5个!""3个!"我低声地建议他们每一个人再检查一遍自己的答案。我帮助某些孩子找到第9个正方形。这就是处在这幅图形中间的,被我用红粉笔涂成了红色的那一个正方形。很多孩子所忽略的也正是这一个正方形。

但是,不到一分钟,这个秘密就被他们猜到了。我的"发现者们"已忍耐不住了,都想喊出自己的答案。

"大家一起说!"——我说,并做了一下手势。

"8个!……9个!"

我在黑板上写下了8和9。

"认为这上面有8个正方形的请举手!(差不多有一半孩子这样认为)现在——认为有9个正方形的请举手!"

我指名马格达和迈娅——全班两部分孩子的代表——到黑板前面来。

"请证明一下!"

"这里有9个正方形!"迈娅说。

"不对,是8个!"其余一半孩子喊着说。

"请你们看着!"迈娅开始用教鞭勾画着每一个正方形。"1、2、3……9!"她最后勾画的就是处在画面中央的那个红色小正方形。

"哎呀!"一半孩子发出了叹息声。

"我们对!"另一半孩子快乐地说。

"现在请大家低下头,闭上眼睛!"我吩咐道。教室里瞬息间就停止了一切喧哗,孩子们从由于习题的答案而引起的激动情绪中平息了下来。现在我有可能给他们布置另一个习题了。我在坐位的行间走动着,轻声地说:

"你们想要做更复杂的习题吗?"

"要!"

"在黑板上我画好了两组正方形——A组和B组。你们应该进行比较——哪一组正方形多一些。我将注视你们面部表情,看你们是怎样思考的。也许,有些人的面部表情是很严肃和聚精会神的。为了不说出某种错误的答案,不要随便开口!(我拉开了黑板上的帷幕)请抬起头。边看边想!"

在黑板上画着如下页图中的两组正方形:

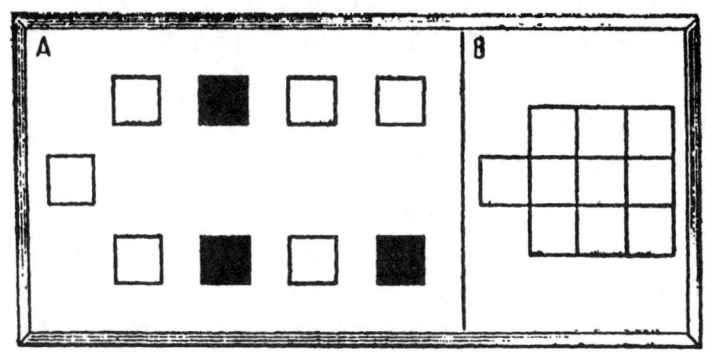

孩子们将会怎样回答我呢？也许，大多数孩子会说，A 组的正方形比 B 组的多。是呀，这个习题乃是用来显示所谓的皮亚杰①现象的范例！他们分不清数和面积之间的差别，把"多少"误认为"面积大小"。

在最近几天我已经给他们做过类似的作业，但绝非所有的孩子都能解答。我指着黑板上画着的梨——3 个小的和两个大的（见下图），问他们：

"哪边的梨多一些；左边的还是右边的？"

"右边的多！"他们对我说。

"让我们一起来数一数！"我建议说。

我们一起数的结果是：左边——3 个；右边——2 个。我在画的下方写上了数字（见下页图）：

---

① 皮亚杰（J. Piaget，1896—1981）——瑞士著名心理学家，发生认识论的创始人，以他对儿童智力规律的创造性研究闻名于世。主要著作有《儿童心理学》、《发生认识论》、《儿童的语言和思维》。根据皮亚杰关于儿童智力发展的分期，4—7 岁儿童处于直觉思维阶段。处于这一阶段的儿童开始从前概念思维向运算思维阶段发展，但他们的判断仍受制于直觉的自动调节，他们往往分不清面积与多少、体积大小与多少的差别。这就是所谓的"皮亚杰现象"。——译者注

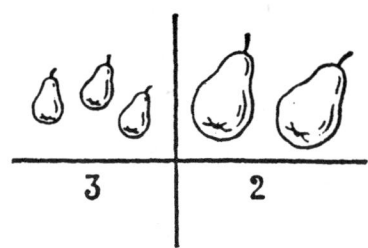

"哪个数大——3还是2?"

"3大!"孩子们对我说。

"那么,哪边的梨多——左边,还是右边?"

"右边多!"

"为什么?"

孩子们给我"解释":"这是很明白的——右边的梨大,而左边的梨小。"

当时只有萨沙没有屈从于皮亚杰现象。

"不对!"他说。"左边有3个梨,右边只有两个梨,也就是说,左边的梨多!"

我迅速地跨着大步走向萨沙,郑重地向他伸出了手。

"让我握握你的手!"

萨沙疑惑不解地向我伸出了手。全班的孩子都好奇地注视着我们:怎么一回事?

"谢谢你,萨沙,你学会了思考!今天你使我非常高兴!"

我带着萨沙一起走到黑板前面。

"孩子们,请看着萨沙,看他是怎样思考的!……萨沙,请告诉我,在哪块黑板上的圆圈多——这一块,还是那一块?"我拉开了两边的两块黑板的帷幕,中间一块遮着帷幕。

在左边一块黑板上,套画着六个圆圈;在右边一块黑板上,几个圆圈分散地占据了整块黑板。

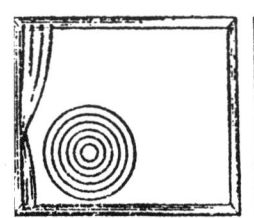 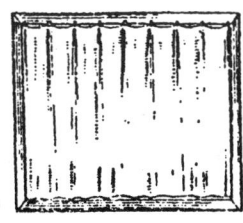 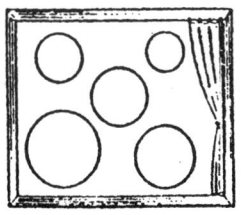

男孩子开始仔细地察看两块黑板上的图画。

"萨沙,请帮助我吧!"我在心里想。"现在你能为自己的同学做的事要比我多得多!现在你是他们的最好的老师!"

我站在教室的中央,在一片肃静的气氛中开始轻声地对孩子们说:

"孩子们,请看,他是多么的聚精会神!……你们看,他现在什么话都不说……为了不出差错,他不马上随口就说!"

萨沙走向左边一块黑板,用手指指点着,反复地数这一组圆圈。我轻声地对孩子们说:

"你们看,他在检查自己的答案!"

可是在心里我却在对萨沙说:"萨沙,别搞错了,尤其是现在这个时候!现在我与你都非常需要向全班同学演示,思考对人是多么重要,多么必要,思考着的人看上去是多么令人愉快!孩子,我们要战胜皮亚杰,全班都要战胜皮亚杰!你知道吗,我在一篇学术论文中读到了什么?某个学者在这篇文章中发展了不能让6岁儿童上学的思想。因为,他说,6岁儿童不能克服皮亚杰现象!你明白吗?当然,萨沙,这并不可怕!我们国家的6岁儿童很快就要入学了!但是,现在竟然有人把他们说成是没有能力克服这种现象的人。这话听起来使人心里多难过!"

"在这一块黑板上,"男孩子指着套画着圆圈的那块黑板说,"圆圈多一些,共有6个。在那一块黑板上,"他指着另一块黑板,"少一些,共有5个圆圈!"

有些孩子与萨沙辩论了起来。"不对!"他们认为,"就算那儿是6个,这儿是5个,那又怎么样呢?反正右边黑板上的圆圈多一些,因为它们占满了整块黑板。而这里,你看,还有那么多的空地方呢!"

但是,萨沙坚持自己的意见,并找到了自己的同盟者。"要说圆圈分散的和合在一起的两幅画的差别吗?"他说,"6永远比5多!"……

这是在几天前发生的事。今天我又要回到"皮亚杰现象"上来了。

"请抬起头!边看边想!"

但是,孩子们只看了一眼,很多孩子马上就举起了手。

"孩子们,请看着伊利科,看他在怎样思考!你们看:他不急着回答!大概,你们也能先想一想?"

所有的孩子都放下了手,回头看着伊利科。他现在正聚精会神地看着黑板,自言自语地轻声地说着什么,在空中移动着食指——他在反复地数正方形。

思考一分钟……孩子们重又举起了手。我俯身逐一倾听孩子们的回答。已经有6个，或者8个孩子对着我耳朵轻轻地说，A组的正方形比B组的多。"不对！"我在每一个孩子的耳畔说，"你的答案错了！"可是埃卡却悄悄地告诉我说：A组的正方形是9个，B组是10个。

"今天埃卡使我很高兴！"我对孩子们说，"谢谢你，埃卡！"我对埃卡说，并与她握了握手。

尼卡、伊拉克利、纳托、伊娅、吉亚、马格达答错了。"请好好地数一数，每一组各有几个正方形！"我向他们建议。但是，我对桑德罗、捷娅、迈娅、尼娅、捷恩戈逐一轻声地说了一声"谢谢！"并与他们每一个人都握了握手。

是的，当我发现，孩子们多么认真地在思考，求证所需要的答案，表述和论证自己的观点的时候，我都要对他们说一声"谢谢！"

如果哪个孩子表现出了对知识的兴趣，显现了独立性和善于思考、勇敢和顽强精神的闪光，我就要对他说一声："谢谢！"因为，这样一来，他就会成为我在自己的教育和教学中的助手。应当鼓励儿童攀登自己发展和成长的更高一个阶梯的任何努力和尝试，并且，除了对他表示我的快乐、感谢和友好态度外，我再也找不到更好的教育方法了。

……那么，其结果如何呢？可见，我的孩子们是能够克服这个臭名远扬的皮亚杰现象啰？是的，看来，经验、教学能够加速这一过程。

"让我们一起来数数看，A组有几个正方形！"我向孩子们建议。

我们集体地数了一下。它们是9个，我把这个数字写在左边黑板上的图的下方。

我们又一起数了一下B组的正方形。在那儿有10个。我把这个数字写在另一块黑板上的图的下方。

"究竟哪一边的正方形多？"

"当然是B组的多！"几乎全班的孩子，甚至刚才还在对着我耳朵悄悄说过与此完全相反的话的孩子，都深信不疑地说。

"那么，为什么刚才你们有些人觉得A组的正方形多呢？"为什么刚才搞错了？马格达说得很有趣。她说：

"A组的正方形布满了整块黑板，所以我认为A组的正方形比B组的多。"

伊拉克利（刚才也对我说过完全相反的答案）说："不应光看它们是分散的还是集合在一起的，应该数和这样地比较，还应该思考！"

"对！应该养成思考问题的习惯。看来，你们喜欢做这样的练习，是吗？"

"是的，很喜欢！"

"那么，如果谁愿意的话，请在放学后到我这儿来一下，我将给每一个愿意的人分发一个装有这类练习的小纸袋!"

所有的孩子都想得到这种纸袋。他们已有两次带着这种作业回家了。就在这几天里他们经常恳求我再给他们一些小纸袋。在整个学年里我还要多次给他们布置各种各样的装在纸袋里的作业,并且,每一次我都要明确地说明:"谁愿意!""如果你们愿意的话!"我将建议他们在装有复杂的练习和容易的练习的两种纸袋中任选一个。经过一两天,他们将会把纸袋里的练习做完,连同纸袋一起退还给我。我将与每一个儿童一起在课余时间检查他的作业完成得怎么样,随后把这些已完成的作业放入我早已准备好的学生人事案卷中去。

这一次我在纸袋里放入了如下图所示的图片:

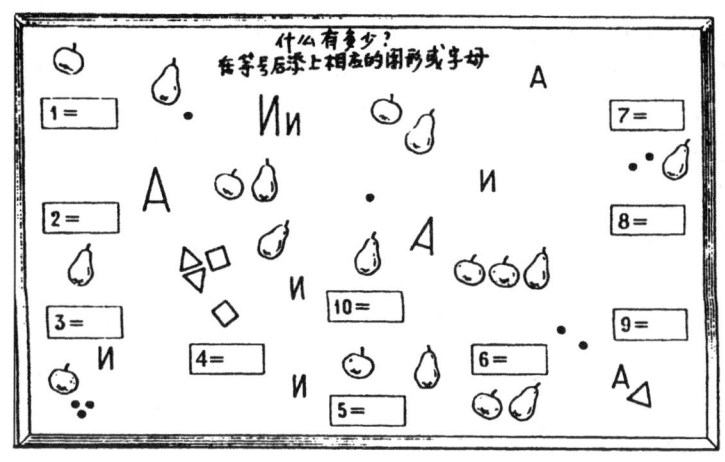

"别着急!凡是愿意做的人,都能拿到一个纸袋!现在,请大家打开装有几何图形的小盒子!"

"乌拉!"

在每一张课桌上,在每一个孩子的面前都放着一个用薄胶合板制成的平底浅盆状的盒子(谢谢家长们!)。在其中放着"魔术"玩具。这套玩具是Б. И. 哈恰普里泽教授为满足"零年级学生"的快乐而设计的。在盒子里放着5种几何图形的拼巧板——圆形、三角形、正方形、长方形和椭圆形,每种图形的拼巧板各有三种不同大小的型号(大、中、小)和四种不同的颜色(红、绿、蓝、黄)。因此,共有12块圆形拼巧板,12块三角形拼巧板,等等。在盒子里总共有60块拼巧板。这套几何图形的拼巧板的形状如下图所示:

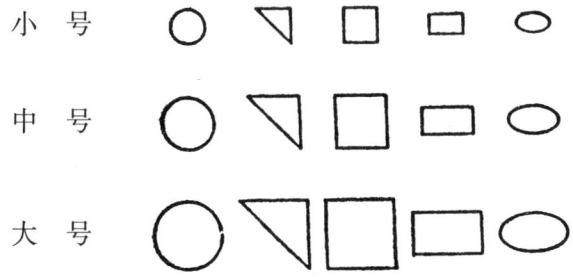

在开始阶段,我给孩子们做简单的练习:只选择一种图形的拼巧板,只选择大的或小的、红色的和绿色的拼巧板。每一次,孩子们都应该对按照某一原则加以归类的拼巧板进行分析。在这之后,我教孩子们按照两种特征(大小和颜色)、三种特征(形状、大小、颜色)把拼巧板加以分类,教他们找出它们之间的共同点和差异。在这同时,孩子们认清了所有这些图形的名称。

在孩子们学会了做上述练习以后,我建议他们作幻想:用几何图形的拼巧板构筑各种物体,例如飞机、火箭、海轮、汽车、房子。我自己也与孩子们一起开始幻想:我拿起演示用的几何图形拼巧板(比孩子们的拼巧板大),并在黑板上"为自己"构筑船舶和汽车。

有些孩子不满意我的"构思"。他们在其中找出了错误和不适当的地方,并帮助我纠正错误和改进我构筑的船舶和汽车。

两天前我给孩子们布置过较复杂的作业。

"请闭上眼睛……现在假定你们有两块直角三角形的拼巧板,如果把它们拼接起来,我们将得到一个怎样的几何图形?"

沉默一分钟。

拉里闭着眼睛问:

"三角形的面积相等吗?"

"对!对!面积相等!谢谢你的提醒!"

孩子们抬起了头,开始用耳语把自己的答案告诉我。我走遍整个教室,一一听取他们的回答。他们的答案,不外乎三角形、长方形、正方形等数种。我以非常惊讶的语气问孩子们:

"怎么会这样?某人得到的还是三角形,某人还是长方形,某人还是正方形、四角形……"

我们都拿起两块相等的三角形,开始把它们拼接在一起。得到了如同我已画在黑板上的三种不同的几何图形:

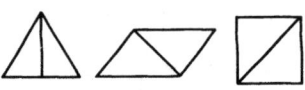

孩子们试图找到别的拼接法,但是,结果仍然搞成了我画在黑板上的那几种图形,只是它们的拼接略为不同罢了。例如,有的孩子拼接成如下图的样子:

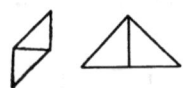

我建议他们拼接成如下图:

"这是帆船!"孩子们说。

一般说来,孩子们很喜欢用几何图形的拼巧板做游戏。有两次,我允许他们把小盒子带回家去玩。我打算一周以后把每人一套的几何图形拼巧板完全交给他们。因为到那时上课将不再需要它了,而在家里,孩子们还可以长时间用它来做各种游戏。

今天我建议他们做两三个有助于发展观察力和批判能力的练习。

"请大家都从自己的一套拼巧板中拿出像这样的一块拼巧板来!"我指着一块大的正方形的黑色拼巧板说。不用说,他们谁也没有黑色的拼巧板。

"现在!……"我说,同时注视着,看谁将会对我说,这样的正方形没有。"现在,请拿出一块像这样的拼巧板!"我指着另一块大的、红色的三角形拼巧板说。

瓦赫坦:"我们怎么能拿出黑色的正方形,我们没有这样的图形!"

我说:"难道我要你们拿黑色的正方形么?"

孩子们:"您指给我们看的就是黑色的正方形,可我们没有黑色的!"

我"只是在这时"才发现我"错了"。

"噢,不对!不是这一种,是这一种!"我指着一块红色的多边形对他们说。但是,有些孩子嚷了起来,他们说:

"这是什么图形?我们也没有这样的!"

"怎么没有?你们有红色的拼巧板!"

佐利科:"红色的有,但像您手里拿着的这种没有!"

埃卡:"这种图形叫什么?"

"这是正方形嘛!"我对提出这样的问题"感到惊讶"地说。接着我又仔细地"观察"我拿着的这块拼巧板。"对不起,请原谅……我又搞错了!这是多边形。现在我要你们拿的(我在讲台上寻找需要的几何图形的拼巧板)……是这样的一种!"我指着一块大号的红色正方形拼巧板。

孩子们都拿出了红色的正方形拼巧板给我看,然后放在自己的面前。

"请大家再拿出一块像这样的拼巧板!"我指着一块大号的红色的三角形拼巧板说。"把这两块拼巧板叠起来放,试着摆摆看,在这个正方形里可以摆几个这样的三角形。"

"两个!"

"请检验一遍!"

孩子们检查着:他们把两块大号的直角三角形拼巧板叠放在一块大号的正方形拼巧板上。

"正好摆两块三角形!"

"大家都是这样吗？……很好！现在把这两块三角形放在一边，再拿出这样的一块拼巧板，"我指着一块中号的红色三角形拼巧板说，"把它叠放在正方形上。用眼估量一下，在正方形里可以摆几个这样的三角形。"

有人说3个，有人说4个、5个，甚至也有说6个的。

"请检验一遍！"

孩子们用上述同样的方法进行检验：把几个中号的三角形拼巧板叠放在大号的正方形拼巧板上。很多孩子说，在正方形里可以放4个三角形。有些孩子怎么也搞不成功：三角形没有全部放进正方形里面去。我也在黑板上"尝试"着做这道题。我一边思考，一边自言自语着："我做不出来"。孩子们给我提示，最后终于做对了。

"请你们把这几块三角形拼巧板放在一边，再拿出这样的一块拼巧板！"我指着一块小号的红色三角形拼巧板说。"把它叠放在大号的红色正方形拼巧板上，也用眼估量一下，在这个正方形里可以放几个小号的三角形。"

对于解答这道习题孩子们感到了困难。他们乱猜着列举一个又一个的数目：5个、6个、8个、10个、12个、20个。

"我们没有那么多的三角形摆在这个正方形里，把它填满。请大家动脑筋想一想，用怎样的方法才能做到！"

不错，我的"零年级学生"们在他们第一个月的学习生活行将结束的时候，还不可能猜想到，可以把中号或大号的三角形作为量器来做这道习题。这也没有什么。在明天或后天，我还将让他们做这一道习题。不过我得找到一种能够帮助他们自己"发现"解答这道习题的方法来。

"好！我们下一次再试着做这一道习题！现在请大家用拼巧板任意拼成不论什么颜色的拼图玩具！"

"可以拼火车头吗？"

"当然可以！谁愿意拼火车头就拼火车头，愿意拼别的什么，就拼别的什么！"

我一一察看孩子们的拼图，给予赞扬、纠正和劝告。

15分钟的数学课接近了尾声。

在这之后我们还有一堂"微型"数学课。我将分发给每一个孩子一张作业纸，他们应该按照印着的示意图编成算式，解答这些算题，并把它们写下来。作业纸如下图所示：

类似的作业从前我还没有给他们做过。也许，他们将感到很难？我允许他们在解题时可以互相商量，或者要求我给予帮助。当然，并非所有的孩子都能在我们的"微型课"上顺利地解答所有这6道算题。有些孩子将愿意把这个作业带回家去，试着把课堂上未完成的算题做完。

"把拼巧板放好！……起立！……男孩子们，别忘了，你们是男子汉！"
响起了下课铃声。

使教育的秒时裂变

最初,我的同事们对15分钟的微型课持怀疑态度。

"喂,您的课怎么样啦?"他们常常寻根究底地问我,期待着我有朝一日会垂头丧气地对他们说:

"唉,正如您所预料的,毫无结果……我失败了!……"

但是,他们没有等到这一天,就已表示愿意来听我的"微型课"了。

是的,他们对这种生动活泼的、紧凑的、充满着激情和紧张的思维活动的微型课喜欢起来了。在这种课上,孩子们不感到疲乏,不感到枯燥无味,不感到单调。每天的作息时间表大致是这样的:

1. 格鲁吉亚语微型课。

    5分钟课内休息:我建议孩子们在音乐伴奏下跳舞。

    数学微型课。

    全校课间休息(10分钟)。

2. 俄语微型课。

    5分钟课内休息:我建议孩子们在音乐伴奏下听俄罗斯民间故事。

    数学微型课。

    全校课间大休息(30分钟):我带领孩子们在户外散步。

3. 俄语微型课。

    5分钟课内休息:我建议孩子们把头伏在课桌上,闭上眼睛,回忆点什么好的、善的和快乐的事情。

    格鲁吉亚语微型课。

    全校课间休息(10分钟)。

4. 图画课(图画课、音乐和唱歌课、劳动课、体育课每节都是全课——每节35分钟)。

不言而喻,这样的作息时间表给我增添了麻烦。我必须更深入地探究课的结构。我必须使这900个秒原子裂变,以便产生有价值的教育反应,释放出能量,并把这能量输送给儿童,使他们感受到:

> 生活的幸福,
> 认识的幸福,
> 交际的幸福,
> 成长的幸福。

儿童不能期待着幸福降临。他们是一些没有耐心的人。他们想在今天，在现在就得到幸福，想在今天，在现在就应该是幸福的人。如果在与我的交往的每一秒钟里，不能使他们得到快乐和幸福，不能使他们成为快乐和幸福的人——当然也是有智慧的和有经验的人，我还能算什么教师？

为了使我的"零年级学生"——全体无一例外地都能得到快乐和幸福，我必须一连几小时研究每一堂课、每一次课间休息的乐章。

我珍惜每一个教育的秒钟。

在上课前，当我急着赶去给孩子们上课时，但愿谁也别来耽误我！

在上课的时候，除非拉起了紧急警报，但愿谁也别来敲门！

当我应该与孩子们在一起的时候和他们需要我的时候，但愿谁也别来使我们分离！

问题全然不在于微型课！而在于，应该懂得每一个教育秒钟的价值。正是微型课帮助我更深入地懂得了这一点。我怎能带着吞没这些秒钟的沉重的"话袋"[①] 去给孩子们上课呢？什么是"话袋"？它是这样的：

"请大家都听着，今天我要给你们讲……专心地听着……习题是这样的。有一个女孩子，她在商店里买了3本练习本，都听懂了吗？3本练习本……每一本练习本，每一本练习本，值2戈比，值2戈比。大家算一算，女孩子买3本练习本共付出几个戈比？……不要急着做，先想一想，好好地想一想。要我再念一遍题目吗？假设一本练习本，一本练习本，值2戈比，女孩子买3本练习本共付出几个戈比？……都明白了吗？别说出声来……大家都好好地想……别急着做！……"

孩子们已经不性急了。也许，从前他们曾经性急过，他们急不可待地要回答教师的问题，今天天气怎样，3本练习本值多少戈比。但是，现在这些快鹿已经像爬行的乌龟了。他们先得驱散那空话的迷雾。可是，教育的秒钟已飞逝而去。这些秒钟是一去不复返的，因此也就永远不能使它们释放出教育的能量了。

什么是课堂上的"话袋"呢？

这是教学和教育废话的形象说法，这是导致天生富有幻想的儿童的智慧和权利被"湮没"的教育智慧不足的表现。这是束缚儿童幻想的翅膀的黏性的蛛网。这是扑灭认识的星星之火的灭火机，这是制止学习的快乐的连锁反应的止动器。"课上的时间不够……我来不及教完！"有的教师往往这样说，却不

[①] "话袋"——俄文原文直义指镇船的重物，稳住气球等飞行器的沙囊，此处指教师的废话。——译者注

去好好地想一想，在这一堂课上，他的"话袋"吞没了多少分钟时间！

这就是我的微型课给我的启示。当然，微型课不仅仅有助于克服上述缺点。

在9月的最初几天里，有一次我碰到了这样一件有趣的事。我们的格鲁吉亚语课正进行到了最后几分钟。这是那天的第三堂课。我们正在做分析单词的练习。我"丢"给孩子们语音，他们"抓住"语音。我突然发现，沃瓦闭着眼睛伏在课桌上，不在"抓"语音。

"他睡着了！"塔姆里柯用手指指着沃瓦对我说。孩子们笑了起来。我向孩子们做了个不要喧嚷的手势，踮着脚走到沃瓦跟前：男孩子睡意正浓。就在不多几分钟前他还是生龙活虎的，他快乐地笑着。你可能是快乐得疲倦了，所以就有了睡意，睡着睡着，就睡熟了。我该怎么办？唤醒这个男孩子吗？告诉他，在课上是不能睡觉的吗？

"孩子们！"我轻声地说，"要珍惜一个人的睡眠，因为在这个时候他正在积蓄力量！为了不惊醒沃瓦，我们说起话来要小声点！"

我开始压低了声音"丢"给他们语音。

孩子们呢？

他们一下子都变了，变得对人非常体贴，非常温存起来了。在每一次回答后，他们都要转过头去看一眼沃瓦：是否把他吵醒了。在课间休息时间，他们都踮着脚走出教室，对任何大声地移动课桌和开始高声谈话的人都要投之以责备的眼光。

有时，我看到孩子们已经疲倦了，有些孩子开始打呵欠、伸懒腰，这时我就建议他们把头舒舒服服地伏在课桌上，闭上眼睛，听我讲故事。我讲手指头那样小的男孩子的童话故事。这故事既滑稽可笑，又富有智慧。我微笑着轻轻地讲着故事，教室里寂静无声。我觉得，好像孩子们一面在打盹，一面在听取我的每一句话。我发现，在经过这样的5分钟休息以后，孩子们已经迅速地恢复了精力，于是我们又像原先那样快乐和兴致勃勃地继续上课了。

这一试验告诉了我什么？也许，它告诉我，要使6岁儿童养成学校生活的习惯不是一件容易的事。他们的智力已有了吸取知识、概念的准备。但是，在坐着的状态下开展活动，他们的体力消耗得很快，必须采取必要的措施来恢复他们的体力。微型课、各种各样的课内休息和全校的课间休息，在我的实践中是作为防止儿童的疲劳的方法而利用的。

我认为，不久我们将不需要微型课：在儿童们养成了学习活动的习惯，我也学会了珍惜课堂教学的时间以后，它们也将完成自己的使命。

激 起 良 心

在10分钟的全校课间休息的时间我总是忙个不停：我在教室里的黑板上写下一堂课的作业，或者与值日生一起把教材分发到每一张课桌上，或者"帮助"孩子们照料放在窗台上的鱼缸和盆花。

但是我还有更重要的操心事，其内容是不能事先预料到的。我要操心的是：一下子就要充当孩子们的仲裁者，处理在他们之间产生的冲突，与他们交谈。总之，协调他们之间的关系。

我感到，现在在走廊里发生了某种不顺遂的事：有人在哭泣。

"去看一下，那儿发生了什么事！"我对站在我周围的孩子们说。

一分钟后，在我的周围聚集了一大群孩子，他们争先恐后地给我解释：

"埃拉和罗西柯……"

"罗西柯和埃拉……"

"她给了一个胸针……"

"可她把苹果给吃掉了……"

"她不肯交还胸针……"

"罗西柯害怕妈妈……她可不知道……"

"本来就不该交换东西……"

"埃拉没有苹果……"

原来，罗西柯有一个从家里带来的胸针，而埃拉有一个苹果。她们商定好互相交换这两样东西。埃拉把胸针别在衣服上，罗西柯拿了苹果。但是，当罗西柯把苹果吃掉以后，她发现，她什么也没有了——既没有了胸针，也没有了苹果。

"把胸针还给我！"她对埃拉说。

"我已给了你苹果！"

"苹果我已经吃掉了，现在你得把胸针还给我！"

"给我苹果——我就还给你胸针！"

"我已经把苹果吃了……还我的胸针！"

两个女孩子互相抓住对方争执着。

孩子们激烈地讨论着所发生的事情。众说纷纭。现在，我的裁决将是最终的裁决。怎么办？当然，应该归还胸针。也许，只需从埃拉手里夺下胸针，在课后交给罗西柯的妈妈？不，我不能这样做……

我挨着一张课桌坐下。孩子们安静了下来。罗西柯擦着眼泪，埃拉皱着眉

头站着。我用双手掩住了自己的脸,开始以缓慢和平静的语调说:

"你们瞧,假定我是埃拉。处在她的地位,我将怎么办?我将这样想:'我本来就不该用苹果去换胸针。如果把苹果与罗西柯分着吃就好了。但现在既然已经发生了这样的事,我不能把这个胸针占为己有,因为这个胸针是罗西柯的妈妈的!我当然要把胸针还给罗西柯,并对她说,希望她把胸针交还给她妈妈,今后别再把这类东西带到学校里来……'现在你们瞧,假定我是罗西柯。当埃拉还给我妈妈的胸针时,我要对她说:'谢谢你,埃拉!真对不起你,发生了这样的事。我一定把胸针交还给我妈妈!……'我相信,埃拉和罗西柯都是很善良和谦恭的人,在我把捂着脸的手掌放下之前,他们就会这样做的,并且还会相视而笑……喂,怎么样,谁来把我的捂住脸的手掌掰开?……"

孩子们都赞成我的决定。他们劝说两个女孩子和解:

"赶快……快……笑一笑……互相握握手……你要说请原谅……"

我睁开眼睛,看到了孩子们像一束色彩鲜艳的花朵一样,个个都绽开着欢乐的笑脸围在我身边……

我刚在黑板上写完了最后一道题目,就听到了走廊里轰隆地响了一下。又发生了什么事?

"这是他……是他把窗台上的花盆给打破了!"有几个孩子喊着。

"奥塔尔"① 惊慌失措、面有愧色地站着,并为自己辩解说:"我不是故意的……他碰撞了我一下,我就碰到了花盆!……"

"我根本没有碰撞过你!……你自己!……"

确实,在学校里经常有这样的事:有人打破了玻璃,有人撕坏了书,有人碰撞了某人。如果当时有二三个,甚至更多一些的孩子在一起,他们马上就会把过失归之于别人,并且还要证明自己是无辜的。我真诚地相信,在很多场合,孩子们确实不知道,谁是"肇事者"。只要不是自己——这就万事大吉了。我反对成人们通常的做法:声色俱厉地责问儿童,谁是肇事者,其后就偏听偏信,给犯有过失的儿童做道德说教,最后课以处罚。

但是,如果被课以处罚的儿童是无辜的呢?在这种情况下,是否能从对"犯有过错"的儿童的道德说教,或课以的处罚中得到应有的效果呢?是否能促使他在今后不敢再犯过错呢?

如果这是肯定无疑的,我们就可以在教育学上找到防止一切儿童之间的争吵的法宝:对在将来可能会犯某种过错的儿童,都可以事先课以处罚,事先给

---

① 在某些场合,不用儿童的真名,代之以杜撰的名字,并加上引号,以示区别。下同。

予严厉的斥责，从而可以一劳永逸地根绝一切争吵。

怪罪一个并不认为自己有过错的儿童——这是一种教育的祸害。这并不能使他从未来的过错中解脱出来，反而会引起他对不信任他的大人和同学的敌意。因此，我认为，最好不去追究犯有过错的儿童，而是当着他的面，并在他的参加下恢复秩序，认清所发生的事情的性质，从中吸取教训。

也许，有人会反对这样地处理问题。他们会说，不追究犯有过错的儿童，不课以处罚，我们无异就是在鼓励他在今后继续犯过错。恰恰相反，这将是激起儿童的良心，使他萌生对自己的一举一动的责任感的推动力。

在斥责和处罚多的地方，未必能有真正的儿童集体可言。当然，我也并不认为，道德说教越少，纪律就越好；越是迅速地激起儿童的良心发现，也就越能迅速地树立起他们的责任感。但是，下述情况大多是可以预料到的：被吓怕了的孩子虽然举止彬彬有礼，但他们仍逃脱不了与一切欺侮他的同学的冲突；他们在相互关系上变得越来越冷酷无情；在他们中间较少表现出怜悯、关心和同情的感情。我说"较少"，指的是这样的一种教育环境，在这种教育环境里，起主导作用的是关心儿童个性的觉醒，引发他的自"我"意识，使他养成宽厚待人、善良和同情的感情，而不是强迫服从的压力。当然，个性不局限于这一些品质，个性还应该是意志坚强，有坚定目的的，并具有动机的基础。我给自己选定了这一条教育的小道。由于我对这方面的问题尚未完全认识清楚——因为这条小道还未被踩出——所以我得冒犯教育错误的风险。

我最担心儿童的残忍。有时，他们互相之间是多么残酷无情！尤其令人感到残忍的是教师唆使儿童集体去反对某一个儿童。例如，某个男孩犯了什么过错——哪怕这是无意的，不是故意的（孩子们全不去追究其原因）——工作马虎的教师往往会对孩子们说："你们看，他真使我们讨厌！你们说，对他的行为该怎么办？我们该怎样处罚他？"

我害怕听儿童们对一个犯有过错的孩子的评价。因为对他们来说，一个因不小心而往桌布上洒了一大摊墨渍的孩子的过错，怎么也要比一个故意往桌布上倒一小点墨渍的孩子的过错大。孩子们会说：他是个坏孩子，他很凶恶，不应该与他相好，甚至还会说，应该把他从学校里赶出去，等等。这就是一个工作马虎的教师所能做的，并且甚至还会给自己找到表白的理由：这就叫做通过集体的教育。但是，让我们分析一下吧：这是通过集体的教育，还是通过集体对儿童的凌辱？

不，不能这样做。最好的办法是，让学生感受到同学们对他的行为的无声谴责，帮助他意识到同学们对他所犯的过错的评价不是直接对着他的，使他自己为打碎了花盆，因他的原因而碰痛同学的脚而感到难受……我把这种教育的过程称做为通过集体的帮助培养个性。

在我的班上还没有形成集体。这是一群今天第20次聚集在一起的儿童，孩子们还不能互相叫出所有人的名字，还没有来得及互相交上朋友，也尚未认清他们的共同目标。集体是在共同的和有目的的活动中孕育而成的。可是我们才刚刚开始致力于这种活动。在这样的情况下，使孩子们互相残酷无情地对立起来，就尤为可怕了。应该使他们在互怀好意的基础上联合起来，而粗暴和压制只能使他们互相分离……

现在"奥塔尔"站在一个被打破了的花盆的面前，花盆里的泥土撒了满地，盆栽的仙人掌像一个伤员一样地躺在地板上。多么令人伤心的场面！只要我说一句带有责备意味的话，就足以使孩子们立即用恶言秽语去斥责自己的同学。只要我一露出讥讽的微笑，就足以使孩子们立即用嘲笑和挖苦把自己的同学羞辱得无地自容。但不能这样做。我已经有好几次使他们从我的默然的宽恕、关怀态度中得到了经验教训。在未来的几百次课间休息时间里，我也许还得许多次地处理类似的事情。

我俯身看着地板上的仙人掌。

"难道弄清这是谁干的就那么重要么？现在重要的是要抢救我们的仙人掌！"

孩子们把地板上的花盆碎片和泥土收拾干净。

"请谁快把我们的小水桶拿来，我们可以暂时把仙人掌栽种在水桶里！明天再换一个瓦盆！"

我们把仙人掌栽种到了水桶里。

"你们看，这个被折断的枝叶正在淌着液汁！……这白色带黏性的液体就是它的'血'……"

"我妈妈说，仙人掌是一种药用植物！"纳托对我们说。

"它的被折断的枝叶不觉得痛吗？"

我说："你们想想看，如果它会说话的话，它将说些什么？"

"它会说：你们不可怜我吗？"

"它会说：干吗把我从窗台上摔下来？要谨慎些！"

"它还会生气地说：我再也不给你们治病了！"

"不，它不会说这种话！它是善良的植物！"

"它还会说：请你们明天带一个花盆来，把我栽种在花盆里！请你们好好地照料我，使我早日恢复健康！"

"我带一个盛有泥土的花盆来！""奥塔尔"说。

"我也带一个来！"

这时，上课铃响了起来。地板已被收拾得干干净净。仙人掌栽在了水桶里。明天我们将把它移栽到新的花盆里——"奥塔尔"已经答应他要带一个盛有泥土的花盆来。现在该是进教室去的时候了。

"男孩子们，别忘了，你们是男子汉！"

趁孩子们在进教室的时候，我默默地把下述一句话念了好多遍，以便把它记住，在课后写下来，因为这也将是我必须遵循的一条箴言：

对儿童的教育无所谓始，也无所谓终，教育的过程是没有间歇可言的。

用俄语交际的快乐

在我们学校生活开始后的第二天，我问孩子们：
"你们想学习俄语吗？"
他们信任地和快乐地回答说：
"想！"

他们对我说"想"，这不仅出于他们的轻信和天真，不懂得他们说这句话的分量，而且还在于他们确实想学会讲俄语。关于俄语知识重要性的话，他们在家里已听说得很多了。他们想看懂用俄语广播的儿童电视节目；想有朝一日能到莫斯科去；想同说俄语的同龄人交朋友。他们想学习俄语的动机是形形色色的。

我想教他们俄语的动机也有很多很多。

——孩子们，本族语——这是你们心灵的摇篮，而俄语将是你们多方面的生活和成长为我们伟大的苏维埃国家的公民的摇篮！

毫无疑问，孩子们，你们将会到莫斯科去，瞻仰列宁陵墓，参观克里姆林宫，你们将会由衷地为自己的国家而感到无比的自豪。也许，你们将第一次感觉到，你们每一个人都是为了完成伟大的事业而降临人世的，你们肩负着国家的巨大希望。也许，在那时，你们将第一次意识到，做一个苏维埃社会主义共和国联盟的公民，是多么的荣耀和责任重大。我把你们——今天的调皮鬼——认做是祖国的劳动者。对于你们来说，学会俄语就等于插上了展翅高飞的翅膀。我期望着：无论你们飞向何方，无论你们处在哪一个遥远的角落，无论你们与哪一个民族的人们交往，每到一地，你们都能够以你们的格鲁吉亚人的精神，以你们的才能、创造精神、热爱劳动、诚实和你们的善于与人友好相处而使人们感到高兴。

亲爱的孩子们，这就是我打算教你们俄语的动机！我将努力激起你们对俄语的渴爱。而教学方法呢？我将根据这些想法进行探索。如果我的探索并非都是成功的，这就要请你们原谅我了。孩子们，因为我不是故意这样做的！重要的是，不要在选定的目标上犯错误。

那么，我的教学法究竟是怎样的呢？它应该是怎样的？我选择下列原则：

第一，要让孩子们觉得学会说俄语一点儿也不难。虽然对格鲁吉亚人来说，学会说俄语不是一件容易的事，我也要使他们产生这样的感觉。在格鲁吉亚语里没有软音符号，也没有引起词义变化的重音。对于我的孩子们来说，把"Мальчик"（男孩子）念成"Малчик"是司空见惯的事；格鲁吉亚语的词语没有性的区别，因此，孩子们常常会搞出这样的错误：把"Моя книга"（我的书）说成"Мой книга"，把"Моя сестра"（我的姐妹）说成"Мой сестра"，等等。很多孩子都害怕在班上说俄语，以免招来同学们对他们的错误的嘲笑。这种恐惧感甚至在高年级也在所难免：羞于说洋泾浜俄语。不，不应该使我的孩子们也怀有这种恐惧感。就让他们去借助手势和本族语词汇说洋泾浜俄语吧，就让他们说俄语暂时带点错误吧！主要地是要激起他们用俄语交际的愿望，发展语感。对儿童们来说，我指导他们学会说俄语的过程几乎是觉察不到的，因为我的指导是直接地在交际和会话的情景中实现的。

第二，要使儿童们尽可能快地产生这样的感觉：他们已经能听懂俄语，已经能用俄语彼此交谈。这会使他们相信自己的能力，巩固学习语言的愿望。如果某个孩子用俄语对我说某一件事情，我要认真地听着，点着头说："当然，我明白你的意思！"我鼓励他尽可能多说几句，说完整一些，并对他所说的事表示惊奇："是这样的吗？真的吗？这是在什么时候发生的？"——似乎，我感兴趣的并不是他说的俄语，而是他所说的事情本身。在给他们朗读故事和诗歌的时候，我总是试图使他们能够听懂我所朗读的故事和诗歌的内容。为了做到这一点，除了清楚、明白、一丝不苟地朗读每一个单词，每一个熟语和每一个句子外，我还运用了有力的表情手段——面部表情、手势、动作表演，因为单纯的朗读尚不足以使他们听懂全部内容。

我不采取每朗读一次就更换一篇新的故事或诗歌的办法。较好的办法是，选定若干篇故事和诗歌（比如10—12篇），在一堂又一堂的课上轮换着朗读给他们听。儿童们不能听一遍就明白其中的内容，但经常反复朗读同一篇故事或诗歌，可以获得一举两得的重要成果：使儿童受到优美动听的俄罗斯语言的熏陶，使他们潜移默化地听懂越来越多的单词和熟语，加深对整篇故事或诗歌的内容的理解，从而获得日益增多的认识的快乐。我想，如果让学生在两三年后在阅读课本中再次读到这些故事和诗歌，该有多好。让儿童现在再次读到这些依稀记得的、从前对它们一知半解的故事，可以使他们再次得到认识的快乐：能够读完全篇故事，并能毫不费力地读懂。也许，还会看到这样的场面：某个孩子在读一篇故事，这篇故事的内容是他早已知道的，但对其中的很多单词和熟语的意义尚不甚明了。他读着读着，当他豁然间弄懂了他从前所不懂的地方时，他会发出幸福的微笑，喃喃自语："它原来是这样的！我却还在钻牛角尖呢！……"

第三，在教学过程中要尽可能更经常地创造"非教学"的语言情景。所谓"非教学情景"，这就是说，在教学中儿童不觉得这是我在教他们学习俄语，而是觉得需要与我交谈，想告诉我点什么，想与我交谈一会儿。我们可以借助各种各样的游戏来创造类似的情景，不过，不能采用有损于儿童尊严的游戏。例如，建议孩子们"变做"动物，并作自我介绍："我是一条狗！""我是一只猴子！""我是一只猫！"或者，建议他们"变做"商店里出售的"活物"，并作自我介绍："我是皮鞋！""我是连衫裙！""顾客"购买"皮鞋"和"连衫裙"，并把这些"活物"取走。即使儿童们自己想出，并且也愿意做模拟狗和猴子、皮鞋、衣服和锅子的游戏（可是我相信，他们不会想出这种荒唐事），但我作为他们的老师，永远也不敢建议他们"变做"猴子或皮鞋，并自称为"猴子"、"皮鞋"，哪怕只有一分钟我也不敢。

为什么我不敢这样做呢？原因很简单。尊敬的大人们，试问，当你们在外语速成班兴致勃勃地学习外语的时候，你们能心甘情愿充当猴子、狗、猪、煎锅、勺子、套鞋等动物和物品吗？为了牢记住代词和某些名词，你们能乐意说"我是一条狗"、"我是一只猴子"、"她是一只煎锅"吗？不用说，你们谁也不乐意这样说。那么，你们为什么反对采用这种有助于熟记外语词汇的游戏呢？因为（我深信，这将是你们的回答）这种游戏损害了你们个人的尊严。游戏归游戏，但不能没有尊严！在这个外语速成班里，谁也不会建议你们充当狗和猴子，在那里你们将是新闻记者先生、大使先生、经理先生、导演、医生，等等。你们将充当有威望的角色，而这种角色游戏能推进你们的外语学习。

纵使孩子们也许并没有意识到这一点，我是否因此就有道德的权利，利用他们对我的信任，建议他们做类似的有损于他们个人尊严的游戏了呢？孩子们意识不到，但我是大人，该懂得，"我是一条狗"，"你是一只猴子"，这就是对孩子们的嘲弄。当我从某些教学法参考书中读到关于要我和千千万万个教师在俄语课上让孩子做这种游戏的建议时，我就感到非常气愤。我在气愤之余，给自己写下了我所遵循的下述箴言：

只有能够提高儿童（全体儿童和每一个儿童）威信的游戏，才能认为是

符合教育要求的。哪怕在极小程度上可能会导致贬低儿童人格的游戏，也是不符合教育要求的。在课上进行任何类似的游戏，都是不道德的。

"孩子们，今天我们推举谁当宇航员？"

是的，我给孩子们提出的就是这样的问题："我们推举谁？""我们派谁去？"我从来也不问："谁愿意？"我认为，让孩子们毛遂自荐（"挑选我！"……"挑选我"），然后由我在其中挑选几个孩子充当宇航员、设计师、医生之类的游戏角色，不如让他们互相推举来得有教育意义。只有在某个孩子始终不受同学们注意的情况下，我才略作干预。在我们的俄语课上，**全体**学生都是游戏的参加者，不论做哪一种角色游戏，如宇航员、边防军人、教师、建筑工作人员、交通民警等，全都一样。……

不一会儿，孩子们就推举出了3名同学充当宇航员。他们坐进"宇宙飞船"。

"回地球见！"

"再见！"

我们——全体送行者，都挥动着手臂："祝你们旅途幸福！……祝你们一路平安！"

"呜……！"

火箭起飞了。

飞行第一天……飞行第二天……

我们听"无线电广播"。我充当播音员："我们的勇敢的宇航员佐利科、捷娅、邦多在宇宙空间已经生活了6天啦。他们在宇宙空间进行了重大的工作。今天是他们的休息日！"

我们观看直接从"宇宙飞船"上发回的"电视录像"：佐利科、捷娅和邦多手中拿着用硬纸板做成的框架（我们把它当做电视屏幕）互相交谈着。

佐利科："我看见了地球、大海洋……我还看见了我们的学校！……"（观众们显得很高兴）

捷娅："天空美极了！……地球也美极了！我不害怕，但邦多正害怕着呢！"（观众们大笑）

邦多："捷娅在胡说，我一点儿也不害怕！今天我……我……这怎么说……我从宇宙飞船里走到了宇宙空间！"（观众们鼓掌）

着陆的时刻快到了。

"宇航员"们走出"宇宙飞船"。迎接的人们欢迎他们归来。

"你们好！……"

"你们好！……"

"很高兴在地球上见到你们！"

"谢谢！"

"累了吗？"

"不累！"

"有点儿累！"

"还想再上天吗？"

"想，很想！"

"你们都是英雄！"

"宇航员"们穿过课桌间的走道，孩子们与他们握手。他们坐到自己的坐位上去，游戏就此宣告结束。每一次新的"飞行"，每一次重做这个游戏，孩子们都有新的创造，都有形形色色臆造的即兴讲话。因此，这是孩子们百做不厌的一种游戏。

今天，在我们的学校生活的第20天，我正在上第15堂俄语课。在我的课上，我不按传统的教学法给孩子们上课。按照传统的方法，教师问："这是什么？"学生答："这是桌子……这是椅子……这是课桌……"人们常说："应该让儿童积累词汇。"但是，难道词汇就是说话的首要基础么？

我们可以设想：在一个建筑工地上，堆放着供建造房屋用的一切必要的建筑材料——砖块、沙子、水泥，等等。毫无疑问，没有这一切东西，要建造房屋是不可能的。但是，为了着手建造和建成一座牢固而又美观的房屋，光有这些建筑材料还不行，人们还需要有比这些材料更重要的条件，这就是设计和建成未来房屋的能力。学习语言也是这个道理。词汇不过是语言的材料，要把词汇变为语言，也需要有一个条件，这就是在实际的语言活动中，在语流中，应用词汇和语言手段的能力。一个人如果没有这种能力，他所掌握的词汇不过是一堆死的语言材料罢了。在学习语言时，采用"这是桌子，这是椅子"的方法，就如同一个建筑工人站在建筑工地的建筑材料中间说"这是砖块，这是沙子"一样，不管他指着建筑材料说上多少遍，房屋是不会自己拔地而起的。正因为这样，我摒弃借助列举事物名称的方法来积累词汇。

应当让儿童从语言的整体性上，而不是局部地；从语言的动态中和丰富多彩的表现手段中，而不是死记硬背地去感受俄语。我把这种感受语言的整体性称做"语言嗅觉"。学生与教师和学生与学生之间生动的交际情景，以及精心组织的语言活动，最有助于使学生很好地感受俄语……

……孩子们已经翻开了俄语笔记本（是的，我们已经备置了这种笔记本），在上面已载有不少"记录"、速写和略图），准备好了泡沫塑料吸水笔。

"今天我们要学习 ИДТИ（走）这个单词，并用这个单词编故事！"我对孩子们说。

我在黑板上用印刷体字母写下了 ИДТИ 这个动词。当然，孩子们还不会读，我也绝不是非要他们把这个单词读出来不可。就让它这样地写在那里。接着，我就边说边画，孩子们学着我同样地边说边画。

"Я иду в школу."（我正在走到学校去）——我一面说，一面在黑板上画下自己的漫画像。

"Я пойду по дороге."（我沿路走去）
我在黑板上画一个箭形示意图，箭头朝右，在箭身上打着两个叉号。这是用来表示"Пойду по"（我沿着……走去）这一熟语的标志。

"Перейду через мост."（我将走过一座桥）
我在黑板上画一个如下图所示的示意图。

该示意图表示"Перейду через"（我将走过〔穿过〕……）。
"Дойду до остановки."（我将走到车站）

如上图所示：该示意图表示"Дойду до"（我将走到……）。
"Сойду с троллейбуса."（我将走下电车）
我在黑板上画一个如下图所示的示意图：

（"Сойду с"〔我将走下……或我将从……走下〕）
"Зайду за товарищем."（我将顺道去找一位同志）
（"Зайду за"〔我将顺道去找……〕）

"Подойду к школе."（我将走近学校）
（"Подойду к"〔我将走近……〕）

"Войду в школу."（我将走进学校）

（"Войду в"〔我将走进……〕）
"Выйду из школы."（我将走出学校）

（"Выйду цз"〔我将走出……〕）
"Пойду по дороге домой."（我将沿着路走回家）
我又在黑板上画与第一图同样打有两个叉号的箭形示意图。

接着，我从头至尾复述了一遍，并在第一个表示一段路程的示意图上画一个圆圈。在我边叙述边画示意图时，孩子们也在自己的本子上画着示意图。结果在黑板上和孩子们的笔记本上得出了如下图所示的样子：

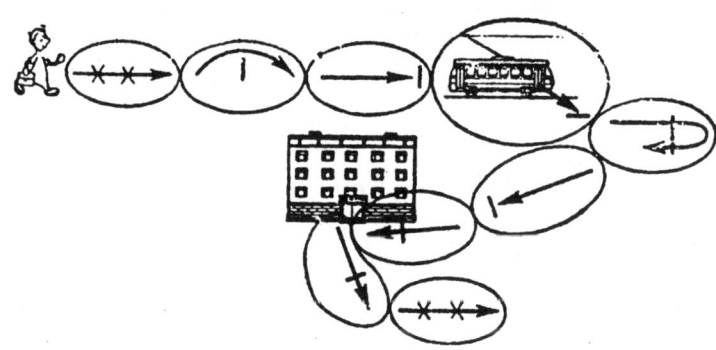

经过10—15堂课的练习以后，孩子们逐渐发现了改变动词的词义的一般方法。"哎，对啦！"他们说，"应该在词首添上一点儿：при－、от－、за－、вы－……"在这样的情况下，我得赶紧让他们尽可能学习更多的动词。一旦掌握了构成新词和造句的方法，他们将会感到其乐无穷：已开始讲俄语，懂得怎样讲，并且也会讲。而现在……

"现在我们来学习ехать（乘行）这个动词。"我把这个动词写在黑板上。"请大家按照刚才从黑板上看到的那些示意图用这个动词造句。开头一句话是这样的：Папа поехал на машине……（爸爸乘汽车到……去了）"

"Папа поехал на машине в деревню.（爸爸乘汽车到农村去了）"

"Папа переехал на машине через перевал.（爸爸乘汽车穿越了一个山口）"

"Папа доехал до города Кутаиси.（爸爸乘车抵达了库泰依斯市）"

"Папа заехал по дороге за дядей.（爸爸在乘车途中去看望了一位叔叔）"

"Папа отъехал от озера.（爸爸乘车驶离了湖泊）"

"Папа подъехал к деревне.（爸爸乘车驶近了农村）"

"Папа въехал в деревню.（爸爸乘车驶进了农村）"

当然，并非所有的孩子都能做到正确无误地造句和讲说句子。遇有这种情况，我就迅速地走去帮助每一个有困难的孩子。帮助的方法是多种多样的：有时我只给有困难的孩子提示一下，并对他说："你本来是想这样说的，是吗？"有时我直截了当地纠正他的错误："应该这样说……请复述一遍！"有时我干脆请某个孩子帮助我们大家（我常常采用这种方法）："伊利科，你是我们的俄语专家！请你说一说，怎样说才正确——是这样……还是那样？……"于是伊利科就站出来纠正同学们的错误，进行讲解，怎样正确地造句和讲说句子。

今后，我还有很多复杂的工作要做：帮助孩子们分清他们用构词法构成的单词在意义上的细微差别；帮助他们懂得，在他们构成的单词中，并非所有的单词都能在说话中加以运用。可是他们却津津有味地致力于"创造"类似的单词：играю（我玩）、выиграю（我将赢）、переиграю（我将再玩）、доиграю（我将玩够）、сыграю（我将扮演）、заиграю（我将玩起来）、подыграю（我将给某人低声伴奏）、отыграю（我将赢回）、проиграю（我将输掉）。

是的，这总是难免的！但随着时间的推移，孩子们一定能够学会越来越生动和流利地说俄语的。比如说，在三四月间的某一天，在课间休息的时候，列拉将会走到我身边，告诉我在动物园（或马戏团）里的趣闻，或者，在上星期她碰见了一件多么可笑的事。她将用俄语说，并且，在说话中还夹杂着一些格鲁吉亚语词。对此，她自己往往毫不察觉。没关系，我并不指望，在我们的课上，他们说的俄语都是无可指责的，没有一点儿洋泾浜，发音和重音都是绝对正确的。但是我深信，他们将喜欢学习俄语，并竭力要用俄语来与人交谈。

现在，5分钟的课内休息开始了。

"孩子们，你们想听俄罗斯民间故事吗？"

可是他们却打断了我的话题：

"饶舌的苍蝇！……饶舌的苍蝇！"

"这故事你们不是已经听过好几遍啦！"——我感到惊异地说。

"我们还想听！……"

我把唱片放置到唱机的唱盘上。

"孩子们，请大家随意地坐下！"

我也在讲台边坐下,并注视着他们。我扭开了唱机的开关,孩子们的嘴唇微动着。他们随着唱片放送的故事中人物扮演者的录音一起在背诵这个故事。在他们的脸上都堆满了笑容。"孩子们"——我在心里默默地对他们说——"请你们允许我以你们的名义向学者和教师——瓦列里娅·吉维耶芙娜·尼奥拉泽和伊娅·米哈依洛芙娜·曼吉格拉泽——转致谢意,我向他们学会了以动词为基础教你们说话的教学法,行吗?……"

可是现在孩子们哪有功夫顾及这件事。他们正集中注意地在听:饶舌的苍蝇处于危难中,凶恶的蜘蛛把它拖进了自己的罗网。

爸爸们是形形色色的

课间大休息。我们准备去散步。在离学校不远的地方有一个公园。我们无需穿越马路就可以到达。在那儿可以玩、跑步、呼吸新鲜空气。在课间大休息的时候,我们常常到这个公园里散步,每一次总是以美好的印象而告终的。

我不强令他们做这样那样的游戏,也不吆喝他们:"别乱跑!别调皮捣蛋!好好地在椅子上坐着!"孩子们既东奔西跑,又调皮捣蛋。有的在观察蚂蚁,有的在收集劳动课上用的树枝、植物的果球和叶子,有的(尤其是女孩子)拿出随身带着的跳绳的绳子,不知疲倦地在跳绳,有的围在我身边,向我提出一个又一个的问题:"这是什么?""为什么?""您在读什么书?"——开始了与我的无休止的谈话。我观察着每一个孩子,企图更好地了解他们中的每一个人。

我希望,今天我们在公园里的散步又将是很有趣的。我想像得出,他们在那儿将做些什么。有些孩子一定还要继续研究蚂蚁。我将听到他们的惊异和赞叹声。

"你们看,它们爬得多快!"

"可这一个……你们看这一个……它拉着个多大的东西!"

"你们看,它们全都沿着同一条路在爬!有的往那边爬,有的往回爬!"

"让我们一起来找一找,看它们爬到哪儿去!"

"它们正在爬到树上去!"

"你们发现了吗,它们是怎样互相见面的?面对面站着,颤动着触角!"

"它们在互相问好呢!"

"它们在互相解释,在哪儿可以得到食物!"

"它们不会说话!"

"不,它们会说话!"

"你听到了它们的说话啦?"

"怎么没有听到……这我是看到的:它们用触角在互相交谈!"

"怎么能用触角说话呢?"

"很可能是这样!"

"现在我们就去问沙尔瓦·阿列克桑德罗维奇,他会告诉我们的!"

这场辩论将是很热闹的。孩子们将一窝蜂地拥向我这边来,为的是让我给解答蚂蚁是否有语言的问题。"我该怎么回答他们呢?"在我的脑海里将会浮现出这样的一个问题——"哪怕略为知道一点关于蚂蚁的生活就好了……是啊,我本来就应该猜想到他们可能会产生的诸如此类的问题!"

这一次我决定这样做:最好的办法是告诉孩子们,明天我一定给他们带一本《十万个为什么》来,并给他们读一篇关于蚂蚁生活的文章。孩子们,蚂蚁的生活是非常有趣的!你们知道吗,在地底下有整座整座的蚂蚁城?你们还知道吗,蚂蚁生下来的时候是长翅膀的?很好,既然你们都很感兴趣,明天我就把文章读给你们听,那时你们就全明白啦!

关于蚂蚁的问题,今天也许就是这样的。

萨沙、迈娅,或者捷娅大概会问我,我读的是什么书。这是一本《格列佛游记》①。我特意随身带着到公园去,是为了激起孩子们对它的兴趣。我将告诉他们,在这本书里,描写了格列佛在小人国、巨人国和其他假想的国家里经历的种种令人难以置信的奇遇,描写了这些国家人民的奇异的风俗习惯。接着我将对孩子们说:"在这本书里,有一篇巴利尼比尔比国奇遇记,这个国家的首都叫做拉加多。巴利尼比尔比人想出了一种非常特别的学习方法。我来读给你们听,好吗?"我带这本书去公园的目的,正是为了给孩子们朗读这段故事,并听听他们的见解。当然,孩子们说他们想听这故事。我将从容不迫地、不慌不忙地朗读下去,在朗读的过程中还将不时地瞧上他们一眼。

"这就是书中的主人公格列佛所说的话:我还参观了一所数学学校。这所学校的教学方法很特别,在我们欧洲未必能行得通。每一条附有证明的数学定理都用墨水仔细地抄写在一个很小的胶囊上,墨水是用治头痛的药水精制而成的。学生空腹吞下胶囊,之后得斋戒三天,在斋戒期间,除了面包和水,什么都不吃。当胶囊被消化以后,药水就把数学定理输送到他的脑子里去。但迄今

---

① 《格列佛游记》——英国作家斯威夫特(Jonathan Swift, 1667—1745)所著的一部幻想小说,分四部分:"小人国游记"、"大人国游记"、"拉普他等地纪事"、"智马国"。作者借主人公格列佛的游历,对资本主义社会作了讽刺,并抨击侵略战争和殖民主义。斯威夫特的作品风格质朴、用词确切,被认为是典范的英语。——译者注

为止，这种学习方法的成效是不大的。其部分原因是在确定药水的剂量和成分方面尚有错误；另一个原因是男孩子们的胡闹，他们讨嫌这种药丸，往往走到一边去背着老师把它吐掉了。此外，迄今为止，还怎么也说服不了学生严格遵守对于充分发挥药效所必需的三天斋戒。"

"怎么样？"我问孩子们，"你们喜欢这样学习吗？"

不言而喻，他们将会活跃起来。我盼望着他们的回答。

"就是说，可以准备各种各样的美味可口的口香糖——数学的、俄语的，等等。我们只需把它们嚼一会儿，写在上面的知识就吞了下去。然后，被吞下去的东西再进到脑子里去，所有的知识也就全记住了……哈哈！"

"这是愚蠢的，也是令人乏味的。怎能这样学习——吞和嚼知识！"

"噢，要是真能这样该有多好！"

"……只有懒汉才这样想！……"

"我无论如何也不吞这样的知识！"

"如果那样的话，就不用上学了：让药房去出售所有的知识……药片、药水！……"

"学习也不需要了……"

"可以煮一锅字母稀饭，把它吃下去，读和写就全学会了……"

这时，某个男孩子飞奔而来，大声地喊着：

"我们找到了一只乌龟！"

于是，这场关于学习问题的热烈的辩论中止了，否则，它很可能会变成一场盛况空前的辩论。

孩子们将迅速地从自己的坐位上站起来，随着这个男孩奔去，过后不久，他们在一片嚷嚷声中跑回来了：

"拿住，小心点！"

"别害怕，它不咬人！"

"它还没有长大，是吗？"

"我们把乌龟带回去！"我对孩子们说。

接着，我们带着乌龟走回学校去。

这就是在去公园散步30分钟的时间里可能会发生的充满着快乐的各种各样的事情。也正因为这样，我和我的孩子们都喜欢课间大休息……

"大家都准备好了吗？"

我们沿着楼梯走下教学大楼，来到了院子里，并准备动身上公园去。

但是，我突然发现……

"停一下，孩子们！"我发现与柯蒂并排的"扎扎"不见了。

可不是，他们刚才还在一起。他刚才还是与我们在一起的。这男孩究竟到哪儿去了？

"柯蒂，'扎扎'往哪儿去了？"

"有一位叔叔前来把他带走了！"

"哪位叔叔？"

"我不认识……个子高高的……"

"什么时候带走的？"

"在我们下楼的时候！"

其余孩子也说曾经看到，有一个高个子男人走向"扎扎"，对他说："跟我来！"他拉着男孩子的手，带他走开了。

谁会把男孩子领走呢？为什么这男人不把此事预先告诉我呢？我环顾四周，也许，他们逗留在某个地方，比如说，在走廊里，男孩子很快就会从楼上下来的？

"柯蒂，请你上楼到教室里去找找他！告诉他，我们正等着他呢！"

柯蒂不一会儿就返回了：那儿什么人也没有。

不错，准是发生了某种不顺意的事情。显然，"高个子叔叔"是从学校的另一个出口把男孩子带走了。也就是说，他是故意瞒着我这样做的。

"孩子们，请大家站在这儿，别散开……我去一会儿就回来！……"

我迅速地奔向学校的另一个出口——追上了他们。他们已经走在了马路上。男孩子抗拒着，那个男人打开了汽车的车门。"快坐进去，否则我们要迟到了！"——他威严地对男孩子说。

"请等一等！"我一边喊，一边奔向汽车。

男人似乎没有听到我的喊声，迅速地坐进了汽车。凑巧的是，这个男人的汽车的发动机没有一下子就发动起来。

在这几秒钟的时间里，我刚好奔到了汽车的跟前。

"请立即让孩子下车，还有您，也请从汽车里出来一下！"

"您好！"男人说，"您干吗生气？难道我不能在需要时把自己的儿子从学校带走吗？"

"是的，您不能！请走下汽车！"

"您要知道，我有急事，否则我们就要迟到了！"——显然，爱自己的儿子的爸爸现在有点生气了。

"现在等着我去做的事更紧急！请快下车！"

男孩子打开了车门，从汽车里跳了出来，立即依偎到了我的身边。

"好吧，好儿子，课后我再来接你！"——爱儿子的爸爸说。可是我却感到了他儿子的手掌在瑟瑟发抖。

"不，请您也别走，我们得研究研究!"

"这有什么可研究的？我是他父亲，他是我儿子。我要把他带走，这全出于我有紧急的、刻不容缓的事情要办！这是私事！您明白吗？难道不应该有私事吗？您干涉了我的私事！还要研究研究哩!"

"请您下车，我们一起到校长那儿去!"

爱儿子的爸爸终于下了汽车，并用曲意奉承的语气试图说明原委:

"老师您要明白，决定这孩子命运的时刻就在今天!"

"我们一起上校长那儿去!"

"干吗要去麻烦校长呢？……"

"应该这样做！'扎扎'，你这就回到同学们那儿去，他们在院子里等着你呢!"

男孩子奔回学校去了。从他一个劲儿地往前奔跑、不回顾他父亲一眼的姿态中，我明白：他很高兴。

在校长办公室里，我们试图把今天发生的这件事研究清楚。

为什么爱儿子的爸爸背着教师把自己的儿子带走？

为什么他强拉着男孩子走路？为什么男孩子不愿意跟爱他的父亲走？

在与妻子离婚的时刻，爸爸更关心的是谁的命运：是自己的，还是儿子的？

为什么他要把男孩子带到法庭上去？

什么时候开庭？二小时以后吗？在这之前他会对男孩子做点什么工作？

爱儿子的爸爸是否想恐吓自己的6岁儿子，强迫他在法庭上做伪证？

爱儿子的爸爸还是法学讲师和副教授呢，是否意识到，一个突然发现在班上少了一个孩子的教师会陷入怎样的境地？教师能对前来接儿子的母亲说些什么呢？

是的，一定要把所有这一切都通报给法院院长办公室和法庭！

现在，该是向爱儿子的爸爸说"再见"的时候了，因为我们已经全弄明白了。显然，爸爸们是形形色色的，需要从某些爸爸的威权下卫护这些儿童。对于这种爸爸来说，我们的课和散步，我们的快乐和操心事，能算得上什么呢？对这种爸爸来说，如果今天戈恰在公园里发现不了乌龟，如果在公园里举行不了关于蚂蚁的生活问题的讨论，如果孩子们听不到列缪埃尔·格列佛关于新的学习方法的故事，这算得了什么呢？在这种爸爸看来，如果他的孩子的老师正为他未必能有鼓舞力地上好今天下几堂课而焦急万分，也全是微不足道的小事！

我回到了孩子们中间。他们为了等候我和期待有趣的散步而站立了足足30分钟。"扎扎"与柯蒂并排站着，并在给他解释点什么。

"可怜的孩子呀！我解脱了你的不幸没有？原来，你有那么大的悲痛在心！你的眼神常常显得那样的忧郁，在我们的微型课上，你常常思想不集中，在思考着自己的什么心事，不就是由于这一原因么？可是，关于你，我却在自己的笔记本上写着：'马虎'、'心不在焉'，而今天，我终于发现了我自己的马虎：我不了解你。请原谅我！"

"乌拉！"孩子们一见到我走来，就喊了起来。已经四散开的队列立即恢复了原样。"我们上公园去！"

是呀，我们的微型课现在已不能上了。不过得在最近的时间里寻找机会补上它。现在我要带我的孩子们到公园里去。也许，他们会真的碰到一只乌龟？

家庭和学校的联系

从下星期一起，我们班就要实行学日延长制了。我们把全班分成两个小班，并确定了名称："甘菊"、"罂粟花"。今天，在我们的教室里将举行一个家长积极分子的会议。女教养员纳捷拉·阿列克桑德洛芙娜和姆济娅·亚索诺芙娜也将参加我们的会议——我们将一起讨论学日延长班的教育工作计划。

家长们在装备教室和学校走廊的过程中所表现出来的那种主动精神和足智多谋，使我感到不胜钦佩。在走廊的窗户上挂起了粉红色的窗帘。这马上就给人以一种舒适的感觉。在地板上铺上了干草垫子和大地毯，在上面孩子们已经在翻筋斗了。在墙上挂上了电子信号盘：借助换向开关，孩子们可以练习加法和减法，往后——乘法和除法。

在窗台上放上了养着鱼和蜗牛的玻璃鱼缸，在里面还长着水草。

玩具也更多了：积木、构筑匣、各种罗托。为了保存这些玩具，在窗户下方的空当安置了小搁架和小柜子。

孩子们对在教室和走廊里出现的每一件新东西都兴高采烈。每一次我都要对他们说："让我们一起感谢家长们的辛勤工作！"然后，我拿起粉笔在走廊里的黑板上写下几行大字：

阿夫坦季尔叔叔，
我们感谢您！
您用粉红色的窗帘
美化了我们的走廊！

或者：

  凯蒂诺婶婶，
  我们感谢你！
  您给我们送来了鱼缸！

或者：

  瓦赫坦叔叔！
  您对我们多么慈祥！
  我们感谢您！

  现在，当我在迎接家长积极分子到来的时候，我反复思考着学校与家庭的联系问题。

  这种联系有时少得可怜到了藕断丝连的地步，有时又成了双方剑拔弩张的对峙。怎么能这样呢！有的教师规定了接待家长的日期和时刻，在这个时间里他向家长们通报他们的子女的学业成绩和品行。有的教师呼吁家长给予帮助：要开导开导自己的孩子，要帮助他在学习上取得进步；还给家长写信告状，诉说这孩子多么多么的调皮，在学生手册上写下对学生表示不满的，并令其恐惧的字眼。有的教师喜欢在家长会上、在讲话中教训家长：在家里该如何如何教育自己的孩子。其结果，在学校与家庭的联系中，学校只做一件事，这就是：给家长通报关于他们的子女的学业成绩和品行，指示家长该如何教育自己的孩子。并且，这种通报和指示只有在某个学生犯有某种过失时才有必要。因此，我们可以看到，妈妈们多么不愿意为了领受教师的教训而到学校去，爸爸们也坚定不移地回避与教师见面。有些妈妈觉得很自豪，因为她们从未跨进过学校的大门一次，她们甚至连自己的孩子上学的那个学校在哪儿也不清楚——这全靠她们有一个好儿子！

  这样一来，学校与家庭的联系的实质又何在呢？岂不就是为了呼吁家庭进行教育急救和更加削弱学校在对儿童的教育中的地位么？

  但愿谁也不会对下述情况感到大惊小怪——一个6岁儿童的母亲，由于羞耻而红着脸，站在女教师的面前，她在领受女教师的教训："您这是怎么搞的，您得管管自己的儿子。您的儿子老是思想开小差，坐也没有个规矩，字写得很差，不听话。他只知道东奔西跑地调皮。您得认认真真地管教管教他！"男孩子也在场，女教师的话使他感到很不舒服，可是妈妈却紧紧握住他的手，握得使他感到有点疼痛起来。这是在告诉他："规规矩矩地站着！小心回家后看我不给你点厉害看看！"而在他的意识中，这位女教师就是自己的头号敌人。

女教师这样做，能够说她就是在贯彻学校与家庭联系这一神圣原则吗？让我们来跟踪侦察一下，这位妈妈在把儿子领回家后将怎么办：是呀，先得把孩子引上正道！如果他今天在学校里已经表现出马马虎虎、调皮、不学习、不听话，那几年以后他将会变成一个什么样的人？在教育孩子（也许是头生儿）的时候，没有经验的6岁儿童家长会怎么做呢？爸爸将伸出手指吓唬他说："决不容许再犯这种过错！"妈妈将用足力气强按着男孩子坐到桌子边，强令他持续不断地抄书。甚至祖母也将参加到这个行列中来。她将挡住房门对孙子说："不把书全背出来，就不许出去玩！"可是，这个男孩子将会觉得，所有这一切，都是大人们联合起来反对他。

就拿这个男孩子来说，从这种通报式的、指令式的学校与家庭的联系中究竟能收到什么教育效果呢？难道它使家庭和学校这两支教育儿童的力量联合起来了吗？没有，完全没有！其所以没有，这是因为，在这里，教育者们拉"教育的大车"如同天鹅、河虾和狗鱼拉它们的大车[①]一样，各逞其能，走不到一块儿。

在对儿童的教育中，需要的不是学校与家庭的简单联系，而是教育的整体性，整体性的儿童观。这种整体性应该体现在家长和教师共同关心为每一个儿童创造一种人道主义的教育环境，它还意味着学校在创造这种教育环境中的主导作用。

然而，怎样才能实现建立在教育整体性的基础上的这种联系呢？我的同事们，为共同的目标所激励的成千上万的教师们，也许你们已经在自己的实践中找到了很多实现学校和家庭积极联系的有益途径了。我要学习你们的经验，以便丰富自己的经验。目前我暂且遵循的箴言是：

学校教育和家庭教育的整体性，学校在确定家庭教育的方针中的主导作用，这全靠吸引家长参与拟定和实现学校的教育过程来保证。

是否可以给家长上一系列公开课，然后与他们一起讨论这些课？是否可以允许家长在自己孩子就读的班上随班听课？这不仅可以，而且应该提倡！正是应该邀请家长，而不仅仅是自己的同事，前来听课。让家长们亲自证实，教育

[①] "天鹅、河虾和狗鱼拉大车"——源出俄国作家克雷洛夫的寓言《天鹅、河虾和狗鱼》。寓言的大意是：有一次，天鹅、河虾和狗鱼互拉一辆大车。天鹅要往天上飞，河虾要往河里爬，狗鱼要往海里游，它们各执己见，互不相让，结果大车停在原地不动。作者引述这个寓言做比喻，显然不仅指教师和家长在教育儿童方面的不和谐、不协调，各执己见，而且还指他们的努力与教育的目的是背道而驰，做了与天鹅、河虾和狗鱼拉大车一样的蠢事。——译者注

和教学是多么困难、多么复杂的工作。而使他们深信这一点，是非常必要的。

这些6岁儿童的爸爸和妈妈究竟是些怎样的人？这是缺乏儿童教育经验的最年轻的一代家长。然而，他们却觉得，教育和教学是一件很容易的事——这是多么不合常理。为什么他们会有这种感觉？还是让乌申斯基①来帮助我们解释这种现象吧！他说："教育艺术具有这样的一个特点：几乎人人都觉得它是一件了如指掌的和明白易懂的事情，有些人甚至还觉得它是一项十分容易的工作，其实，越是觉得教育艺术比较容易的人，越是说明了他对教育理论或教育实践所知甚少。"

那么，我是怎样使我的学生的家长们相信，教育不是一件容易的事呢？我没有特殊的办法，我的惟一办法是请他们来听我的课："恭请光临，请你们来听我的课。先看一看，然后我们交换交换意见！"我向他们许诺，在他们方便的任何时候，都可以随时前来听我的课。我要让他们看一看，我是怎样贯彻我的人道主义教育儿童观的原则的，我是采用哪些工作方式和方法的，我是怎样同每一个儿童交往的。而主要地——我要使他们了解，他们的孩子在班上，在同学们中间是怎样学习和生活的。这样，家长们就能真实地了解自己的孩子的发展，同时也产生了对教师的信任和信赖。否则，有时会产生怎样的情况呢？为了给自己的孩子谋取某些特惠，一个"好耍威风的妈妈"就会天天来缠住我："为什么您让我儿子坐第二排？为什么您不常提问他？为什么您不能待他温存些？为什么？……"这数不清的为什么就会使我的脑袋备受折磨：难道我果真对她的儿子太主观片面了？我又感到很担心，生怕过于偏向另一个极端。我非常非常需要得到每一位妈妈和每一位爸爸、每一位奶奶和每一位爷爷的信任。这种信任将帮助我不因区区小事而忘记了最重要的大事，不因我似乎没有把自己的全部心灵和爱都奉献给每一个儿童而备受折磨。

教育是全社会的事业，它需要尽人皆知。我不是医生，不是工程师，不是焊接工，也不是葡萄种植园的工人。我是一个教师，学生的导师和教育者。我的职业比别的任何职业都要复杂得多，责任重大得多。我是教师和教育者，人人都需要我。这些年轻的妈妈们和爸爸们，如果不是在与我——他们的孩子的第一位老师的交往中，不是在我的课上，学习教育他们的子女的现代教育的初步知识，那么到什么地方去学习呢？

---

① 乌申斯基（К. Д. Ушиский，1824—1870）——俄国教育家，著有《论教育著作的益处》、《论公共教育的民族性》、《学校的三个要素》、《人是教育的对象》（教育人类学）等著作，编写了《儿童世界》、《祖国语言》等教科书。他的教育思想对十月革命后苏联的教育理论也有很大影响，被认为是俄罗斯教育之父。——译者注

如果我对我的学生家长们说："恭请光临，请你们都来听我的课！"——我就一定要在他们面前，在全社会面前，显示出我——作为一个教师——对儿童的忠诚和教育的技巧。

通过实验，我坚信，我与听我的课的家长们很容易找到共同的语言，很容易拟定出统一的教育儿童的战略。

学日延长班：丰富多彩的活动

但我决定还要走得更远些：请家长们到学校里充当自己的孩子的教育者。

从星期一起，我们就要实行学日延长制了。在每天的课结束以后，孩子们还要在学校里度过六七个小时的时间。在这段时间里究竟该让他们干些什么呢？让他们在学校里无事可做，感到寂寞，这是不能容许的！

我深信，儿童是愿意接受教育的，只是他们不可能对我们这样说而已，因为他们还没有意识到自己的志向。他们不喜欢既不知道怎么办、也不知道做什么的那种自由活动时间。我们常说，儿童是自由的，这是什么意思呢？让他们想干什么就干什么吗？但是，我们知道，他能否实现他想干的事，是以我们能提供给他干什么事为转移的。儿童是活泼好动的人，对他们来说，如果没有形式多样的活动供他们选择，那么，自由和自由活动时间就毫无意义。我深信，在延长学日的小组里，不给儿童提供多种多样的能激起他们情感的奋发和认识积极性的活动和娱乐，他们将会感到烦闷。他们将想念善于领导儿童活动的乐观的善良的教育者。但愿谁也不会误解我的意思。我并不认为，孩子们整天漫无目的地蹦蹦跳跳、吵吵闹闹，这就是他们的最大快乐，所有这一切就是使他们得到充分满足的活动形式。不，各种各样的原因都可能使人烦闷。如果一个儿童无所事事，整天东游西荡，我要请读者相信，他也会因此而感到烦闷的。

我像我的千千万万同事一样，正致力于使儿童得到全面发展——智力、劳动、伦理道德、美学情操和体育等方面——的事业。我力求做到，使所有这几个方面在正在形成着的儿童的个性中和谐地结合起来，并互相促进。因为个性不是上述品质的堆积，而是一个和谐的整体。为了使我的努力能够变为现实，我操心着组织我的6岁学生从事各种各样的力所能及的活动。因为活动是发展和形成的条件；只有彼此有目的地互相结合起来的各种形式的活动才是全面与和谐发展的条件。

光靠我们教师这一班人，是难以胜任下述任务的：把朝气蓬勃的、充满生活乐趣的学日延长时间奉献给儿童。我们需要帮助。需要怎样的帮助？需要谁的帮助？

不用说，需要家长的帮助！

我设想着我的"零年级学生"在学日延长时间里的生活：在教室里，在走廊里，在校园里，在公园里，组织丰富多彩的活动。究竟可以给他们提供些什么样的活动呢？

在教室里，将课桌移到两旁。在教室的中央，椅子呈半圆形排列着。孩子们有的坐着，有的站着。在他们的手中各拿着一件乐器：木制勺形响板、金属制成的三角形打击乐器（三角铁）、小铃铛、鼓、响板、木琴。这是一个敲打乐队。孩子们在演奏戈恰的父亲——瓦列里叔叔——给他们谱写的演奏剧。就在前几天，他兴高采烈地跑来找我，对我说："我给孩子们谱写了一出演奏剧《勇敢的兔子》"。并且，他还当场给我演奏了其中的几首歌曲。我很喜欢这些歌曲：悦耳动听，富有节奏感，很容易学唱。他还许诺一定前来给孩子们上音乐课，建立一个演奏乐队。这位朝气蓬勃的、醉心于音乐的家长竭力要给孩子们打开一个神奇的音乐世界。下面就是我想像中的瓦列里给孩子们上音乐课的情景：

"现在我们演奏哪一场戏？"

"野兽们欢送勇敢的兔子上狮子那儿去！"

"在我们的乐曲，在我们的歌声中，应该体现出怎样的感情？"

"野兽们同情兔子！"

"野兽们与兔子离别时恋恋不舍的心情！"

"我们应该使人感到悲伤、惋惜：可怜的兔子再也回不来了！"

"你怎样用木琴来体现这种感情？用鼓呢？……不完全这样，要知道，我们应该用音乐的语言来表达为兔子的命运而忧虑和担心的感情……预备！……"

敲打乐队开始演奏，瓦列里叔叔以手势、脸部表情、声调指挥着。

"要不要让我现在给你们演奏点什么？"——在排练结束以后，他问孩子们，并坐到了钢琴前面。孩子们围站在他的周围。

"再演奏一个！"孩子们请求说。他又演奏了一曲。孩子们个个都舍不得瓦列里叔叔离去……

列万的父亲——努格扎尔叔叔来到了孩子们中间。他也是个乐观愉快、和蔼可亲的年轻人，是歌剧和芭蕾舞剧院的独舞演员。

"要不要让我教你们用舞蹈说话？"不用说，孩子们听到"舞蹈"两字和看到一个微笑着的年轻人，都会说："要！"

"你们能猜出来吗？现在我对你们'说'的是什么？"——他马上在教室里表演了几个舞步。

"?"

随后,他让孩子们围成一个圆圈,开始教芭蕾舞的基本知识。虽然努格扎尔叔叔的要求很严格,同一个舞步往往要让他们练习好几遍,但他们都爱上了舞蹈。如果跳累了呢?努格扎尔叔叔就让他们围坐在地板上,给他们讲关于舞蹈的故事,给他们讲这种奇异的和人人都能明白的"舞蹈语言"。

"我邀请你们全体在星期天到歌剧和芭蕾舞剧院观看早场演出。我将表演独舞。在演出结束以后,请你们告诉我,你们喜欢什么,不喜欢什么。"

同尼诺的父亲吉维叔叔(他在木偶剧院工作)在一起也是很有趣的。他是这样开始的:建议孩子们扮演下雨天在街上走路的姿态。

列拉感到不好意思。埃拉不愿意。马格达扮演得不像。迈娅只在教室里认真地走了一圈。

"难道下雨天有这样走法的么?!""观众们"不满地说。

列里用一张报纸蒙在头上,沿着"人行道"的边上小心谨慎地前行。他浑身"湿透",并且还"滑"了一跤,跌倒在一个"水坑"里。他爬起来,又跌倒。有一个行人帮助他站起来。他跑进离他最近的一个门廊里,那儿人很"多",很"挤",但"淋"不到雨。

即兴表演的哑剧令人心花怒放,大家都百看不厌。孩子们笑着,不断地鼓掌。吉维叔叔也表演了一出哑剧。

"不过你们得告诉我,我扮演的是什么人?"——说完这话,他就表演起来了。

"老头儿!"

"对啦!现在呢?"

"您扮演了两个人!……两个青年人……他们在互相帮助!"

"现在呢?"

孩子们仔细地看着。有的说,吉维叔叔扮演了一个小姑娘。有的说,一个男孩牵着一条狗。最后,只有列里猜对了:"您扮演的是一个小姑娘,不过,不是在下雨天,而是在晴天!"

最后,吉维叔叔以低沉的语调朗诵了一首诗歌,诗歌的内容是令人愉快的。朗诵完毕以后,他问孩子们,他朗诵得是否正确,如果不正确,要说明原因。至此,这次活动就宣告结束。在告别的时候,吉维叔叔对孩子们说:"你们学会了'戏剧语言'!"

所有这些活动——音乐、舞蹈、造型艺术、戏剧等等,都有助于发展孩子们的美感和美学鉴赏力。正如克鲁普斯卡娅[1]所指出的，"一个人在表达自己的思想感情时，本身也随着提高了。……当他通过歌曲、舞蹈、面部表情来表达自己的感受时，他也能够更好地认识自己"[2]。

我常常想，各种形式的艺术，其教学内容应该有一个共同的基础。究竟什么东西才能成为它们的共同基础呢？令人遗憾的是，教学大纲没有提示我，该怎么办。音乐教学大纲只讲音乐，图画教学大纲只讲图画。似乎在它们之间没有任何共同的东西可言——那里讲音响，这里讲色彩。也许，某个机灵的教师会把柴可夫斯基作品的录音唱片放到电唱盘上去，放给孩子们听，并建议他们根据自己对所听乐曲的印象画一幅想像的图画。这很好！但是，能够使我在6岁儿童的学日延长时间里采用的音乐、舞蹈、绘画、戏剧等形式的活动统一起来的东西究竟是什么呢？

在这里当然有使它们统一起来的东西，这就是现实。正像现实是各门科学的共同基础一样，它也是各种艺术形式的共同基础。不过还应该善于领会用艺术反映现实的意境。例如，一个画家画了一棵光秃秃的孤树，在树枝上奇迹般地残留着几片树叶。他用这幅画究竟要表达什么意思呢？难道他要展示给人们的仅仅是这棵树和几片树叶么？又如，一个作曲家在谱曲时，对他来说，最重要的事难道仅仅是写音符么？

在一切艺术形式的作品里无不反映了作者对人、对自然、对自己和对整个生活的情感和激情。交响乐、油画、婆娑多姿的舞蹈——都是反映人的快乐、悲伤、理想的不同表现形式。在每一种形式的艺术作品里，现实——艺术家本身，他的世界观、他的斗争——总是被具体化了的。然而，各种艺术形式又都具有各自的反映这一现实的语言——音响的、色彩的、姿势和动作的，等等。因此，为了理解艺术作品，就应该懂得这些艺术的语言，应该学会怎样观赏，怎样聆听，怎样阅读艺术作品。

在建议孩子们画"晴天"、"孤独的树"时，我教给他们什么呢？在建议

---

[1] 克鲁普斯卡娅（Н. К. Крупская，1869—1939）——苏联著名的无产阶级革命家和教育家，列宁的夫人和战友。她把毕生的精力都献给了无产阶级革命事业和教育事业，在苏联人民中享有崇高的威望。著有《国民教育和民主主义》等大量的教育论著，被汇集为11卷本的《克鲁普斯卡娅教育文集》（我国翻译出版过两卷集的《克鲁普斯卡娅教育文选》）。在她的著作中广泛论述了社会主义国家的国民教育制度，共产主义教育的原理、目的和任务，共产主义道德教育，集体主义教育，智育，劳动教育和综合技术教育，体育，美育等教育理论问题，对教学法、学前教育、教师、学生的课外活动、少先队工作、教育史等问题也有很多论述。在苏联，她被称做苏联国民教育制度和教育理论的奠基者之一，是苏维埃教育学的经典作家。——译者注

[2] 《克鲁普斯卡娅教育文选》，下册，第599—600页，人民教育出版社，1959年第1版。——译者注

他们唱《愿太阳常在》，画同一题材的画，跳同一内容的舞蹈时，我该引导他们表现怎样的感情呢？我认为，在所有这些场合，都要引导他们懂得，现实是同一的，但表现这一现实的手段是各不相同的。这种反映现实的手段的差异，也决定了艺术表现形式的不同。因此，我要让孩子们很快就给自己打开这个现实的世界和表现这个现实的各种不同的手段和方法。我深信，只有这样，他们才能更好地认识自己，而在音乐、绘画、舞蹈中的自我表现，将成为他们获得美的享受和欢乐地认识世界的过程。正因为这样，我请一切将在延长学日时间里组织我的"零年级学生"开展各种活动的人，不要忽视了艺术的整体性和每一个儿童的个性的整体性。要让儿童们懂得，快乐（或悲伤），假如用音响、色彩、姿势、动作的组合和生动的语言手段来表现它，表现形式虽不同，但其情感本质是同一的。

有人可能要问："您想培养什么人——歌唱家？艺术家？芭蕾舞演员？戏剧演员或木偶剧演员？"不，我不知道我的孩子们在将来会成为什么人，我也不知道他们是否将成为作曲家、歌唱家、艺术家、演员。问题完全不在这里。问题在于，为了使人从艺术中得到快乐，从艺术中受到教育，就要使人的心灵的所有大门都为感知艺术而敞开。卡尔·马克思写道："……**人的感觉、感觉的人性**，都只是由于**它**的对象的存在，由于**人化的**自然界，才产生出来的"[①]。我认为，这一深刻的思想，是对我的孩子们进行艺术教育和美学教育的教育学的基本出发点。

也许有人还会问："开展这些活动有什么用处？"对这个问题我有点费解。我始终感到很奇怪的是，为什么在学校里只教儿童唱歌和图画，忽视其他艺术形式的教学？难道唱歌和图画比舞蹈和戏剧更喜闻乐见和简单易学么？难道舞蹈和戏剧对于儿童的美育就不如前者重要么？要是能够制造出一架用来测定各种艺术形式的重量的磅秤来，我敢相信，在这些艺术形式中，没有哪一种艺术会比另一种艺术更重要些。它们都是长在同一棵大树上的枝条。因此，如果要授予儿童艺术教育，培养他们的审美情操，我就一定要帮助他们认识这棵大树及其树冠，并帮助他们逐步地攀登到它的顶端。正因为这样，按照我的设想，在延长学日时间里，应该让儿童们学习音乐、芭蕾舞、绘画、戏剧，让他们学会用各种艺术手段来表现自己。我认为，只有这样，才能保证在教育过程中揭示艺术的整体性……

我并不把我的孩子们在延长学日时间里的生活仅仅局限于上述一些活动的

[①] 马克思：《1844年经济学哲学手稿》（1844年4—8月），转引自《马克思恩格斯论教育》上卷，第21页，人民教育出版社，1986年版。——译者注

范围以内。我还设想了其他形式的活动。

"谁想当总司令，指挥一支军队？"——所有的孩子，男孩和女孩，都想当总司令。

学习下棋的活动就这样地开始了。姆济娅·亚索诺芙娜给孩子们讲述关于这种引人入胜的游戏的发明者的传说。她教给他们下棋的棋步规则和下完一盘最简单的棋局的方法。在学完了"象棋初阶"以后，就开始了班上第一场真正的严肃认真的下棋比赛。

这是怎么啦？达托是否因为输棋而感到伤心起来啦？她会哭起来吗？应该去安慰安慰她，并告诉她，她定能学会下棋的，她定能学会仔细和有耐心的。但也应该问问她：忘记了伸手与"对手"握手没有？忘记了向对方祝贺取胜没有？祝贺啦？这才是好样的！

为什么埃卡那样高兴？她赢啦？但她有没有注意到，被她击败的拉里多么伤心？要让她走向对方一边去，说些宽慰、善意的话。

"孩子们，象棋喜欢谁？"这是在每一次活动开始前我问孩子们的一个问题。他们回答说：

"顽强的人，有耐心的人！"

"坚毅的人，勇敢的人！"

"善于预见和幻想的人！"

"诚实的和有礼貌的人！"

"善于理解美的人！"

"那么，你们想不想让象棋喜欢你们？"

不用说，他们想，人人都想。

"那么，就让我们一起来做这件事吧！"

还必须让一些妈妈和爸爸安排时间与自己的儿子或女儿下几局。有些妈妈和爸爸不会下棋，就得先学会下棋（也许，向自己的孩子学习），以便在日后与自己的 6 岁孩子围着棋盘进行几小时的顽强"拼搏"。

所有这一切不仅仅是我设想中的竞技方法，这也是多年前在我第一次教我的"零年级学生"下棋的实践中已经做过的事。当时我把好几副象棋分放在几张小桌子上。孩子们拿起一个又一个的棋子，边看边互教互学地说出它们的名称，有时互相辩论，"堡垒"的棋步是怎样的，"王后"和"小卒"[①]有什么差别，有时跑来问我。三个月以后，几乎所有的孩子都学会了下象棋。在休息的时候，他们往往非要继续下完一局棋不可。有时也与我一起对弈。一旦在顽

[①] "堡垒"、"王后"、"小卒"均为象棋棋子的名称。——译者注

强的拼搏中获胜了，就欢天喜地，庆贺获得胜利。早在那时，我已经深信，对儿童来说，下象棋不仅是有意义的活动，而且也是他们力所能及的。是否还有必要阐明，孩子们在学习这种需要智慧、美的情操、坚毅精神的竞技过程中，能培养哪些重要的个性品质呢？……

……怎样使孩子们成为公益活动的积极分子？他们在由纳捷拉·阿列克桑德洛芙娜领导的十月儿童①的活动中将学会做到这一点。在十月儿童的活动中，孩子们制作小玩具，以便日后去幼儿园做客人时作为礼物赠送给幼儿园的小朋友；他们学习装订墙报，把装订好的墙报送给其他班级的同学，因为墙报是为了把消息传播出去而出版的；他们自己绘制成套的美术明信片，以便一旦有人来班上做客，就把它们作为班级的礼物赠送给客人留念；他们从各种报刊杂志上收集关于其他国家少年儿童生活的图片，把它们剪贴起来，装订成一本画册；他们为自己班的庆祝表演会制作请柬、节目单和出海报，等等。

此外，每一个儿童还自己给自己编"著作集"。列入其中的有：初次写的单词和句子、第一篇"作文"、解答数学习题和例题的作业、几何图形作图、图画、贴花、纵横字谜，等等。

通过这些活动，我们又有了新的主意：组织画展、举行新年庆祝活动、参观，每一个孩子都在学校附近栽种一棵树。有时就在这儿举行讨论会：怎样对亲人、对同学显示出自己的善意、同情和尊重，怎样交朋友。这些活动的组织者纳捷拉·阿列克桑德洛芙娜还将给他们讲各种有趣的故事。给他们放幻灯片和动画片。

我们还将邀请妈妈们和爸爸们到十月儿童小队来做客人，请他们给孩子们讲讲自己，讲讲自己的童年、自己的工作，请他们与孩子们一起玩，一起散步。孩子们将亲手把一份装帧精美的请柬送交给自己的父母，请他们常来做客。为了迎接他们的到来，孩子们将专门出一期墙报，准备好礼物——自己画的图画的画册……

……为了每一个儿童个性的全面发展而使学校教育和家庭教育统一起来，这将是从上述一切工作中获得的最主要的成果。

我将给家长们阐述我对孩子们在学日延长时间里的生活景象的设想，同他们交流已有的经验。在讨论过程中，我们将确定我们共同的教育计划中的各方面工作的负责人。两天以后，每一个家庭将收到用打字机打印的这份计划的复印本。

---

① 十月儿童——苏联学前儿童和小学低年级儿童（加入少先队之前）的群众性组织。——译者注

在我们的会议结束的时候，我要对他们说：

"谢谢你们，亲爱的家长们，感谢你们的支持，感谢你们大家一起来实现我们的教育意图。我们已经谈妥了，我们大家应该怎样地和朝什么方向一起来拉我们的这辆'教育大车'。愿我们在这一事业中永远地齐心协力、同舟共济！"

那么，孩子们呢？这样的学日是否能够成为他们生活的主要内容呢？我深信，每一个孩子都向往着各种各样的活动，都想参加各种各样的工作。如果由于某种原因而被迫不能上学的话，他们就会感到闷得慌。"是这样吗？孩子们！达托，你说呢？能让大人们守信用吗？你说得对，一点不错！大人们得守信用！迈娅，你认为怎样？有什么补充吗？就是说，你认为，一切都取决于大人们将怎样与你们交往，是这样吗？一点不错，这是最最主要的！"

第四章 识字课本*的节日

（第84天）

阅读——通向认识的必由之路

每当我回想起在我从事教育工作之始给孩子们上识字课，教他们学习字母、读和写的情景时，总有一个极强烈的愿望攫住我的心：要是有可能的话，我真想跨上一根神奇的魔杖，飞回到那已逝去的岁月里，去帮助我那时的学生摆脱枯燥乏味的识字课，摆脱令人厌烦的和一板三眼的朗读法，摆脱折磨人的书法练习，总之，排除在我与他们的交往中的强迫命令和专制作风。我无法知道，如果当时我也能用我现在采用的方法教他们，今天，在这些当时学习识字的青年人的生活中会有什么样的变化。可是，加速他们的发展，把这个所谓的识字课本阶段的韧性时间缩短一半，大概还是能够做到的！

如果那时我懂得，一个6岁的儿童，在听他的同学大声朗读课文的时候，很难做到目不转睛地盯着教科书一行一行地默读下去的话，我就不会强迫命令他非这样做不可了，也不会出其不意地叫他接着他的同学中止朗读的地方继续念下去，从而使他吓一跳。如果当时我懂得，在长期采用栅格线练习本做大写字母的书法练习后，儿童写小写字母就会感到困难，我就不会非让他们这样做不可了。

如果我的教学方法使儿童在学习过程中产生困难，使他们讨厌知识，使他们的生活没有快乐，使他们与亲人的关系变得紧张起来，那么，这种教学方法还有什么人道性可言？

教学法的定义是什么？怎样分类？应该创立怎样的课的类型学？要不要把课的结构分为三环节、五环节、七环节、十环节，等等？这些问题都是学者们

---

* 识字课本——又称字母课本，学习全部字母及简单的读、写的一种初级课本。——译者注

长期争论不休的问题。也许，这些思想本身都是很有价值的。不过，我认为，如果教育学辩论、科学研究都不能回答下述最主要的问题，它们是永远也不能推动理论向前发展的：什么样的分类学，什么样的类型学，什么样的课的结构会减轻儿童在校内外生活中的负担？在采用某一种分类学和类型学时，怎样才能使儿童得到认识的快乐和学校生活的快乐？如果在哪儿的学校里，儿童们在识字课上郁郁不欢、备受折磨，如果哪儿的学校生活暗淡无光，不是儿童们每一个人终身难忘的最幸福的时刻，对此，教育学的科学及其宠儿教学法采取听而不闻、视而不见的态度是不能容忍的，哪怕聋一个耳朵、瞎一只眼睛也不行。

我教那时的一年级学生（7岁儿童）学完识字课本，共花200多节45分钟的课，但是，教学效果仍然不能令人满意。而现在呢？

今天，我们班要举行一个庆祝会：庆祝我的6岁学生学完识字课本。今天是12月28日，第84个学日，我将教给孩子们字母表上的最后一个字母，并祝贺他们学完了全部33个字母。

我们是怎样一步一步地学完识字课本的呢？

在我的班上完全没有必要先教会学生"陌生"的字母及其读音，然后教他们单词和认识词形。我的6岁学生已经掌握了对单词进行结构分析的方法，已经分析过很多单词的音素组成。因此，对他们来说，"陌生"的语音实际上是不存在的。我们不做传统的单词分析练习："说出第一个音节！……第二个音节！……第一个语音！……"儿童从这种练习中得不到任何有益于他们发展（因为在这方面他们已经有了发展）和认识（因为在这种"探索"中，他们对一切都已并不陌生）的新东西。在教给他们新字母时，我也不采用似乎对于单词的音素分析很有必要的所谓形象直观法。例如：出示一幅画着一只公鸡的图画，让儿童说出他们所知道的关于这一家禽的一切感性知识，然后说出"公鸡"这个词，并区分该词的各个音节和音素。我摒弃这种直观法，摒弃对于学习对象的空谈，因为这种直观法和空谈把儿童的注意力引向远离实际的学习对象之外。我认为，单词本身或它的模式可以成为学习单词的最好的直观法。

因此，我们就"跨越"语音，直接"奔向"新字母。那么，我是怎样做的呢？

第一种方法

"孩子们，请大家看这个单词，猜一下，今天你们要学习哪一个字母？"

在黑板上写着单词 ГОЛОВА（头）。在这个单词中，有一个他们尚未学过的字母 B。在旁边的圆圈中写着很多字母（有已学过的，也有未学过的），其中字母 B 出现3处。

"请大家看下图。在圆圈中有没有字母 B？共有几个？"

已经学过的字母有助于孩子们读出单词，猜出其中的"新"字母，说出"新"字母，并指出它在单词中的位置。

第二种方法

"请大家看这些单词。在其中的有些单词里都藏着一个现在我要教给你们的字母。这个字母是什么，它藏在哪几个单词里？"

在黑板上写着 11 个单词，在其中的 7 个单词里都有一个"新"字母 P。这就是今天要学习的那个字母，在它的四周画着一个小圆圈。字母和小圆圈相配合，有助于孩子们读出单词和找到字母 P 在单词中的位置。他们给我口授，在哪个单词里，在什么位置上有"新"字母，我得"找到"它，并画一条线把各个单词中的 P 串联起来。他们一面说，一面还要检查和纠正我的作业。因为我在给字母 P 用小圆圈勾画出来，并用线将它与其他单词中的字母 P 串联起来时，好像有点"心不在焉"，经常"出差错"。最后，在黑板上搞成了如下图所示的样子，在图的中央部位我写下了字母 P。

译者附注：上述俄文词的中译文（自上而下）为：①山，左②格鲁吉亚，右②巨人，左③报纸，右③火箭，左④英雄，右④鲁斯塔韦利（人名），左⑤加加林（人名），右⑤物品，右⑥天空，⑦无线电。

第三种方法

"请大家看这幅图，猜猜看，今天我要教给你们哪一个字母！"

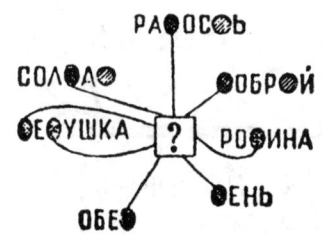

译者附注：上图中的俄文词（自上而下）分别为：① РАДОСТЬ（快乐），左② СОЛДАТ（士兵），右② ДОБРЫЙ（善良的），左③ ДЕДУШКА（祖父），右③ РОДИНА（祖国），左④ ОБЕД（午饭），右④ ДЕНЪ（日子）。

这幅图是这样的：在图的中央部位是一个内中打有问号的正方形，在正方形的四周写有很多单词；在这些单词中，画有网格线的小圆圈代表今天要学习的那一个字母，并在它们与正方形之间各画一条直线串联起来（画有细斜线的小圆圈代表他们以后要学习的另一个字母）。

在孩子们猜出这是字母 Д 以后，我就擦掉正方形中的问号，并写上这一字母。但在写的时候，我也可能"写错"，把 Д 写成 Г，或者别的什么字母，让孩子们纠正我的"错误"。

第四种方法

"大概你们很多人已经超过我了，一定能够说出，在这些字母中间哪一个是 Ц？"

在黑板上写着 5 个字母：Ф、У、Ц、Ж、Т，其中已学过的 2 个，未学过的 3 个。

"也许，是这一个？"我指着第一个字母问。

"不对，这是 Ф！"

我把它从黑板上擦掉。

"大概，这个字母才是 Ц？"我指着第二个字母问。

"不对，这是 У！"

我也把它擦掉。

"那么，究竟哪一个字母是 Ц 呢？"

"中间的一个！"孩子们回答说。

"是这一个吗？"

"对啦！"

"这是什么字母呢？"我指着另 2 个未学过的字母问。很多孩子都能够把它们念出来。

"很好，这两个字母留待以后再学习！"我擦掉 Ж 和 Т，"剩下的这个字母怎么念？"

"Ц！"孩子们齐声地说。

第五种方法

在孩子们到校前，我在教室里的每块黑板上均写上两三遍今天要学习的那一个字母。在他们一走进教室，发现黑板上的字母时，就会纷纷互相询问，这是什么字母。因此，大多数孩子在课前都能认识这个字母。

"请你们告诉我，今天你们将学习哪一个字母？"

他们齐声回答，这是什么字母。

在每学习一个字母以后，我都要建议孩子们做各种各样的各有其特殊作用的课堂练习。在传统的识字课本里，课文的内容是极端枯燥的。试图让儿童朗读由已学过的字母组成的枯燥乏味的单词和句子来发展他们的认识兴趣和阅读兴趣，那是根本谈不到的事，甚至是荒谬可笑的。例如，在传统的识字课本中有如下的一篇课文：Но－га（腿）。Ка－ша（稀饭）。Нит－ка（线）。Та－рел－ку（盘子）。Майя помыла та релку.（迈娅洗了一只盘子）Михо дал Гиви игрушечное ружьё.（米霍给了吉维一支玩具枪）试问，一个儿童读了这些东西以后，能充实点什么知识呢？如果我们的 6 岁学生花了九牛二虎之力的代价（因为他们尚未养成阅读的技能）才弄懂了所读的东西仅仅是"某个迈娅洗了一只盘子"，"某个米霍给了某个吉维一支玩具枪"，他们能满意吗？在这样的情况下，学习识字就变成了儿童的一种苦难。我深信，如果没有大人们的严加管束，在他们看上一眼这些东西以后，马上就会抛弃这个书的天国①，欢呼雀跃地奔到院子里去玩他们的捉迷藏的游戏。

究竟怎么办呢？有人说，实际上没有别的办法，也不可能做到使字母阶段的课文（目的是为了促进学生养成阅读的技能）内容与现代儿童的认识兴趣一致起来！目前还没有哪一种方法能够一下子就教会儿童全部字母和奠定流利地、有理解地阅读的技能的基础，从而一下子就可以让他们阅读艺术水平高超

---

① 天国——俄文原文为"Обетованная страна"，这是一个成语，俄文也可写成"Обетованный край"、"Обетованная земля"，意为"令人强烈向往的幸福之邦"。——译者注

的和能增进知识的作品。既然没有这种方法，因此，要使儿童从枯燥乏味的和无意义的课文中解脱出来是不可能的。

也就是说，一切都维持原状？对这种思想我深感忧虑。如果在这个所谓的字母阶段，我用阅读的困难去吓唬我的 6 岁学生，如果由于识字课本课文的枯燥乏味而使他们造成"读书没有任何乐趣"的印象，他们也许就会因之而永远也不愿意去读普希金、托尔斯泰、鲁斯塔韦利、巴拉塔什维利、恰夫恰瓦泽等作家的著作。我担心我的盲目性会造成这样的结果，所以，我给自己提出了一个目的：扩大字母阶段的知识范围，把它变为发展"零年级学生"借助阅读才能得到满足的广泛的认识兴趣的阶段。

必须把培养儿童的阅读技能的过程纳入到更加广泛的、内容丰富的、情绪洋溢的、生动有趣的认识活动中去，还必须使他们把阅读技能作为解决认识任务的手段牢固地掌握起来，而不是目的本身。

遵循这一箴言，我给我的 6 岁学生编写了各种各样的作业，并探索在课堂上采用这些作业的形式。

第一种作业

在黑板上呈直条状地写着一连串音节和单词。教师站在离黑板稍远一点儿的地方，快速地给孩子们提问。

"自上往下数，第三个音节是 гра。我说得对吗？"孩子们进行检查，然后说，我说错了。

"那么，那上面写的是什么？"

孩子们（齐声地）说：

"Гар！"

"自下往上数，第四个音节是 абр！对吗？"

"对！"

"请大家把这个音节一起读一遍！"

孩子们（齐声地）：

"Абр！"

"自上往下数，第几个单词是 Корабль（轮船）？"

孩子们发现，在直条状的一串单词中根本没有这个单词。

"请原谅！我想说的是 Корень（根）！"

"第三个！"

第二种作业

"这个句子我写错了,请你们帮助我把错误找出来。"

孩子们读句子,寻找错误,但也可能在句子中根本没有错误。他们必须证明,是否确有错误,如果有错误,必须指出错在哪里,怎样纠正错误。

第三种作业

在黑板上写着 5—6 个字母。

"用这几个字母可以造出 6 个不同的单词。请你们尝试着把这几个单词造出来!"

孩子们造单词,说出单词,我把他们造出的单词一一写在黑板上。但他们发现,只有 5 个单词。于是我同孩子们一起想,想尽了各种各样的字母排列方案,都没有造出第 6 个单词。最后得出结论:得不到第 6 个单词。

第四种作业

在黑板上写着一些单词和画着些物体的图像,在它们之间各画一条线互相联结着。但单词的意义和物体的图像并非全都是互相吻合的。

译者附注:上图中俄文词的词义:左栏(自上而下)月亮、轮船、钟;中栏(下方)锤子;右栏(自上而下)书、锯子、小鸟。其中"🔳"符号表示未学过的字母"T"。

"请大家检查一下,这些单词与图画之间的串联线画对了没有?"

孩子们帮助我纠正画错的地方。

有时,我当着孩子们的面画串联线,并故意弄出明显的错误,图像与单词的含义对不上号。孩子们纠正我的错误，我一次又一次地重画串联线，直至"找不到"我的错误为止，这时全班才放下心来。有时，我分发给他们印有这种练习的作业纸，供他们独立完成。他们很喜欢做这种作业。有时，他们在作业纸上做，我在黑板上做。在做完以后，他们把自己做的作业与我在黑板上做的加以比较，找出我的"错误"。

第五种作业

我在黑板上给孩子们写一些简单的字谜让他们猜，字谜借助字母和图画组成。在猜谜时，他们需先从所给的单词中去掉几个字母，然后把该单词的余下部分字母跟图画上所画事物的名称结合起来。我把孩子们猜的谜底写在黑板上，并与他们一起检查谜底是否正确。有时，我给孩子们每人发一份印有字谜的作业纸，让他们独立完成。他们都非常高兴，还请求我允许他们把作业纸带回家去。

第六种作业

我建议孩子们猜纵横字谜。例如，在黑板上自上而下写一串单词，在每一个单词中各缺一个字母；这些缺少的字母应该自上而下成为一行。正确的谜底必须具备两个条件：一是在各单词中填入所空缺的字母，二是填入的这些字母自上而下应恰好组成一个新的单词，如下例所示。

·ОБОТ

МЕ·

Л·С

ЗА·ОР

（ХЛЕБ）

译者附注：上述俄文词自上而下为：хобот（动物的长鼻子）、мел（粉笔）、лес（森林）、забор（篱笆）。括号内的"хлеб"（面包）为谜底。

在经过上述类型的作业的训练（当然，我并非一下子让他们做所有这类作业，而是一堂课一堂课地变换着做的）以后，我们就转向阅读教科书上的课文。我先让孩子们自己轻声地念，同时，我不停地坐向这一个或那一个孩子的身旁，帮助他读，鼓励他。然后，让全班一起做作业。例如：

"请大家找出第一段的第二个单词！这个单词怎么念？……在第一段的哪两个单词之间有'英雄'这个词？……请把含有'快乐'这个词的句子念一

遍！……请找出由3个（4个）单词组成的句子！把句子读一遍！……"

在这之后，我们不再回复到这篇课文上来，我也不给孩子们布置反复诵读同一篇课文的家庭作业。我坚信，如果不经常变换阅读材料，是不能使他们顺利地掌握阅读技能的。人之所以需要阅读，是为了从各种渠道获得各种各样的信息，而不是为了一遍又一遍地阅读同一篇令人生厌的文章。

编写初级教科书的原则

使用识字课本的经验使我产生了怎样更好地给6岁儿童编写第一册教科书的设想。6岁儿童的一个显著特点是喜欢新奇。因此，如果我们长时间地，比如说，在一学年里，把他们"绑缚"在一本教科书上，他们就会对书感到讨厌。为什么不能把6岁儿童的语文教科书编成四个分册呢？第一分册把他们带进语言的现实世界，第二分册把他们带进阅读的秘密世界，第三和第四分册促进他们发展阅读兴趣。我打算先发给孩子们第一分册，学完以后在班上举行一个隆重的庆祝会。在庆祝会上我要对他们说："你们要知道，我们在飞快地长大成人，现在我们要学第二本教科书啦！"随后我就发给他们第二分册。学完第二分册，再发给第三分册，等等。孩子们会喜欢这些教科书吗？非常喜欢！他们将亲眼看到，自己是怎样成长起来的，怎样一步一步地前进的。每学完一本书，他们都会产生新的认识的渴望。

使儿童得到认识的快乐，这是我循以编写这些教科书的最主要的教学论原则。是的，快乐的原则！非常遗憾的是，在教学论上没有这一条原则。因此，怎样把这一原则应用到6岁儿童的教科书中去，我无处求教。虽然我的经验尚不完整。更远不是完美无缺的，但已经可以证明，在6岁儿童使用的初级教科书中，必须有很多幽默的、很多有趣的、引人入胜的作业和有益的建议（例如，怎样给小朋友做玩具，怎样使亲人感到高兴，怎样帮助妈妈）。在这些教科书中可以列入字形谜、字谜、迷宫、谜语、绕口令、数数的儿歌。孩子们还可以从中读到各种有趣的、有益于增长知识的诗歌和故事，情节离奇曲折而又能给人以智慧的童话。有些儿童在入学前就已经学会了读或者在识字方面超过了我的教学进度，这也没有关系，我并不害怕这一点。在教科书中我专门为他们编写了一些教材，让他们进步得快些，我干吗要阻挡他们前进呢！

自由选择感——这是我借以发展每一个儿童的认识活动的动机的基础。有了这样的教科书，我就有可能经常向孩子们提出建议：

"你们想猜哪一个字谜（或字形谜）？……你们想学会哪一首诗？……请你们自己选择任何一篇故事来读……然后我们一起来讲各人所读的故事。"

可以设想，在这样的情况下，在班上会出现一场多么认真的谈话！

使儿童逐步地掌握阅读技能也是编写这些教科书的重要原则。为了缩短孩子们掌握阅读技能的进程，我建议他们先用"混合"的方法读：读带有小圆圈的单词，读字母和图画混合组成的单词，读文字和图画混合排印的故事。随着教学的深化，小圆圈逐步地从教科书中消失，图画也恢复了自己所固有的使命，而富有感情的、有趣的、有幽默感的故事、诗歌将有助于孩子们完善阅读技能。这样一来，孩子们对于要读懂书中内容的愿望，要比因阅读的困难而不愿意读的想法强烈得多。

这一切都是幻想么？或者，这些能够帮助儿童阅读，使他们得到快乐的教科书，朋友一样的书在不远的将来真的会出现呢！

谢谢你，识字课本！

"孩子们，你们好！……今天你们穿得真漂亮！怎么回事？"

"您也穿得很漂亮！"

"今天我们要过节啦！"

"我们学完识本课本啦！"

"还有客人上我们班来呢！"

"今天上午我们要举行一个庆祝会，是吗？"

"我们要装饰庆祝会的松树吗？"

"我已经在那边走廊里的黑板上读到祝贺信啦……全校都在祝贺我们学会了读和写！"

"我已经会读书啦！"

"在那儿写着字母 Я，在它周围写着其余所有的字母！"

"写得那么漂亮，是您写的吗？"

"这就是说，你们已经知道字母表上的最后一个字母啦！"

齐声："是的！"

"那么，你们能不能告诉我，这个字母怎么念？"

我拉开黑板的帷幕。一个占据整块黑板的字母 Я 立即展现在孩子们的面前。

齐声："Я！"接着全体鼓掌。

过去，他们就是这样地迎接每一个新字母的。今天，他们也这样地迎来了最后一个字母——第 33 个字母。

"你们喜欢这个字母吗？"

"写得真漂亮!"

"我会写!"

"我也会写!"

"请坐下，孩子们，请大家把识字课本翻到有字母 я 的一页!"

接着孩子们读课本上的一则故事。这个故事说，有一个名叫帕塔的小男孩，在学完了所有的字母以后，高高兴兴地回到家里，对他的祖母说："要不要让我来教你读书？这挺简单!"

"现在请大家读下一页上的另一个故事!"

"书页没有啦!"

"怎么会没有呢？"

"我们把这本书学完啦!"

"完完全全学完啦!"

又是一阵快乐的掌声。

"那就请大家把教科书合上……让我们来总结一下，它教会了你们什么？"

"它教会了我们非常美丽的格鲁吉亚语字母!"

"教会了我们读和写!"

"教会了语文……怎样正确地叙述!"

"给了我们知识!"

"它教导我们要做善良的人，广交朋友!"

"教导我们爱读……爱书!"

"尊敬父母!"

"做有礼貌的人!"

"它教我们懂得：我们的祖国多美好!"

"在书里有很多令人发笑的和使人快乐的图画!"

"里面还有字形谜、字谜和绕口令!"

"我非常喜欢这本书！等到您允许我们带回家去时，我要把它放在枕头底下，让它跟我一起睡!"

"我要给全家人看，还要给邻居看!"

"现在请大家把头伏到课桌上！闭上眼睛!"我压低了声音说。"看来，你们都爱上了自己的第一本书，是吗？"

"是的!"孩子们轻声地说。

"也许，你们大家都想对它说些表示感谢的话，是吗？"

"是的!"孩子们又一次轻声地说。

"那么就请大家想一想，你们准备用怎样的话来向它表示感谢!"

沉默一分钟。接着，孩子们纷纷举手。

玛里卡："我要对这本书说的话是：我的亲爱的好书，我非常非常喜欢你！"

列里（把书高举过头顶）："非常、非常、非常感谢你！"

迪托："我的亲爱的朋友，我永远不会忘记你，请你原谅，我弄坏了你的封面，撕坏了一页书！我保证今后要爱惜书。你活像一个真正的人——这就是我要对你说的话。"

吉亚："我的亲爱的第一本书，我要用读很多书、热爱书来酬谢你！"

沃瓦："你是一个魔术家，我要感谢你，你给了我33把有魔法的钥匙！"

迈娅："我的亲爱的第一本书，也许，我们使你累坏了，我们读起来曾经有过困难，你大概生气了吧？但你是很善良的。我们大家全都非常热爱你！我们永远不忘记你！"

尼娅："你是太阳，你是书的女皇！祝你永世长存！"

伊利科："在我开始上学的时候，不懂格鲁吉亚语。这本书教会了我读格鲁吉亚文的书。所以我非常喜欢它！"

桑德罗："你是非常美好的、忠实的、非常温存的。人人都喜欢你，因为你教会了我们语文。我也喜欢你！"

塔姆里柯："你是富有智慧的，并把快乐教给了我们。谢谢你！"

萨沙（默默地站着，看着书，然后慢慢地说下去）："这本书教会了我们字母，教会了我们读。如果一个人爱读，他就能知道很多很多事情，因为我妈妈曾对我说，书是一个知识的宝库。这本书是最重要的书。它是书中的老师。我也要对它说声谢谢，说我喜欢它！"

……孩子们出自肺腑的真诚话语像一条条清澈的小溪里的激流一样不停息地汇入到我们的识字课本里去，在每一个人的话中都充满了对它的爱和与它离别的惆怅。孩子们不是把它看做一本书，而是把它当做一个善良的、富有智慧的、讨人喜爱的人加以谈论。

"也许，与第一本书离别你们都觉得很惋惜吧？"

"是的，很惋惜！"他们齐声地说。

"也许，没有你们，它也会感到很愁闷的……如果你们不忍与它离别，就把它当做学校赠送的礼物，拿回家去留做纪念吧！"

教室里欢声大起。很多孩子都拿起书，把它紧紧地贴在自己胸前。

"我的书！"捷卡轻声地说。

马格达在吻书。

佐里科翻开书，仔细地看着，好像第一次才见到它一样。

伊拉克里在修补被弄破了的封面，展平被折起来的书角。

"我要把书里的一切全都重读一遍！"叶莲娜对自己的同座说。

全 校 祝 贺

这时，门外响起了我所期待的敲门声。达托走向门边把门打开，走进教室的是我们的校长。孩子们都认识她。他们立即全体起立，首先向校长问好：

"您好！"

教室里寂静无声。校长笑容可掬地打量着每一个孩子。

"请大家原谅，也许我妨碍了你们上课。我获知，今天你们就要学完识字课本啦。这使我感到非常高兴。因此，我就身不由己地跑来向你们祝贺来啦！……"

她又一次慢慢地移动目光，亲切地打量着每一个孩子。孩子们个个都目不转睛地望着她。

"请坐下！"她说。"也就是说，你们已经学会阅读啦？"

孩子们齐声回答："是的！"

"你们真是好样的！我向你们祝贺！……这是我送给你们的一份礼物，是一部动画片，讲的是一个爱读书的男孩子的生动有趣的故事。请你们在课余的时间看一看。现在我要跟你们每一个人握握手。"

她缓慢地穿过坐位行间的走道，依次把自己的手伸向一个又一个孩子。她走到哪一个孩子身边，哪一个孩子就站立起来。她以慈祥的目光仔细地端详着这个孩子。

"你叫什么名字？……我祝贺你取得成功！"她认真地、郑重地握着孩子的手说。

她就是以这样的方式与每一个孩子握手的。孩子们目不转睛地注视着校长的一举一动……

"我们学校的全体老师要我代表他们向你们祝贺，祝贺你们学完了识字课本！"

孩子们齐声回答："谢谢！"

"我祝你们取得新的成就！"

孩子们齐声回答："谢谢！"

"再见！"

孩子们全体起立。齐声回答："再见！"

校长走出了教室。教室的门仍然打开着。下课铃响了起来。这时，在教室里听到了学校广播台开始播音的声音。我凝神谛听。孩子们也集中注意地听着。广播里说：

"亲爱的预备班的同学们！我们获悉，今天你们学完了识字课本。我们向你们祝贺。你们已经是名副其实的学生啦，你们已经会读和会写啦。全校都像你们一样感到高兴。全校的老师们、共青团员们、少先队员们都为你们取得成就而感到高兴。让全校都知道我们今天的英雄们的名字，他们是……"

我审视着在广播中被提到名字的每一个孩子。"孩子们，你们怎么啦？"我在自己的脑海里暗暗地对我的学生们说。"我觉得，你们每一个人在我眼前好像一下子就长大了一些。这是什么原因？是否因为你们已经跨过了学习上的第一道门槛？不，最可能的还是校长亲自前来祝贺和你们的名字在广播里受到颂扬，这增强了你们对自己的信心，增强了你们想成为成熟的、有益于社会的人的渴望。可是你怎么啦，我的孩子，你为什么目光呆板、没精打采的？你是在想，广播里没有提到你的名字吗？别伤心，我满怀着希望，你一定也能学会读和写的。这一次你没有获得像你所有的同学那样的成绩，这不是你自己的过错！我不会把你称做'差生'、'智力落后儿童'的，我讨厌这种用语。最好把我自己的教学法称做'差教学法'，因为它对你是无效的。我将改变我的教学法，探索其他的方法来帮助你解脱困境。孩子，把头抬高些，挺起胸来，你看着吧，广播里会提到你的名字的，奇迹很快也会在你的身上出现！……"

"我们的下一堂课是写作！……现在下课！男孩子们，请记住，你们是男子汉！"

迈娅一动不动地坐着，莫非她病了？

"迈娅，你怎么啦？"

女孩子默不作声，像一个石人一样地坐着，甚至连眼珠都不转动一下。

"迈娅，你说话呀！"

女孩子的嘴唇微微动了一下。我听到她说：

"我在训练耐力！"

儿童——宇宙"无穷无尽"的缩影

今天我期待着奇迹。也许，说"奇迹"，这是耸人听闻。因为，大凡奇迹都是不常有的事，在教学和教育工作中尤其是这样。但在今天，在第84个学日所发生的事，怎能不称做"奇迹"呢？

今天是这样做的：我建议我的 6 岁学生写一篇作文，题目是："什么使我高兴，什么使我忧愁"。于是孩子们开始写他们生平第一篇作文。虽然我很清楚，我的很多 6 岁学生在学完识字课本以前很久就已经开始阅读童话、故事、诗歌，开始写表述自己印象的句子了，但我还是抑制不住自己的惊奇和赞叹，反复翻阅他们的头一篇作文。

在看到我出示给他们的这些作文的人中间，很多人都说，"零年级的学生"没有能力写出这样的作文。他们不相信这一年龄阶段的儿童具有写作文的能力，不相信这些作文是儿童们自己写的。

在几年前，在我的教学实践中第一次出现这种奇迹时，就碰到过这样的事。那一天，我非常高兴，也很激动，我急忙去找我的同事们，把我当时的 6 岁学生（他们早已中学毕业，有的在继续学习，有的参加了工作，他们学习和工作得都很出色）的作文拿给他们看。

"请看，这就是我的'零年级学生'今天在课上写的作文！"

接着我就开始朗读孩子们的头一次作文。突然，有人打断了我的朗读：

"够了！"有人恼怒地说。

一个名叫瓦尔瓦拉·瓦列里杨诺芙娜的上了年纪的女人登上了讲台，申述了她的见解：

"同志们，干吗我们要互相欺骗呢？还都是学者哩！什么时候曾见到过，6 岁儿童能写出这样的东西？"

其他学者讥讽地微笑着，点着头，表示同意瓦尔瓦拉·瓦列里杨诺芙娜的意见，双双眼睛紧紧地盯着我，好像在看一个欺骗他们的骗子。谁也不来问我一下："还是请您解释一下，您是怎样获得这样的成绩的？"

这事发生在 60 年代中期，而且还是在学者们中间发生的！

"儿童不能掌握这种……"

"儿童的年龄特征……存在着年龄阈限……"

"儿童们理解不了这一点……他们没有能力掌握这种……"

我经常读到和听到某些学者、教学法专家和教师们的这种断言。

不言而喻，儿童并不是全都能掌握、理解和动手去做。

例如，儿童不可能一生下来就会站立，马上就会说话。他们尚不能自己给自己喂食，离不开大人的照料。在必要的能力未臻完善的时候，他们是不可能去研究科学的。如果不掌握前人积累的知识和经验，他们就不能去建设城市、工厂，架设桥梁、铺设公路、播种庄稼。在没有获得社会生活的经验之前，他们是不能理解社会对他们的关怀的。

由于儿童的经验不足和年龄小，局限性确实是很多的。但是，我觉得，在那些以权威者自居的人们的论断里，往往偷用了某种僵化的儿童观。"不能！"为什么"不能"？是否因为自古以来是这样的，昨天是这样的，根据这一逻辑来判断，今天、明天和后天也一定是这样的？照此说来，21世纪的儿童，比如说，在思维方式方面，将表现出与昨天的儿童同样的年龄阈限么？在这样的情况下，教育学的科学、教学法、教师的创造性还能有多大的价值呢？

我认为，"儿童不能做到！"的这种论断不是在捍卫儿童免遭对他们正常发展进程的蓄意侵犯，而是在设置一道道阻碍他们发挥实际能力的壁障。"儿童不能做到"这句话说明不了儿童本身的发展着的天赋的局限性，恰恰说明了我们的儿童观的僵化。

在我们20世纪的历史上，值得大书特书的是什么呢？是原子核裂变吗？不仅仅是这一点。值得大书特书的还有，这就是发现了儿童的天赋和心理潜能实际上是无限的。哪怕与30年前相比而言，现在，教育学有着无可比拟的光辉灿烂和向纵深发展的前景。相信儿童的能力，相信在乐观主义的和创造性的教学和教育过程中，儿童的能力是可以日益发展和增强起来的，这已成为当代苏联教师的最主要特点。某些年龄阈限的高墙倒塌也已为期不远了。我深信，在将来，儿童们还将无止境地多次地以自己的才能使世界惊异，将无数次地摧毁学者们和教师们的儿童心理观。作为一个乐观主义者，我个人认为，如果宇宙确实是无穷无尽的，那么，儿童就是这个无穷无尽无边无际的惟一真正的缩影。如果教师以乐观主义和创造性的态度对待儿童，他们的才能就会是无限量的。有鉴于此，我给自己定下一条箴言，这是我在探索打开儿童的智慧和心灵之窗的方法时必须遵循的：

教学的目的在于促进儿童内在禀赋和潜能的显露和发展，教学方法的革新愈具有这一教学的目的性，它将变得愈人道、愈乐观和愈快乐。

这一箴言就是今天的奇迹之源。

我将把这些作文指给那些不相信的人看，任凭他们说这不是孩子们自己写的，是他们的爸爸、妈妈代写的。我的孩子们的成就决不会在他们的武断里被埋没一丝一毫。我将加倍地、三倍地坚信他们的才能，也将更坚信教育学在塑造人的事业中是大有作为的。

我的小学生有生以来第一次洞察自己的感情和感受，洞察"自我"的时刻就要到来了，我琢磨着我面对这一情景的快乐和激动。也许，萨沙，也许还有戈恰，也会像他们的15年前的同龄人努克里一样地写道："我有很多令人高兴的事。例如，昨天我就很高兴，我同爸爸一起乘车到外祖母家去，帮助她修好了一个柜子。外祖母说,'啃,有你们在一起我多开心!'当我因自己的轻率举动使别人不愉快,或者我受到了莫名其妙的责备时,我就感到不愉快……"

可以把孩子们首次洞察自己的心灵的尝试与宇航员首次步入宇宙空间的壮举相比美。我将更多地帮助儿童,促进他们借助书面表述自己的感受、印象、看法来认识自我。我的"零年级学生",往后就是小学生,将越来越多地思考自己的行为,思考对亲人的爱,思考自己的未来,思考怎样给人们带来快乐和怎样跟邪恶作斗争。

教会儿童从别人的言行举止中认识自己,致力于自我教育、自我修养、自我觉悟,这是我在发展儿童用书面语表达自己的思想和自我评论的技能的同时所要达到的主要目的。书面语——这是心灵的探照灯,应该教会儿童运用书面语。在我的工作中,它将成为培养儿童的个性品质和使儿童自己显示自己的精神世界的手段。

每一个儿童的权利

作文纸业已分发完毕,孩子们的自来水笔吸足了墨水,作文题也已经解释清楚。

"准备写作文!"

我说的这句话的意思是:应该坐端正,拿起自来水笔,并举起右手:"我准备好了!"我环视全班:所有的孩子都准备着写作义,只有一人例外,我早已给他布置了别的作业——画画,他想怎么画,就怎么画。

一切就绪。

"开始!"我轻声地对他们说。

在我下达这一命令后,整个教室就笼罩着一片肃静的气氛。我已经使儿童们养成了一种良好的习惯:在做书面作业时,不做不必要的动作,不发出响声,不向同学提问题——既不妨碍别人,也不妨碍自己。如果某个孩子确实需要问点儿什么,就让他走到我身边来,与我悄悄地谈一下,或者让他举手,由我自己走到他身边去。

在孩子们做书面作业的时候,我剥夺了自己在坐位行间的走道上来回走动、大声地给某人指点和审阅未写完的作文的权利。此举之意何在?毋庸赘言:让孩子们懂得,他们正在致力于重要的、严肃的工作,谁也没有权利去扰乱他们的思维进程;让他们懂得,不能去打扰正在思考、专心致志于脑力活动的人。我经常对 6 岁学生们说:"当一个人在埋头思考、陷入沉思、做某种好事的时候，看上去是多么的美！"他们是否能理解这句话的意思呢？也许，不完全理解。但是我深信，他们会因之而感觉到他们沉浸在其中的思维的严肃性。有时，我招呼某个孩子走到我身边来，与他进行"秘密"谈话，我把自己的印象和感想告诉他："你看埃卡，她思想多么集中……她已忘记了世上的一切！我非常喜欢看她聚精会神地思考。你看，她眯着眼睛，出神地遥望着远方，看上去有多美，是吗？"在让他返回自己的坐位之前，我向他道歉，我打断了他的工作。他踮着脚走回自己的坐位，十分小心地、没有声响地坐下。一分钟以后，我看到他也眯着眼睛、皱着眉头想起问题来了。经过一堂又一堂课的训练，他开始看到了我射向他的诚恳、满意的目光："现在你看上去有多美！你真可爱！"这又逐步地激起了他成为一个在做作业时专心致志、善于深思的人和渴望得到"思考着的人"的美。当然，我很清楚，仅仅采用这样的方法，儿童是学不会思考的。但是，对我来说，有一点是不容置疑的，即：我这样做，可以使儿童较迅速地理解思考着的人之美，养成集中思想思考问题的习惯，懂得每一个同学在思考问题时都享有不容旁人打扰他的权利，他自己同样也享有这种权利。我还给自己规定了一条箴言，禁止自己在课上擅自行动，因为课是儿童的财产，而不是我的财产。这条箴言是：

不能在课上独断独行，为所欲为，扰乱正在致力于解决学习—认识任务的儿童们的思维进程。要维护每一个儿童在安静的环境里学习的权利。

我坐到自己的讲台前，打开书，装做看书的样子。但实际上，我却在偷偷地观察孩子们。很多孩子已经动笔写，可是尼娅还在思考她的第一篇作文的内容。达托在手中转动着他的自来水笔，没有急于下笔。迈娅咬着嘴唇，皱着眉头，眯着眼睛——她在思考……

孩子们俯伏在课桌上。有些孩子低着头，鼻尖快要碰到了作文纸上。不能这样坐。但目前我还没有更有效的办法，一下子就使他们养成端端正正地坐着做作业的习惯。因此，每一次都得提醒他们。现在也是这样。

"孩子们，"我轻声地说，"把腰挺起来！"

听到了我的声音，他们都挺直了腰。……

奇迹的"秘密"

今天能出现奇迹吗？这些刚学完识字课本的6岁儿童能否书面叙述自己的快乐和伤心呢？我有点焦急不安起来。但是，过去多年的教学经验使我坚定了信心。83天以来，我一直在坚定不移地训练他们，使他们掌握书面语的基本方法。今天的这堂课就是对我的教学法体系的全部"秘密"的检验。

这些"秘密"是这样的。

首先，让"零年级学生"掌握对单词进行结构分析的方法。我使他们养成理解我故意拖长了声调念的单词的习惯，并教他们自己也学会用这样的方法读单词。在这同时，注意其中每一个语音的音响延续时间。借助一些拼字板，他们把单词的语音组成加以物化。这一工作是这样进行的：儿童先慢慢地和拖长了声调地读出一个单词，然后区分出其中的第一个语音，并摆出一块拼字板（蓝色代表辅音，红色代表元音）；接着以同样的方法把这个单词读第二遍，区分出其中的第二个语音，摆出第二块拼字板。其余以此类推，直至区分出最后一个语音和摆出拼字板拼出这一个单词为止。这样，他就获得了一个标明其语音组成的单词的模型。这个模型也可以被用来变戏法：把各个语音（即各块拼字板——译者注）弄乱了重新排列，把一个语音与另一个语音互换位置，拿去某一个语音，并在这样做的时候进行观察，单词怎样被改变、被歪曲，或者"消失"了。这种能力是掌握单词书写法的基础。我建议孩子们把单词写下来，可是他们还不知道字母。因此，任何一个字母的字形都是用一个小圆圈来表示的。这一个过程我称之为**准书写**的过程。随着一堂又一堂课的练习，儿童们用这样的方法写单词的能力日益完善起来了。他们已不需要把一个单词读好几遍，只需读一遍就能区分出其中的所有语音，并把单词写下来。所有这一切，我的"零年级学生"是在开始学习字母前掌握的。

随后——从开始学习字母起——我建议孩子们用混合的方法写单词：用小圆圈（表示未学过的字母）和学过的字母。这样，每学会一个新字母，这个字母立即就被列入专门为练习书写单词而拟定的书写活动的体系中去，而准书写就逐步地转变为正式的书写，即由字母取代小圆圈。结果就出现了这样的情况：我的6岁学生在没有认识所有的字母之前，就已经开始学习单词的书写和掌握书写单词的一般方法了。这是我的教学法体系的**第一个**"秘密"。

其次，写句子。我建议我的"零年级学生"按照图画内容想出一个句子，并用拼字板把它构造出来——现在这些拼字板已组成了一个长条状的长方形。构造句子是这样进行的：儿童说出一个句子，区分出其中第一个单词，并放置一块拼字板，把句子复述一遍，区分出其中第二个单词，并挨着第一块拼字板放置第二块拼字板，往下依次类推。在末尾放置一块有句号、惊叹号或问号的拼字板。究竟放置什么标点符号的拼字板，由儿童根据自己想用这个句子表达什么内容而定。结果就得出一个句子的模型。儿童可以重新排列这个句子的单词，去掉其中的某个单词，或者在句子中加入新的单词。每一次这样做，儿童都应该仔细观察，句子的意思、结构有什么变化，它的内容更丰富了，还是贫乏了，并考虑怎样更好地排列句子的词序。随后，儿童们学习"写"句子：把这句子说一遍，找出其中第一个单词，把它"写"下来，即画一个略长的长方形，把句子复述第二遍，找出其中的第二个单词，以同样的方法也把它"写"下来。在句子的末尾打上句号、惊叹号或问号。孩子们逐步地养成了按图画情节编小故事并把它"写下来"的习惯，"写"自己的印象和感受。就这样，在83天的时间里，每一个"零年级学生"都"写满"了好几本练习本。当然，只有他们自己才能"读出来"上面"写"的是什么。在课上，在课间休息的时间，他们常常给我"读"他们自己的"作文"。其结果就造成了这样的情况：早在学习识字课本的期间，孩子们就已经学会了写自己的印象和感受、用书面表达自己的思想的方法。这是我的教学法体系的**第二个"秘密"**。

第三，我使儿童们养成条理分明地说话的习惯。即先考虑一下，说什么和怎样说，然后口头表述自己想说的话。为了使他们养成这样的习惯，我采取的第一个步骤是：操练他们慢慢地复述某种内容，慢慢地讲出自己的印象、感受。在这同时我还要求儿童给我叙述我所不知道的事情。例如，某个孩子昨天看了一部新电影，我还未看过，我就很感兴趣地要他把这部电影的内容告诉我，他也很想与我交谈他的感受。又如，我不知道，某个孩子是怎样度过星期天的，就要他谈一谈，他也很想把自己与爸爸一起玩的印象告诉我。这样，就开始了我们之间的"事务上的谈话"。但是他应该慢慢地、有条不紊地、清楚地叙述，不重复不必要重复的单词和句子。在给我或向全班同学叙述某件事的时候，甚至也可以让他手中拿一把拼字板，一面叙述，一面把这些拼字板投入到一个彩色的拼字板盒子里去。这种交流、报告点什么的渴望是那样强烈，以至它足以帮助儿童克服在事先考虑叙述的内容时所碰到的困难。

所有这一切之所以需要，也是为了培养儿童的下述能力：不急于含糊其辞、不加修饰地说出一大堆杂乱无章的印象，而是先作一番思考，然后再叙述，使叙述具有鲜明的思想和修辞造句的色彩。例如，一个儿童动人情感地、有表情地一口气说出了一件诙谐的小掌故："我同爸爸一起到那个地方去，这是怎么一回事呢，说起来真令人可笑——哈哈……哈……哈，我扔一颗糖果——就这么啪的一响，正好丢在一只猴子的头上，它就叫了起来，大家都哈哈大笑，在那里还有一个男孩子，他的妈妈在他的身上轻轻地拍了几下，因为它……它……猴子要咬人"。我要求他借助拼字板慢慢地、深思熟虑地说。下面就是他按照我的要求所作的叙述："星期六我同爸爸一起到动物园去。在那儿有一只猴子，看上去非常令人可笑。它叫奇塔。它四脚朝天地在荡秋千，突然一下子掉了下来，正好掉在另一只猴子的头上。这只猴子非常害怕，尖声地叫了起来。这多么令人可笑！大家都哈哈大笑起来。我丢给它们一颗糖果。有一个男孩子想走近铁笼子，给猴子吃饼干。这男孩子的妈妈吓坏了，赶忙把他从栅栏处拉开了。她担心，猴子会把男孩子咬伤。"

可见，如果把儿童的口语通过书面语的"过滤器"加以提炼，他们的口语将会变成什么样的。我从自己的实践中得出了这样一个结论：在发展口语的过程中要注意发展儿童书面叙述自己的印象和思想的能力；在这同时，也要按照书面语的某些规则发展口语。我认为，用这样的方法可以达到一箭双雕的目的：一方面，奠定书面语的基础；另一方面，促进口语更迅速发展。这是我的教学法体系的**第三个"秘密"**。

第四，关于书写技巧。我认为这里的主要任务是不要把培养儿童的书写技能的过程同培养他们的书面语的能力割裂开来。为了解决这一任务，我给我的6岁学生们编制了附有练习和书写范例的专门的作业本。我并不要求儿童做描画字母笔画的练习来训练书写。我认为较好的办法是练习格鲁吉亚文书法中所固有的那些主要的字形笔画，在练习这些笔画的过程中学会字母的书写。这样，儿童们在日后就能毫无困难地书写任何一个字母。在作业本中我给儿童们开列了各种各样的独立完成的作业：按照图写出单词和句子、猜字谜、句子填空、用所给的字母尽可能组成更多的单词，等等。这样，在完成各种各样的书面作业的过程中，我的6岁学生就获得了书写的技巧。这是我的教学法体系的**第四个"秘密"**。

Л. С. 维果茨基[①]的下述理论原则是所有这些秘密的基础：书面语——这是"言语的代数学"，它具有自己的特殊的心理学规律，不能把它的结构简化为口语的结构。这一立论推翻了一条老生常谈的心理学原则："口语 + 书写技巧 = 书面语"。我认为，这一错误的观点就是传统的小学书写教学法的灾难之

---

① 维果茨基（Лев Семёнович Выготский, 1905—1934）——苏联著名心理学家。著有高级心理机能的发展、思维和语言以及艺术心理学等方面的著作。维果茨基在关于儿童发展问题的研究中，对儿童个性发展、高级心理机能的发展都有新的提法，创立了他的社会文化历史说。按照他的观点，心理发展有两种截然不同的过程：一种是受生物进化规律制约的、自然的发展过程，动物的心理发展就是如此。另一种是人类所特有的文化历史过程，即心理的"人化"过程。这种发展过程不同于自然发展过程，是不受生物进化发展规律所制约的。他把这一过程称做"文化历史发展过程"。其依据的基本原理是：人的心理是在人的活动中，在人际交往过程中发展起来的。人的各种高级生理机能的发展都是这些活动与交往不断内化的结果。因此，维果茨基认为，人的个性是在活动与人际交往的基础上形成的。在研究教学与发展的关系问题上，维果茨基创立了关于儿童发展的两个发展区的理论（现有发展区和最近发展区），提出了"教育学应当面向儿童发展的明天"的论断。维果茨基关于个性形成的基础、两个发展区的理论成了50年代末在苏联发展起来的发展性教学的心理学基础，也是阿莫纳什维利教育实验的心理学基础。——译者注

所在。按照这种观点，如果儿童的书面语没有获得应有的发展，那么，就应该归罪于如此限制了儿童天赋的造物主。但是，造物主以它的本来面目在造就着儿童。既然它本是无限的和万能的，怎么能如此地限制儿童的书面语的天赋呢？唷，归罪于造物主，这是多么的笨拙！

其所以笨拙，是因为我的"零年级学生"已经在把他们自己的作文交给我了。在很多人的作文上还画着插图：蝴蝶、鲜花、飞机、房子、各种人物。我立即读他们的作文，作文里没有任何臆造出来的东西，全都是他们生活的真实写照。我感到万分喜悦：孩子们能够描述自己的印象、情感和感受。我在完成识字课本教学的这一阶段的目的达到了。要是现在有人也请我写一篇作文，题目是："使我高兴的是什么？"我就这样写："我对我的 6 岁学生的才能感到无比地高兴，我对奇迹的出现感到无比地高兴！"并且还要拿儿童们的 37 份意想不到的佳作来证明。

6 岁儿童的快乐和悲伤

但是，这奇迹也给我带来了悲伤。我当然知道，并非每一个孩子的内心都是很舒坦的，不少孩子都是心有千秋结，备受种种苦恼的折磨，我应当预料到他们会写到这一点。对此，他们不可能守口如瓶！你，我的亲爱的"拉沙"，你，我的亲爱的"玛克瓦拉"，难道这悲伤真的降临到了你们的头上么？

"我爱鲜花、小鸟和我的洋娃娃玛莎。玛莎是个聪明的女孩子。她学习很好，听我的话。我们俩一起睡觉，我还常给她讲故事呢。不久，妈妈要重新嫁人了，这使我很伤心。妈妈说，她要把我送到寄宿学校去。妈妈说那里好。但我要留在妈妈身边。每天夜里，当妈妈睡着的时候，我常常醒来自个儿哭泣。"

去把这女孩子的作文给她妈妈看，行吗？当然不行！我认识她，她是一个任性的女人。她的外表很美，但这丝毫也掩盖不了她内心的粗暴和冷酷。如果让她读到自己女儿心中的隐痛，也许她会因女儿泄露了家丑而给予报复。去同她谈一谈，行吗？行，一定要找她谈一谈！劝说她打消送女儿上寄宿学校的念头，我能做到吗？我将对她说，置自己的孩子的快乐和幸福于不顾，是不能得到自己个人的幸福的。如果因此而使一个 6 岁的女孩感到失去母亲的痛苦，这将是什么样的幸福？！也许我还可以说，一个男人，如果他抛弃尚未体验到他的为父之爱和关怀的儿童，就不配得到一个女人的爱，是这样吗？你，我的亲爱的女孩子，我能不能挽救你的柔弱的心灵，免遭你自己母爱的伤害呢？

"我还说不清楚，使我高兴的事是什么？当妈妈带我去散步的时候，我就感到很高兴。她是个新闻记者，常常给我讲很多有趣的事情。但妈妈有时会哭起来，这使我很伤心。爸爸常与妈妈吵架，爸爸说，他们应该离婚。爸爸像从前一样仍不同我好。我不知道，今后会怎么样。妈妈说，我们将离开这里到别的城市去。这使我感到非常伤心。"

是啊，"拉沙"，我知道，你多么的爱你的爸爸！你为他而引以自豪。我常常听到你说："我的爸爸……我同爸爸……我爸爸说的！"咳，这样的爸爸竟然会不愿意同你好?！这样的爸爸竟然会关心自己的感情比关心你的脆弱易碎的心更重?！十足的利己主义！他竟会既凌辱你的妈妈，也不顾惜你的自尊感和你对你妈妈的眷恋?！我的孩子，我一定要把你的这一发自心灵深处的呐喊告诉你的爸爸。但我也要建议你向你的爸爸提出一连串的问题："为父之道是什么？你能不能设身处地地替我想一想？你对失去我这个最亲近、最亲爱的朋友感到怎么样？这样的父亲在我的心目中是个什么样的人？"但你能否向你的爸爸提出这样的问题呢？

为什么儿童们压根儿就不能向大人提出种种揭穿他们对自己孩子的轻率、无理和漠不关心态度的问题呢？我的同事们，如果在课结束的时候，突然有一个一丁点儿大的调皮鬼——你的一个6岁学生——站起来，以十分严厉而又认真的口吻责问你："为什么您这样草率地备课就来上课？为什么您老是给我们上这样枯燥的课？为什么您不能把整个心灵和爱放在我们的教育上？这样的状况您准备还要延续多久？"在这样的情况下，你们将对他说些什么呢？你们也许会说："你怎么敢这样地同我说话！"——还会大发雷霆起来？要是真的这样，那就是愚蠢，也是不公正的。最好是你们因感到羞耻而垂下了头，脸红得无地自容，并以犯有过错的心情对他说："下次我再也不这样了！请看我今后的行动！"

亲爱的家长们，假如这个调皮鬼就是你们的孩子，假如他感觉到了你们之间的分歧已不可调和，突然对你们说："亲爱的爸爸和妈妈！不是我要死乞白赖地缠住你们！既然你们生下了我，我就有权利得到母亲的抚爱和父亲的关怀，有权利得到家庭生活的快乐！我全心全意地依恋你们！请怜悯怜悯我的权利和我的感情吧！"——在这样的情况下，也许你们会对他说："不该管的事，你别管。我们怎样安排自己的私生活，不干你的事！"如果是这样，你们就践踏了儿童的这一最神圣的权利——成为一个幸福的和快乐的人的权利。也许不是这样，爸爸会脸红起来，妈妈会哭起来，两人一起向儿子认错："是呀，我们对不起你！让我们好好地想一想，今后我们该怎样生活，我们一定不忘记你的权利和感情！"

然而，尊敬的老师们，请你们不用害怕，尊敬的爸爸和妈妈们，请你们也不用害怕！你们根本不会碰到这种十分尴尬的场面。因为虽说你们的孩子完全有权向你们提出这样的问题，但是他们怎么也不会想到这么做的。假如他们能够严格地要求我们履行教育义务，我深信，我们生活中的很多社会问题也就迎刃而解了。如果今天的小孩子在将来会成为一些无赖汉、不学无术的人，这完全在于我们大人现在对他们的糟糕透顶的教育，不在于儿童们没有能力及时"开导"大人们——不负责任的教育者、妈妈们和爸爸们。儿童们责成我们代替他们提出这些决定他们命运的问题，让我们扪心自问吧！……

下课铃快响了。"零年级学生们"纷纷把彩色的作文纸放到我的讲台上来。

明天是我的生日，我很高兴。我们班一些男生的不良行为使我很伤心。昨天他们又吵架了，在走廊里互相殴打。难道可以这样做么？（伊娅）

*　　*　　*

当允许我到院子里与孩子们一起玩时，我很高兴。我有很多同院的好朋友。我们的院子很大。但是妈妈很少让我出去玩。五分钟一过，她就要我回家。不用说，这该有多伤心！（佐里科）

*　　*　　*

今天我们有一个庆祝大会。将要举行演出。还有客人来参加。这个庆祝会使我很高兴。我也高兴过新年。我已经得到了一棵自己心爱的银色的新年小松树。我要把它装扮起来。我有很多新年松树玩具。我感到伤心的是什么？什么也没有。我很快乐。（马格达）

*　　*　　*

今天的庆祝会使我很高兴。我已经学会了全部字母，还会读。我还有一件高兴的事，不久我就要到农村去，到我的祖父和祖母那里去过假期。我不知道，我感到伤心的是什么。我们的一位邻居的去世使我很伤心。吉维叔叔喜欢同我一起玩，他是一个非常善良的快乐的人。（达托）

*　　*　　*

爸爸出差回来了，这使我很高兴。他随一个儿童乐队到法国去了。他给我、妈妈、祖母和外祖母都带来了礼物。在我们家里喜气洋洋。我学会了读，这也使我很高兴。祖母生病使我很伤心。（戈恰）

* * *

先说说使我高兴的事。每天送我上学的时候,我很高兴。我喜欢上课,喜欢我的同学和我的老师。当我与他们见面的时候,我就感到很高兴。当我生病、不能上学的时候,我感到非常伤心。天下雨的时候,我也很伤心。我不喜欢下雨天。因为下雨天不能在院子里玩。(塔姆里柯)

* * *

捷恩戈送给我一枚漂亮的纪念章,非常非常漂亮。捷恩戈使我很高兴。妈妈也使我很高兴。她答应在星期六带我去游玩。我们将一起乘缆索铁道火车。昨天爸爸回家很晚,我已经睡了。他使我很伤心。他曾答应早一点回家,修好我的自行车。(瓦赫坦)

这一篇篇的作文引起了我多少的激奋和焦虑!……

下课铃在响着。

"孩子们,排成两列纵队!我们一起散步去!"

可是在那儿发生了什么事?有一群孩子围着捷娅(她坐在坐位上,因此看不到她),在看些什么,辩论着什么。为了看清楚那是怎么一回事,后排的孩子都踮起了脚跟。有几个男孩子推开女孩子,挤到了捷娅跟前。

"萨沙,你去问一下,这是怎么一回事!"

"不用问,我知道!"萨沙说。"捷娅在数自己的头发!"

"什么?!"

"昨天她也数过自己的头发!"

我招呼捷娅到我跟前来。她在孩子们的簇拥下走了过来。

"捷娅,你在做什么?"

"我要把自己的头发数出来!我已经数了这么多啦!"

她指给我看她的一束用绦带扎起来的长发:

"这里有 200 根头发!"

可是孩子们还在辩论,捷娅的头上究竟有多少根头发:500 根、1000 根、100 万根、1 万亿根……这是男孩子们的预测。

"你做得好,你在数自己的头发。知道你头上长着多少根头发,这很有趣。现在我们一起到公园里去。到那儿去继续数吧!"

我和我的孩子们难道不就生活在一个奇迹般的世界里吗?

为家长们举行的歌舞会

> 公告！公告！公告！
> 今天我们庆祝识字课本的节日。
> 将举行松树游玩会。
> 欢迎全校师生光临！
> 开始时间：

这是孩子们用硬纸板做成的公告。我们把它挂在教学楼的入口处，让人人都能看到。

> 识字课本节！
>
> 诗歌、谜语和谚语。
> 歌舞表演。
> 敲打乐器演奏。
> 新年松树游玩会。
> 给家长们的秘密。
> 这就是我们的庆祝会节目！
> 表演者：全班儿童。

这是我们的演出海报。我们把它张贴在走廊里的墙上。在旁边还贴着用大幅纸张剪成的全部字母（这是孩子们在劳动课和延长学日的时间里做成的）。教室里的课桌椅被移向了靠墙的地方。客人们将在此入坐。

我们用各种精巧玲珑的玩物把松树装扮得美丽非凡。那些五光十色的装饰品——精巧的玩物，用花、叶编成的花瓣——几乎全是孩子们亲手做成的。我们把松树安放在教室的中央，黑板前是我们的乐队的乐池。

一切都准备就绪了。

现在惟一的一件事就是等候瓦列里叔叔到来，这时已是他该到的时候了。在余下的40分钟时间里，他应当同孩子们排练一下乐曲。

"为什么瓦列里叔叔还不来呢？现在几点钟啦？"列拉激动不安地说。

"我看，他不会迟到！这就是表，你自己瞧！"我一面说，一面把自己的怀表递给她看。她若有所思地看着表。

"我怎么也学不会认识钟点！不知道该怎么办！当我将来自己有了孩子的时候，如果他问我：'几点钟？'我却答不上来，岂不要羞死啦！"

"怎么会这样？我还没有教你们认识钟点呢！"

瓦列里叔叔来了。孩子们喧喧嚷嚷地围住了他。

"你们等急了，以为我不来了吗？那我们现在就各就各位排列起来吧！"

孩子们迅速地呈半圆形排列成两列。前排的孩子分别坐到一张张小椅子上，在小椅子前面的小桌上放着木琴、鼓等乐器。其余孩子的手中拿着响板、三角铁、木制勺形响板。

"我们开始演奏什么？"瓦列里叔叔问。

"客人们进来的时候，我们用华尔兹舞曲迎接他们！……"

"全体注意，预备……开始！……"

欢快的乐曲声响了起来。这时在靠近我们教室的走廊里已聚集了一大群客人：孩子们的父母、祖父、祖母，学校的老师和少先队员。在乐队演奏的华尔兹舞曲声中，客人们一一步入教室，在靠墙边的坐位上入坐。但客人多极了，坐位不够，因此有的客人不得不在教室里站着，甚至站到了走廊里。为了让所有的人都能听到、看到教室里的演出，我们让教室前后的门都敞开着。

"我们亲爱的爸爸和妈妈们，祖父和祖母们！亲爱的来宾们！请允许我们向你们报喜！今天我们已经学完了识字课本，我们已经会读书啦！"纳托从队列里往前跨了一步，以庄重的语气说了这几句话。全场热烈鼓掌。

列里和萨沙朗诵了诗歌。

迪托、罗西柯、格奥尔吉、伊娅、拉里、瓦赫坦、埃卡、叶莲娜依次让来宾们猜谜语，但是由于他们不了解来宾中谁能猜出来，所以都自己猜了。

接着，孩子们在乐队的伴奏下，唱起了一首愉快的歌。

维克多、尼诺、佐里科、尼卡、伊拉克利、迈娅、玛里卡、捷恩戈一个接着一个地朗诵了谚语、俗语和格言。

伊利科讲了一个懒惰的农夫的故事。

乐队又演奏起来。塔姆里柯、戈恰、捷娅、达托、邦多表演了舞蹈。

吉亚、柯蒂、捷卡、沃瓦、马格达、埃拉、吉哈、桑德罗和尼娅表演了滑稽戏，朗诵了幽默作品。

"下一个节目——我们的秘密！亲爱的家长们，现在我们给你们赠送礼物！这些装着我们的作业的纸袋是特意为你们准备的。要知道我们的字写得怎么样吗？要知道我们能做怎样复杂的习题吗？要知道我们的图画画得怎样吗？全在这些纸袋里！"这是捷娅在说，而最后一句话是孩子们齐声说的。来宾们热烈鼓掌。

孩子们纷纷把加以美化的纸袋交给自己的父母，在纸袋封面上写着："献给亲爱的妈妈和爸爸"。

"孩子们，祝你们假期快乐！"我对全体孩子说。

每一个孩子都走到我跟前来，亲我的脸，向我告别。

我看到妈妈和爸爸们都露出了满意的笑容。当他们带着自己的已经学会了读和写、成熟了一些的孩子从教室离去的时候，个个都是恋恋不舍的。

不仅仅是委屈

有人跟我谈起了自己的孩子。"好耍威风的妈妈"怎么也不满意："为什么我的孩子只表演一次，您为什么不让他演奏木琴，却叫他敲勺形响板？"在这连珠炮般的责问声中，我听到了一个女孩子的哭声，这是"玛克瓦拉"在哭。

"到我这边来，我的孩子。你为什么哭起来啦？"

妈妈没有来参加庆祝会，这就是她哭的原因。她答应了的，结果却没有来参加。也正因为这样，"玛克瓦拉"没有参加跳圆圈舞：内心的痛苦使她不能跳得比别人高，笑得比别人欢。她紧紧地依偎着我，不停地哭着。正在这当儿，她的妈妈赶到了。可是，女孩子并没有立即从我身边离开，并没有立即扑向她的妈妈。

"老师，再见！"她擦了擦自己的眼泪，平静地对我说，接着就转身向室外走去。她的礼物——给妈妈的秘密——还在她的课桌上放着，不知是她把它给忘了，还是故意丢下的。

"你怎么啦，我的好女儿?!"她妈妈说，并竭力向我和在场的家长们显示她对女儿的关怀和富有同情心。

但是女孩子不吭声。也许，现在她已经觉得，妈妈嫁不嫁人，对她来说全都一样；也许，她现在就想到某个离妈妈远一点的地方去，上寄宿学校去？

"我请您要多注意注意我的儿子！""好耍威风的妈妈"仍缠住我不放。

可是我没有听她那没完没了的唠叨。其所以不听，是因为在识字课本庆祝活动过后，我有更重要的操心事要做。我发现，在那边的走廊里站着"拉沙"。看样子，他也在等候家长前来接他回家。

他的家长谁都没有前来参加庆祝会。"拉沙"站在窗前，凄凉而又伤心。现在他看上去不像一个孩子，而是充满着成人的忧虑。他在想些什么呢？"爸爸再也不会像从前那样待我好了！"

有一个男人走了过来："我来接你！你的父母让我来接你回家！"

"这是我叔叔！"男孩子解释说，接着就走了。他忘记了向我告别，也忘记了放在窗台上的那个装满秘密的纸袋。

我知道他这个纸袋里放着的东西。其中有：他的书法范例；他独立编写的算术题，不是用十以内的而是用一百、一千、一百万以内的数编成的；几幅几何图形，不仅有三角形、正方形，而且还有立体图形——立方体、锥体；还有几幅图画和贴花。其中有一幅图画是一幅人体结构图，"拉沙"还在每一个内脏器官的旁边写上了它的名称。最近几天，在课间休息时间里他一直在教室里埋头准备自己的一纸袋秘密。他从家里带来了纸、胶水、泡沫塑料吸水笔、剪刀，他精心地编写了算术题，绘了图画、剪了贴花……几天前"拉沙"还曾送给我他画的一幅人体结构图。

"我知道，"他对我说，"胃有什么用处！食物怎样进到胃里，怎样在里面消化……我全知道！"

"这是你自己画的吗？"

"是的。"

"这是什么？"

"这是胃！"

"这个呢？"

"这是心脏……这是肾脏……食物是从这里下去的……"

"这些知识你是从哪儿学来的？"

"祖母教给的，她是个生物学家。"

"非常有趣的图画！"

"您拿着吧……这是我专门给你画的！"

"谢谢！"

这就是"拉沙"留在窗台上的一纸袋"给家长的秘密"。也许他的秘密再也无人理睬了，他的精神和心灵的礼物再也无人收受了。

人们的同情和关怀可以帮助一个人忍受不幸和悲伤，使他不垂头丧气，重新振作起来。但是对一个儿童来说，怎能忍受得了由于父母对他的残忍和家庭幸福的破灭而遭受的不幸和悲伤呢？怎样的教育学才能帮助我去减轻他的不幸和悲伤？也许是爱抚和爱的教育学，是加强对他的关怀和同情的教育学？或许是冷酷的和苛刻的教育学？或者，在这里需要的是另一种与众不同的、特殊的教育学？

我认为，要找到产生所谓的"难教育儿童"的根源一点也不复杂。是我们大人自己在把他们变成"难教育儿童"。然而，究竟怎样去帮助一个遭到不幸和悲伤的儿童呢？这种不幸和悲伤足以摧毁他的精神，使他的心灵变成冷酷的、残忍的。像我的千千万万同事一样，我得花大力气去探索，去创造能够医治我的孩子们精神上和心灵上的创伤的教育学。但我能做到这一点吗？

第五章　一个学日的总谱

（第 122 天）

音乐和教育学

每天早晨，当我上学校去的时候，总要随身带一份新的学日的总谱。这是我在昨晚谱写成的。我已经养成了这样的习惯：每天晚上，我都要先分析一下已过去的一个学日的情况，然后设计我的小学生们下一个学日的全部活动，我的全部教育旋律及其变曲。每一个学日好比是一部交响乐，而这交响乐的主旋律，在我听来，就是孩子们的叽叽喳喳声。我在想像中演奏着我与他们在一天中交往的全部内容的乐曲，描绘着他们在学校生活的一幕幕情景。

在创作这一交响乐的过程中，在把它的总谱谱写下来的时候，我总有一种犹如身临其境般逼真的感觉，这种感觉是那样地强烈，致使我往往把这学日的实际情况看做是自己过去的学生生活经验的复现，因此，我工作起来也就更加信心百倍了。我又把这学日的实际情形看做是使我的教育意图具体化的过程，因此，跟孩子们在一起，我始终是快乐的、精力充沛的、有鼓舞力的。我还把它看做是一个使人的心灵升华的过程，因此，我满怀着对儿童的责任感。

在设计好了下一个学日的计划之后，我要洞察孩子们的成长过程、他们在掌握知识和养成遵守道德准则的习惯方面的进展过程。我还要通过明天一天的活动来检验我的教育学，革新我的教育学，从而也改造我自己。我走向自己班级的孩子们中间时，不是一个从昨天来的人，而是一个来自未来的人。我经常思考的就是这样一个问题：教师应该是未来一代人的榜样。我认为：

一个真正的当代教师——不是一个把自己的学生推向他本人已经告别的过去中的人，而是一个从未来"跨越"过来的人，以便激励他们，率领他们奔向未来，教育他们树立远大的理想。

为什么我要把日常的教学和教育工作计划称做**总谱**呢？莫非是因为我特别喜欢这一个音乐术语吗？

是的，我很喜欢这个术语及其含义：它指的是为乐队、合唱团、演奏团谱写的音乐作品的乐谱或声部的全部记录。在我的设想中，每天对儿童进行教学和教育的一切必要的和可能发生的过程的全部文字记载，就是一个学日的总谱。我还设想了按照这一总谱"演奏"教学和教育过程的艺术和技巧，并且要"演奏"得完美到同样能够用音乐的术语来表述的地步。

现在，我对我自己在很久以前按照十分死板的模式编写授课计划的做法感到吃惊，当时我的授课计划不外是检查提问、讲解新课、巩固新课、布置家庭作业这几个环节。我还给这每一个环节都配上了几个问题和练习。但是，总的说来，当时我认为，这里面没有什么复杂的名堂：难道我不能直接在课上根据可能发生的情况随机应变地想出一些补充的问题和练习吗？说老实话，当时我甚至反对这种公式化的授课计划："干吗需要它？这是形式主义！有哪一个教师不备课就不能给小学生上课呢？"

这是我在儿童、整个学校生活尚未教会我懂得在教育过程中无易事的道理之前的想法。儿童是我的老师，是我的教育者！多年来，他们一直在教导我要有耐心，教育儿童的工作是非常复杂的事。因此，我懂得了：为了使我能够较容易地教育他们，为了使他们在每一个学日都能得到快乐，为了使我作出的努力能够获得加倍的成果，我必须预见明天，把这一个学日的教学和教育过程设计得更加精确，更具有明确的目的。

但光有一个学日的总谱是不够的：演奏教育旋律的艺术同样也是重要的，对此也应该事先加以考虑和认真思考，因为演奏的质量原来是以激起儿童对知识、对认识活动和对自己的老师的正确态度为转移的。这里的问题不仅仅是知识本身的问题，无论知识是多么有趣和多么重要，这远不是问题的一切，问题还在于把知识教给儿童的艺术。这里的问题也不仅仅是要有热爱儿童的教师，而且还在于教师要掌握体现这种爱的艺术！这才是孩子们所需要的！应该思考教育和教学过程的艺术！但是，直接在课堂上思考教育的艺术，就如同扮演主角的演员直接在舞台上对着观众思考他的表演艺术一样，那是一件荒唐事。一个学日的总谱，不单单是这一天的工作计划，我还倾注了自己的全部心血：怎样关怀儿童，怎样使他们得到快乐，我该怎样度过自己的教育生涯。

音乐和教育！音乐和教学！

也许有人会问："音乐在这里有什么名堂？"

我发现，音乐理论能够以洁净、晶莹的仁爱和快乐的甘泉丰富教育的理论和实践。为什么不能把学校生活设想成师生之间无休止的角逐和斗争,以便去开导后者,而要设想成雄伟壮丽的音乐乐曲,以便去塑造儿童的纯洁的心灵和富有同情感的心肠?这音乐的极大部分曲调都是快乐的,有时也有一点儿忧郁的曲调,没有和谐的曲调是不行的,但是,这音乐的曲调不应该是强迫命令的、强制服从的、神经过敏的、怒气冲冲的、粗暴无礼的。音乐不需要这种演奏的方法,教育的旋律也不应该用这种方法来演奏。

音乐——这是人的心灵华美和仁爱的基础之一。一个教师,当他带着这学日的总谱,来到儿童们中间,手持教育的魔棍,站在学日指挥者的乐谱架前,在儿童们的叽叽喳喳声中听到这一总谱的乐曲时,他们不能不因选择了教师职业而感到无比的幸福。

一个教师,如果怀着凶狠的心肠,最好别走进学校里去,以免摧残儿童的心灵;如果没有明确的教育目的和意图,最好别走进学校里去,以免把使儿童莫名其妙和不知所措的仓促安排的教育强加给他们;如果没有摆脱昨天的束缚,没有经过自我更新,最好别走进学校里去,以免给儿童带来烦闷和单调;如果不相信教育学,最好别走到儿童们中间去,以免使他们丧失对自己和对自己的老师的信心。其所以这样,是因为教师站在每一个儿童的个性发展的源头上,并正在用自己的双手和自己的活动为他们的未来奠定基础。没有灵感,没有信心,没有忠诚,是不能为他们的未来奠定基础的。

我认为,与其写每堂课的授课计划,不如谱写整个学日的总谱。不言而喻,课是学日的基础。但是儿童们来到学校不仅仅是为了上课,这不也是明白无疑的吗?他们来到学校,既是为了上一堂堂交替进行的课,也是为了获知各种各样的新情况、新事物,为了与同学和教师互相交往,总之,为了在学校里致力于有趣的和共同的事情。儿童不仅在课上接受教育,而且也通过整个学校生活的气氛、学校的整个交往和活动的体系接受教育。

课的情感色彩和儿童在课上的认识渴望的强弱,取决于儿童在整个学日中的生活组织得是否完美。

当我还是一个青年教师的时候,我曾理直气壮地带着通常的授课计划走进教室,并且自认为有了它,我就能万无一失地上课,如果发生什么问题,视具体情况再加考虑,而现在,在积累了多年的经验之后,我却忽然大谈起什么学日的总谱来啦,岂不有点儿不合常情吗?未必是这样。我个人并不认为在这里有什么不合常情的地方。确实,我担心在与自己的小学生见面时,没有事先考虑我们应该怎样更好地、更聪慧地生活!我担心盲目地对他们进行教育和教学！我担心不能完全彻底地为他们而献身，不能在与他们的交往中献出自己的全部知识和经验！此外，当时我还不完全懂得，我在谱写雄伟壮丽的、无与伦比的教育的乐曲，它要求我——乐曲的作者和指挥者——具有高超的职业艺术、优美的技术、个人的风格，当然，还要具有仁爱的心肠。

教育"交响乐"的主旋律

第122个学日。我打算从哪里入手呢？

今天我给孩子们准备了下述功课：

① **数学**

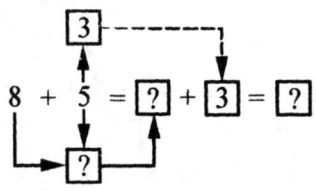

数学课。掌握10以内数的加法和减法。

② **格鲁吉亚语《乌龟和蝎子》**

苏尔汉·萨巴·奥尔别利安尼

语文课。学习苏尔汉·萨巴·奥尔别利安尼①的寓言：《乌龟和蝎子》。

③ **劳动**

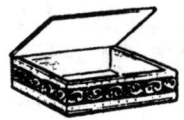

在劳动课上孩子们学会自己用硬纸板制作小匣子。

④ **艺术**

《春天》

△ = ？

建议孩子们以《春天快来了！》为题画一幅图画，听 G. 拉赫曼尼诺夫的短曲《春回大地！》、Л. 阿萨季阿尼的诗歌《春天》的录音。

这是一个智力测验题：在该图形中有几个三角形。

---

① 奥尔别利安尼（Сулхан Саба Орбелиани，1658—1725）——格鲁吉亚作家、学者，政治活动家。格鲁吉亚诗歌的改革者。——译者注

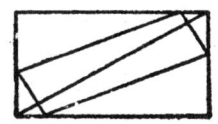

"我鄙视那朝三暮四的变节者"。——鲁斯塔韦利①

Ма ・ м
・ кмябрь
・ екабрь
・ юнь
・ оябрь
・ прель

这句格言可在语文课上讨论寓言时运用。

这一字谜的谜底是"Родина"（祖国）。

译者附注：上述俄文词自上而下分别为"三月"、"十月"、"十二月"、"六月"、"十一月"、"四月"，用"・"表示空缺的几个字母自上而下正好组成俄文词"祖国"。

很多孩子都喜欢读大数目的数字。他们可以互教互学（还可以辩论），怎样把它们读出来。

我把所有上述课题分别画写于走廊里的黑板上，如下页图中所示：

我的大多数 6 岁学生每天均在上课前 10—15 分钟就来到了学校，有的提早 20—30 分钟。他们很喜欢停留在走廊里的黑板前，解答习题，热烈地讨论这些习题，甚至在课间休息的时候还会再一次聚集到这儿来。这仿佛是行将到来的认识活动的前奏曲。

课——是一个学日的总谱中的主要部分，像交响乐一样，课也有主题和主题的展开——课的课题和解答各种问题。怎样的课题？怎样的问题？从前，我在编写授课计划时，可根据教学大纲的内容写下这些课题："课题——10 以内

---

① 鲁斯塔韦利（Шота Руставели）——12 世纪格鲁吉亚诗人。作品有世界著名史诗之一《虎皮武士》（又名《豹皮武士》），是近代格鲁吉亚标准语的奠基人。——译者注

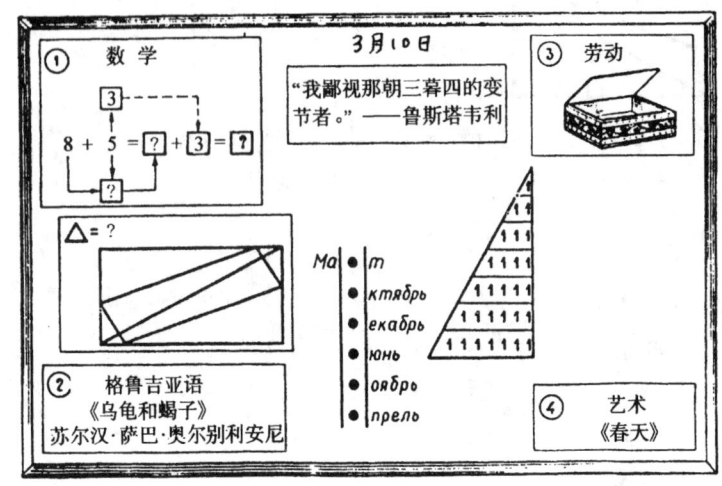

数的加法和减法"、"课题——乌龟和蝎子",等等。借助这些课题,一方面,我指引儿童把注意力集中到掌握教材上;另一方面,又千方百计地制止他们做与课题无关的事,说与课题无关的话。难道谈论儿童生活中的新鲜事,谈论在昨天他们感兴趣的问题,这能与加法和减法的课题有什么关系吗?我干吗需要知道,某个儿童昨天晚上睡得怎么样,他看了什么电视,他知道了什么新闻,他家谁病了?

当时我认为,所有这一切全是多余的,它们与课毫不相干,因此,我竭力不让偏离课题,不在这种在我看来所谓的"小事"上徒费时光。我竭力要使儿童把自己生活中种种快乐的和悲伤的事,种种新的印象都丢在校门外的某个角落里,然后再走进校门,跨进教室,在教室里专心听我所教的功课。如果发现某个孩子心不在焉、思想开小差,我可能会对他说:"你想哪儿去啦?!"如果发现某个学生从自己的书包里取出一个锡制的士兵玩偶,并着手玩弄起来,我可能会指责他:"这是什么东西?你到课堂里干什么来着?!"我很可能会从他手中一把夺下这个玩偶,并命令他回家时告诉自己的家长:明天得来学校一次。我可能会毫不客气地对这个学生的家长说:"您干吗不瞧瞧,您的孩子往书包里塞了些什么东西?他在课堂上思想开小差!"

是的,从前我很可能会这样做,因为当时我认为:课是神圣不可侵犯的,是使儿童抛弃日常生活中形形色色的引诱的最好形式。儿童进教室来了,学习就是一切!就得迫使他学习!任何其他事情概不允许!但在现在,过了多年以后的今天,我已不这样做了。我改变了,我和我的教学法都已从根本上改变了。

感谢你们，亲爱的孩子们！我在小学里教育你们已有多年，你们每一代人都给我留下了自己的赠言和忠告！在 4 年中，我顺利地教会了你们每一个人读、写、算，用知识武装了你们，对你们的进步和成长之快，我自己感到非常吃惊！然而，与使你们掌握知识相比，改造我自己要复杂和困难得多。是的，我们——教师们，是这样的一种人：一旦我们习惯于怎样工作，一旦我们的工作方法在实践中一次证明有效，我们就会认为自己是扪心无愧的，是精通了教育和教学的科学原理的人，并以"自己的方法"、"自己的原则"、"自己的教育学"自我陶醉起来！我们教师们是多么天真啊！难道可以认为，一个教师，囿于自己有限的实践，却能在某时某刻发现对像你们这样的儿童进行教育和教学的万能的方法吗？而你们——才是永远地、一秒钟也不停滞的生活本身！

既然生活是如此不可抑制地在滚滚向前，既然它是如此迅速地在改变周围的一切，既然你们是如此日新月异地在改变自己的面貌，以你们的才能和潜力而使我们感到惊叹不已，那么，我们当教师的有什么权利在芸芸众生中永远停留在奥林普斯山①的山麓上，既无进展也不变动呢？恰恰相反，我们应该一刻不停地奔向明天，奔向后天，体现出你们明天生活的精神，要像你们——儿童更新自己一样地更新自己，并以这样的面貌来到学校与你们见面！但是，如果我们——教师们，有时实在难以转变过来，难以摆脱陈腐的死板公式的束缚，那怎么办！莫非我们要在远离热火朝天的和飞速前进的生活之外的某个地方寻找一个安乐窝吗？有一个问题始终在搅扰着我，这就是布隆斯基②向我们大家提出的："要留神，是不是你自己常常充当了革新学校的主要挡路人！"③ 不，不能是这样！决不容许肩负着创造生活的使命的教师延缓生活的进程——哪怕这并非出于他的本意，哪怕他不懂得这一点，哪怕出于他的善心和具有教育的信念——决不容许他延缓儿童的前进运动。因此，不能让教师把自己的经验——哪怕是 20 年、40 年的经验——看做是完美无缺的东西，不需要在与儿童每一次见面之前重新加以思考。如果这种情况还是发生了，有人停留在原有经验的基础上毫无进展，孩子们，你们就要坚定不移地帮助他们对你们刮目相看！就我个人而言，在过去很长一段时间里，我在对你们的教学和教育工作中，在培养你们成长起来的过程中，一直把你们视为与我的善良意图作对的

---

① 奥林普斯山——希腊神话中众神居住的地方。——译者注

② 布隆斯基（П. П. Блонский，1884—1941）——苏联教育家，曾编著苏联第一部《教育学》，也是苏联第一批小学教科书的编者之一，著有《劳动学校》等著作。20 年代被西方教育界称为"苏维埃的裴斯泰洛齐"。——译者注

③ 布隆斯基：《新国民学校的任务和方法》，载《布隆斯基教育学和心理学著作选集》（二卷集），莫斯科，1979 年俄文版，第 1 卷，第 83 页。

人，只是由于在你们之前好几代儿童的不懈努力，才使我改变了对你们的看法，把你们当做我在教育你们的工作中的战友。也正因为这样，才使我终于懂得了：

如果课的教育环境能使儿童的课堂生活变得愈益生动有趣和愈益充满着激情，他们就会喜欢上课。

那么，我深入钻研的课的主题究竟是什么呢？是的，有一个主题——这就是发展着的儿童的生活和他们的成长过程。无论是今天的课，还是170个学日中的全部680堂课，决定其成败的就是这一主题。那么，我又是怎样在课上展现这一主题的呢？概要地说，在课上应该突出儿童多方面的和丰富多彩的生活中的主要之点，并加以深化。不用说，这就是儿童的个性、他们的认识兴趣和激起他们的认识（当然还有生活）渴望的活动形式，如独立探索、揭示事物的奥秘、自由讨论问题、解答难题、纠正教师的"错误"、论证自己的意见的正确性，等等。

没有儿童的勤奋、细致耐心和不屈不挠的努力工作，要使他们掌握熟练技巧和发展能力是不可能的，但是，包含在整个认识活动体系中的这种学习劳动，儿童不可能是消极被动地接受的，在这中间，使儿童感受到成功的快乐的认识活动气氛起着有力的推动作用。

所有这一切乃是我要提出的教学论原则的理论根据。

在教学理论上提出新的教学论原则岂不太冒险了吗？也许得冒点风险，下文谈到的一些论点绝不是什么新东西，但是，把它们列入教学论原则的序列里去，看来将会遭到怀疑。然而，我能用事实来证明我的决心是无罪的：在一些教育学和教学论的教科书中有4条原则，在另一些教科书里有8条原则，在还有一些教科书里多达11条原则。结论是显而易见的：在教育学上还没有一条用来确定教学论原则的原则，教育学还没有来得及关上自己的大门，以禁止别的思想"挤进"去，充当它的教学论原则，因此，我也大胆地提出了另3条原则。

使儿童的生活在课上得到继续的原则

儿童不可能把自己的生活、自己的印象、自己的感受通通丢在校门之外，怀着纯而又纯的学习愿望来到学校。但愿教师们谁都不会这样想：当他开始上课的时候，儿童立即就会抛开自己的种种感受，抛开想骑着放在露台上或草棚里的自行车闲逛的打算,抛开关于昨天发生的家庭悲剧的印象,抛开玩弄放在自己口袋里的锡制士兵玩偶的念头,完全忘记昨天晚上祖父给他讲的引人入胜的故事。这一切都是儿童生活的一部分。各种各样的事件、印象、感受,儿童可以暂时不去想它,但要把它们忘得干干净净,全神贯注于认识别的什么事物,不是一件容易的事。亲爱的同事们,我们为什么要夺去儿童手中的锡制士兵玩偶呢?是为了不让他在课上用以解闷吗?是为了使他思想更集中地专心听讲吗?无疑,这种愿望是值得称赞的,并且,我们不费什么力气就可以从儿童手中夺下这个玩偶,只需皱着眉头,严厉地说一声:"把这东西给我!"之类的话,他就会乖乖地把这个锡兵交给你。但是,我们的这种成功之举,能抹掉儿童头脑中因被夺去心爱的玩偶而感到的伤心和对这个玩偶命运的担心吗?设身处地地想一想!

也许我们不必采取这种办法。就算他口袋里放着一个锡制的士兵玩偶,就算他头脑里想着怎样骑自行车,就算他忘不了昨天祖父给他讲的故事,也行!让每一个儿童都带着自己的全部生活来到学校吧!我要请他们告诉我——他们的老师,他们每个人今天有什么使自己激动、焦急和难以忘怀的事。

在这样的气氛下,伊利科就会无所顾忌地在课上(什么课都一样)从口袋里摸出自己的锡制士兵玩偶玩弄起来。"这锡兵我非常喜欢!你只有这一个吗?家里还有吗?不,不该把它送给我!明天把你的锡兵大军全部带到学校里来,也许玩锡兵游戏是很有趣的!"伊利科将会感到很满意,明天他果真会把他的锡兵大军带到学校里来,因此,我得找出一篇关于锡兵的故事,以便讲给全班孩子听。

吉哈将告诉我,他的爸爸出差回来了,这使我很高兴,他说:"爸爸给我带回来一件礼物,但现在我还不知道究竟是什么东西,因为爸爸回来时很疲倦,顾不上马上打开箱子,可是他不愿说,这是什么礼物。'这是我的秘密!'爸爸这样说,'等你放学回家来,你就知道啦,爸爸给你带来了什么!'""你还能告诉我吗?如果这是一个玩具,你能让我们大家一起玩吗?"

埃拉将快乐地告诉我们,昨天夜里,她妈妈生了个小妹妹。她爸爸激动万分,全家人都到产院去了,家里只剩下她一人,但她已经睡熟了,所以,对所发生的事一无所知。今天早上爸爸告诉她:"你有了一个小妹妹啦!"

"她叫什么名字?"孩子们很感兴趣地问。

"我们还没有想好呢!"

"你们对埃林娜①的小妹妹有什么祝愿?"我问孩子们。

---

① 埃林娜——即埃拉。

"祝她快点长大成个大孩子!"

"祝她长得美丽和聪明!"

"善良和有同情心!"

"希望她爱自己的父母!"

"还要爱姐姐!"

"希望她成为一个听话的孩子!"

"好好学习!"

"希望她来我们班上学习!"

"埃拉!"我对闪耀着高兴和满意神色的女孩子说,"请把我们的良好祝愿转告你的小妹妹!"

埃拉微笑着。

"她还不懂得,她小着呢!……"

"那你就把我们的祝愿全记住,在她长大以后再告诉她:今天听到了她出生的消息,我们大家都非常高兴!"

佐里科将会说,昨天,他的祖父心脏病发作了,找来了医生"急救"。全家人一整夜都不曾合眼。祖父却不断地安慰大家:"别着急,很快就会好的!"佐里科还说,他很爱他的祖父。"他是一个真正的故事员。要不要在他病好以后我把他请到学校里来,让他给大家讲故事?"男孩子还补充说,今天早上祖父吻了他,可一会儿妈妈又打电话请医生"急救"。在我和我的6岁学生的脸上都露出悲伤的神色。我请佐里科向他的祖父转致我们的祝愿,祝他早日恢复健康,邀请他在康复后到学校里来给我们讲故事,我还请佐里科把我们在图画课上绘制的一套明信片作为礼物赠送给他的祖父。

伊利科将得到满足,吉哈的内心将平静下来,埃拉将感到更加幸福,佐里科焦急不安的心情将得到缓和。

如果不是在课上,不是在这儿童精神生活的源头上,就开始培养他们对人的同情心、关切感,以他人的乐为乐,以他人的忧为忧的休戚与共感,能从哪里开始呢?如果是这样,那么,就应该让这一教育交响乐的变曲在儿童的日常生活中更强烈、更有感染力地响起来,而课本身就会成为儿童的生活目的。

确立与儿童实事求是关系的原则

这是什么意思?为了阐明在课上的实事求是关系的本质,我们得向 C. T.

沙茨基[1]请教（实事求是关系这个概念，我就是从他那儿借用来的）。

"……问题在于，教师向学生的提问与一般人向人的提问有着极大的差别：教师知道他所提问题的答案，学生也完全知道教师对自己所提问题的答案，早已胸有成竹。而在我们成人之间互相提问时，我们想问对方的仅仅是自己所不知道的事情……

"无疑，在学生的头脑里已形成了一种信念，即如果教师知道答案，仍然一个劲儿地问他们，那么，他的提问仿佛就是一种教育的巧妙手段，学生努力追求的，不是回答教师所提的问题，而是猜测在教师头脑中已有的对该问题的答案。……总之，我们给自己的学生提出的所有问题造成了教师与学生之间的非实事求是的关系。教师想出一系列教育办法、巧妙的手段去对付学生，而学生呢，他们理解教师的目的，因而竭力采取种种防御的姿态……

"但怎样按别的方式来提问呢？在提问和回答中能在教师和学生之间建立实事求是的关系、实事求是的气氛吗？教师该问些什么呢？如果他想确立实事求是的关系，就应该问他在与学生的共同工作中自己所不懂得的和不了解的东西。他不知道学生的种种困难；他不体会学生的各种疑问；他不了解激起学生专心致志于工作的兴趣爱好；他不懂得学生在完成这一工作中感到的不愉快的感觉。因此，如果教师想要问自己的学生某种问题，最正确的办法莫过于问伴随着学生工作的那些条件，即问他们的困难、疑问、兴趣爱好，等等。

"我认为，在这样的条件下，可以使学生养成回答问题的浓厚兴趣，有了这种兴趣，他们就会乐意尽可能多地接受教师的这种提问，因为这些问题将帮助他们工作；在经过这样的作业——问题和回答——之后，学生就能较容易地工作。"[2]

在摘引杰出的教育家关于在课上与儿童实事求是关系的思考时，不由得使我想起了很久以前某个时候我给孩子们提问和布置作业的情景，我给他们提的问题和布置的作业是非实事求是的，基本的意思可以归结为这样一个公式："我什么都懂，你们懂吗？"这时，孩子们的脸色是愁苦的，目光是呆板的，调皮的孩子不敢调皮了，纪律是顶呱呱的！在教室里踱踱方步，思考思考例题，不慌不忙地给孩子们提提问题。谁会来指责你的这种教学呢？

而现在？我提出了与儿童的实事求是关系的某种原则！要知道，这一思想

---

[1] C. T. 沙茨基（1878—1934）——苏联教育家。十月革命前提出"把童年还给儿童"的思想，建立"朝气勃勃的生活"工学团，以帮助劳动人民的子女接受教育；十月革命后积极参加了建设新学校的工作。他的教育著作被汇编为四卷本的《沙茨基教育著作集》。——译者注

[2] C. T. 沙茨基：《论我们怎样教》，载《沙茨基教育文选》，莫斯科，1980年俄文版，第2卷，第192—193页。

的作者没有说这是一条教学论原则，他只是指出，教师的问题应该指向他本人所不了解的东西。可是我硬是把这个问题搞得使我自己和所有想仿效我的人都感到棘手起来了。怎样棘手呢？请看下文。

"孩子们，6+2等于多少？"我问我的6岁学生。

"8！"他们齐声地回答。

"5+3呢？"

"8！"他们回答。

但我立即装出惊异的神色，开始沉思起来，微动着嘴唇，嘟嘟哝哝地自言自语；孩子们都睁大着眼睛，好奇地看着我，似乎在想："这是怎么一回事？"

"孩子们，你们说些什么哟？！难道5+2等于8吗？"

他们说：

"您说的是5+3！……"

"我没有问这个！"我坚定地说，"我问的是5+2，可是你们却回答说——等于8！"

"不对，您说的是5+3！这当然等于8！"

"好吧，就算这样！"我仍然用自己说话的语气和眼神表示"怀疑"，"7+1等于多少？"

"7+1等于8！"

"等一等，我不想问你们这个！不是7+1，而是4+4！"

"4+4等于8！"

"为什么你们老是回答'8、8'呢？难道不能回答别的一个数，比如'9'或'10'呢？"我很严肃地说。

因为孩子们对他们的老师的"健忘"、"心不在焉"已习以为常了，所以就会起来证明：

"可是您给我们做的这些习题的答案都只能是8！我们怎么能说'9'或'10'呢？"

"那么请告诉我，我给你们做的是哪些习题？"

"6+2， 5+3， 7+1， 4+4！"

我自上而下呈直长条形把它们一一写在黑板上，故作略一思考，就在四个等号右边写上了一个很大的"8"字，自言自语地说："当然啰，等于8！"在这解答习题的短时间里，孩子们的面部表情不断变化：一会儿惊异和担心，一会儿快乐和急不可待。他们的双眼炯炯有神。有时，在教室里响起了此起彼落的叽叽喳喳声，因而好不容易才能听出来谁说什么。然而，他们只说一件事："认识事实。"

在这里，我与儿童建立了什么样的实事求是的关系呢？我给他们做的习题的答案是我熟知的，孩子们未必会认为，他们给我打开了一个新的知识领域。我们没有发现任何新的东西。但是，我认为，我们的关系仍然是非常实事求是的。其所以是实事求是的，这是因为，在给孩子们做习题时，我显出一本正经、有所操心的样子，提出与他们的答案相反的论证。我的"心不在焉"，我的"健忘"，我的"错误"，激起了他们纠正我的错误、与我辩论的渴望。

不言而喻，给儿童提出其答案我真正不知道的问题是不可能的。正因为这样，我就给他们创造条件，让他们在与我的交往中感到自己是与我平等的伙伴，是我的战友。在这样的条件下，他们感到需要我，而我作为教师，也不能没有他们。随着我的教育经验的日益丰富，我越来越坚信在教育理论上争论不休的一条原理的正确性：教育学不仅是一门关于教育和教学的科学，而且也是一门关于教育和教学的**艺术**的科学。如果我要使坐在坐位上目不转睛地瞧着我，期待着从我这儿获得某种重要信息的孩子们真正感受到每一个学日的快乐，乐意接受教育和教学，而又并不认为这是强加给他们的教育和教学，我就应该努力使我们之间实事求是关系的纽带成为连续不断的和牢不可破的。既然有必要维护这种实事求是关系的连续不断性和牢不可破性，我就应该鼓足勇气，扮演一个演技巧妙多变的教师——演员的角色。扮演这一角色的实质在于：对儿童来说，我与他们之间的实事求是的关系不应该丧失其真实性，不应该剥夺他们的自由选择感、自己参加课上活动的独特感。当然，要做到这一点是很不容易的，但是，在我选择职业时向其请教过的人中间，谁也没有要我相信：教育儿童的工作——这是轻松的事业。

此外，我还采用下述方法来确立我与我的6岁学生之间的实事求是的关系：我让他们知道，在课上有哪些事情等着我们去做，并让他们有可能陈述自己的意见。

"孩子们，"在课一开始我对他们说，"你们看，今天有哪些练习和功课等着我们去做，这就是我想教会你们的！"我给他们看黑板上写着的作业、练习和习题，或者只是口头讲。我的指点和解释要达到激起儿童"好奇心"的程度。因此，每当完成一项学习任务时，我就立即走向黑板，指着黑板上画着的图式和写着的课题项目说："这我们已经完成了！让我们把它勾掉吧！"或者：

"孩子们，你们希望我们的课上成怎样的呢？"

"复杂的……引人入胜的……奇妙的……希望能够多多地思考……希望能够独立工作……希望能够辩论……还希望能够引人发笑……"

"孩子们，请你们帮助我上这样的课，好吗？"

"好！"

在课结束的时候，我问他们：

"你们喜欢我们的课吗？"

如果他们不大喜欢，就会说：

"不怎么样……不好也不坏……还可以……没有复杂的习题……没有独立工作……"

于是我就请他们帮助我："你们有什么建议，我该为明天的课准备怎样的作业？"

如果他们很喜欢今天的课，他们会回答说：

"很好！……非常有趣……我们热烈地辩论了……完成了复杂的作业……学会了很多新东西……纠正了很多不同类型的错误。"

"孩子们，谢谢你们，你们帮助我上了这样生动有趣的课！"

"我们也谢谢您！"

亲爱的同事们，请你们设身处地地想一想，在课间休息的时候，如果你们在走廊里的黑板上读到了刚学会书写的小孩子所写的一句话："谢谢您，我们的老师，您给我们上了很有趣的数学课！"这时，你们会有什么样的感觉？我无法告诉你们，这时，在我的内心会激起什么样的感情，但我可以告诉你们，每逢这种场合我想的是什么："在我的课上，儿童们全神贯注、兴致勃勃地在学习！这就是说，我走在正确的道路上！"

按适当的速度上课的原则

一般说来，是否存在着这样的问题：教师最好以怎样的速度上课为宜？根据教育学、教学论、教学法的教科书来判断，似乎根本不存在这样的问题。也许，果真不存在吗？那我就请读者去做这样的一个实验：当您急着前进的时候，您试着以很慢很慢的速度走走看，我深信，走不上 5 分钟（大概您不会继续这样地走下去），您一定会感到比以通常的速度走路加倍地疲劳。或者，您试着用极慢极慢的速度与人谈话，您一定会发现，不仅您感到难受（由于抑制思想的迸发），而且，听话的人也会感到难受（由于集中注意，最后才弄懂您的话），对方能从您用极慢极慢的速度所说的话中得到的信息，比之从用较快的速度所说的话中获得的信息要少得多。

您可以强令 6 岁儿童不动也不跑，只能规规矩矩地、默不作声地哪怕坐上一小时。但是，儿童能从这种"休息"中得到什么好处呢？他们究竟能不能忍受类似的一小时"休息"？儿童们蹦蹦跳跳，说话大声嚷嚷，富有表情，干什么总是心急如焚，但他们这样做绝不是故意的：发展着的机能促使他们东奔西跑和使尽力气"闯祸"。因此，儿童不可能不是活泼好动的人、富有表情的人、易动感情的人。他们的发展、成长和坚强起来正在于速度，在我们看来，这种速度似乎太快了，因为它不符合我们的老成持重，可是对儿童来说，这是合乎自然的，正常的。我们的老成持重往往使我们忘记了，儿童有儿童的活动速度，不仅是体力活动的速度，还有智力活动的速度。可以说，如果在课上教师讲课的速度、与儿童的交际的速度，像电影里的慢镜头一样，儿童也会像我们迫使他以极慢的速度走路，只许他安安静静，不许他乱说乱动一样地感到难受。他想飞，可是翅膀被捆缚住了！……应该按照与儿童的发展相适应的速度教他们。

教学的理论和实践如果能像音乐一样，也拥有丰富的用以表述演奏教育交响乐的细腻的表演手段，那该有多好。我发现，在音乐作品的总谱里，有很多用来表述乐曲速度和表情手段的绝妙术语。例如，用来表示速度的术语有：慢调（缓慢地）、平调（适中、稍缓）、快调（快速地）、急板（急速地）、捷板（活泼地、速度极快）……表示演奏表情手段的有：温柔地、温和地；不安地、激动地；热情地、兴奋地；任性地、变幻无常地；有精神地、有生气地；活跃地、富有活力地；热烈地、非常兴奋地；庄严地、隆重地；坚决地、果断地；诙谐地、戏谑地；安静地、平静地，……

每一位作曲家在谱写自己的作品时，都不会忘记给每一段乐曲标上演奏的节奏和表情手段，其所以要这样做，是为了使乐曲演奏得完美，能够激起听众在精神上和情感上的共鸣。

难道教师就不需要操心怎样使自己的课上得完美，对儿童的精神和心灵激起巨大的影响吗？也许早就应该考虑，我们的课应该以怎样的速度，怎样的表情手段，来组织这样或那样的教育过程，并把这过程称做为教育的旋律，是这样吗？由课组成的这些教育过程，或教育的旋律，要求教师精心设计它的速度和表情手段。我个人久已坚信这一点。

在很多年以前，我在备课时，会不假思索地往我的数学授课计划中写下要给孩子们做的习题，当时我压根儿没有想到，我应该怎样布置习题，应该在班上怎样演奏这一曲教育的乐曲。现在回想起来，我觉得，当时我给我的小学生们布置作业题时，我的表情是多么的呆板、生硬，速度是多么的令人厌恶；同时，也使我懂得了，当时他们为什么对解答习题感到困难，为什么他们讨厌上课。当然，现在我不能把这样的教育过程称做教育的旋律。

从前我是怎样上课的呢？

"大家都看着我！"我向全班孩子说。

间歇。

"专心地听着！……"

我以教导的语气慢条斯理地、一字一句地说着：

"6……加上……哪个数……等于10？"

以命令的语气：

"大家想一想！……"

间歇。

"已经算出的人举起手来！"

以警告的语气：

"其余孩子呢，算出了没有？"

要求的语气：

"算出的快举手！……快举手！……"

我环视全班。

"喂，列里，你来答！"

列里（慢慢地、小心谨慎地）："应该加上4……"

我（生气地）："不对！不是这样说！我给你们说过多少遍啦：应该完整地回答！"

我又以教导的语气特别着重地把这一道题重复说了一遍：

"6……加上……哪个数……"

我以命令的语气：

"继续说！"

列里："6加上4等于10！"

我以宽恕的语气：

"这才对啦！坐下，下次别忘了该怎么回答！"

等等，等等。

不难发现，这一过程总的调子是强迫命令的，上课的速度是慢条斯理的。难道儿童们能喜欢这样的课吗？更谈不上使他们感受到认识的快乐与教师交往的快乐啦！

现在我把上述教育过程用我现在的"演奏法"描述一番。

我坚定、迅速、饶有趣味地说：

"孩子们，请大家把头伏在课桌上！（略一停顿）闭上眼睛！"

我小声地叮嘱说：

"每一道题我只说一遍，不说第二遍！"

我略一停顿，以平静的语调轻声地说：

"我想出了一个数……如果给它加上6，合计等于10！"

我戏谑地说：

"试问：我想出的是哪一个数？……请你们伸出自己的手指头告诉我！"

孩子们不抬头，也不睁开眼睛，伸出自己的手指头以示回答。我迅速地在教室里来回走动，走向每一个孩子的身边，轻轻地碰一下他伸出的手指，悄悄地对他说（如果答案正确的话）：

"对！……谢谢！……不错！……好样的！"

如果答错了，我就以使他满怀希望和信心的语调（"你有能力做对的！"）在他耳畔悄悄地说：

"错了！……再想一想！……过一会儿我再到你这边来！"

在巡视遍了所有的孩子以后，我立即又以坚定的语气说：

"第2道习题！"

我略一停顿。

"我忘记10减去什么数了。但我知道，余数是7。"

我以令人好奇的、快速的语调说：

"请你们猜一猜，我忘记的是哪一个数？"

我又一次走向每一个学生的身边，在他的耳畔悄悄地说："对！……谢谢！……再想一想！……"

随后，我轻声地、神秘地说：

"你们想做猜谜题吗？"

孩子们既不抬头，也不睁开眼睛，像我一样轻声地说：

"想！"

我以坚决、明快的语调轻声地说：

"好，就这么办：现在你们每个人都从1—5中任意想一个数！"

间歇（为了让他们有选择数字的时间）。

我轻声地问：

"都想好了吗？"

孩子们轻声地回答：

"想好了！"

"给你们想出的那个数加上3！"

间歇（为了使他们有运算的时间）。我又轻声地说：

"都加好了吗？"

孩子们也轻声地回答：

"加好了！"

我以诡秘的语调轻声地说："再加上2！……从获得的总和中减去你们想

出的那个数！……再减去1！"

间歇。

"要不要让我来猜猜看，你们的答数是什么？"

孩子们兴高采烈地说："要！"

我以坚定、愉快的语调说："请抬起头，看着我！"

我立即迅速而又沉着地在黑板上写下了我猜的数字，为了不让孩子们看到它，又立即拉上了黑板的帷幕。

我以明快、快速的语调说：

"你们的答数是什么？一起说！"

我一挥手，就响起了孩子们洪亮的齐声回答：

"4！"

我立即拉开遮住黑板的帷幕。

"我猜对了没有？"

孩子们（惊异而快乐地说）："猜对啦！"

我亲切地说："要不要让我给你们解释一下，我是怎样猜出的？"

孩子们（快乐地和急不可待地说）："要！"

等等，等等。

这一教育乐曲的旋律究竟是怎样的呢？它是生气勃勃的，积极进取的，时而快速，时而转为缓慢、宁静的。

那么曲调呢？它是乐观愉快的、奋发向上的、信心百倍的和神奇有趣的。在这曲调中，粗暴、激怒、神经过敏等种种表现均无存在的余地。

我深信，上课的速度，给儿童讲授教材的表情，对于培养他们对学习的喜爱，对于使他们充分地掌握知识，具有极其重要的意义。也正因为这样，确定（科学地！）在课上以怎样的速度和怎样的表情给学生讲授教材，以怎样的速度从一种作业转到另一种作业上去，就成了十分必要的事了。在这一工作中，不能有丝毫的自发性、任性，一句话，不能有丝毫的盲目性！

第122学日的总谱实录

在走廊的黑板前演奏这一学日的序曲，在这之后便是学日的主曲——4节各35分钟的课（从一月起我已经不再上微型课了），其中隔着两次小休息和一次大休息。下文叙述这4节课和几次课间休息的内容，可略知我的第122学日的总谱是怎样谱写成的。

数　学　课

课题：借助数学教材进一步发展认识兴趣和培养正确的学习态度。

教材：训练注意力的数学作业；10以内单名数和20以内双名数的填空题；10进位加减法；独立编写例题的作业。

一、师生互致问候。与学生交谈今天最使他们感到激动不安的事（从容不迫地、善意地）。时间：3—5分钟。

"孩子们，你们好！你们有什么新闻要告诉我吗？"

我细心听取孩子们关于新的事件、新的印象和使他们感到快乐或悲伤的事情的叙述。

对孩子们的叙述，我表示高兴或同情，对使他们感到激动的一切，都作出自己的评价，对与我和同学们交流自己的感受的每一个儿童，都显示出很关心、同情的态度。如果有很多孩子想说，并博取我和同学们的信任，我就很有策略地建议他们在课间休息时间、下一堂课上或课后继续这场谈话。

二、确定学习任务（速度适中、态度认真、语气友好团结）。时间：2分钟。

"要我告诉你们吗？今天我们在课上将学习什么？第一，我将帮助你们发展观察力。你们看，我给你们准备了怎样的习题！"

我指给他们看写在黑板上的习题，让他们看一眼后立即就拉上黑板上的帷幕，把写着的习题掩住。

"第二，你们要检查例题的答案是否正确。"

我指给他们看10以内单名数和20以内双名数的填空题，之后也拉上黑板上的帷幕。

"第三，你们要猜出我是用什么方法解答加法和减法题的，并作出判断，我解答得是否正确！"

我指给他们看写在黑板上的我所解答的例题，之后同样拉上了黑板上的帷幕。

"第四，请你们帮助我：你们自己想出一些例题，并把它们写在纸上。我将从中选择一些最有趣的和最复杂的题目，明天我们大家一起做！"

"在课结束的时候我们一起总结：谁学会了什么，我们的课上得怎么样！"

三、发展观察力（快速、语气活泼、引起好奇心）。时间：5分钟。

我打开黑板的一部分，并指给孩子们看黑板上画着的图形。

"请大家仔细地看一遍，并记住，在这上面画着些怎样的图形，这些图形的排列位置又是怎样的。我将任意改动其中某些图形的位置，你们得尽力弄清楚，我改动了哪些图形的位置！"

记忆时间为4—5秒钟。

接着，我坚定地说：

"请大家低下头，闭上眼睛！……"

我转身面向黑板，花2—3秒钟时间改动图中的某些图形的位置。

练习的方案：

不作任何变动；

用数字6取代数字9；

把直线改成虚线；

改变两个图形的排列位置；

添加新的图形。

我给孩子们做其中2—3个练习。在其中的每一个方案准备就绪以后，我就离开黑板，坚定地说：

"请抬起头！我在图上改动了什么，请你们把嘴凑在我耳朵边轻轻地告诉我！"我迅速地走到每一个想凑在我耳朵边把自己的答案轻轻地告诉我的孩子跟前，并立即给予评价——我也凑在他耳朵边轻轻地告诉他。然后我请全班孩子一起齐声地回答。

在完成了第一道作业后，就接着做下一道作业。

"请大家看这幅图画！"

我拉开黑板另一部分的帷幕，把左下图所示的图画指给孩子们看。

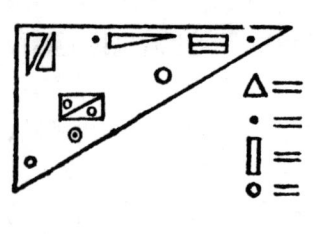

"我们应该判定，在这幅图画上画着哪些图形，它们各有多少。你们默默地数，我也默默地数，因为我也不知道，画着的这些图形各有多少！我们先数三角形……"

我向孩子们显示出我也在数图画上的图形的样子。

"我数出有5个三角形！你们呢？"

孩子们的答案可能是各种各样的。应该估计到，大多数孩子也许会说，那儿确是5个三角形；但也许有人会发现，那上面不是5个，而是6个三角形，因为应该把所有图形都包括在其中的那个大三角形也计算在内。

凡是找出了我的错误的孩子，我都要向他表示感谢。

"现在我们来数圆点……"

短暂的停顿。

"我算出来啦,那儿有 3 个圆点……不,不,是 4 个!对吗?"

等等,等等。

在每做完一个这样的练习以后,我都要在图的右边写上被数出的图形的数目,最后就写成了左下图的样子:

△ =6
· =3
□ =4
○ =5

在某一场合,我故意弄"错":"总之,这里有 4 个长方形!"于是不写 4 而写 5 或是 6。我让孩子们有可能发现并纠正我的"错误",我向第一个纠正我的"错误"的孩子表示感谢。

在做完第二道作业以后,我对孩子们说:

"现在我们来做比较复杂的作业!你们愿意吗?……我给你们看两个集只用两秒钟,你们得努力作出判断,其中哪一个集的元素多一些。都准备好了吗?"

我拉开写有集的那部分黑板上的帷幕:

我只让孩子们看两秒钟,两秒钟一过,立即就拉上了帷幕。

"你们认为在哪一个集里的元素多一些?"

答案可能是这样的:B 集比 A 集多(大多数孩子的意见);B 集长,但应该检验一下 B 集的元素是否真正比 A 集的元素多(少数孩子的意见)。

我表示同意多数孩子的意见:

"我也认为,B 集的元素多些。凡同意我的意见的人都站起来!……你们看,我们的人真多!难道我们大家都会搞错吗?"

我给少数孩子捍卫自己的观点的机会:"不能这样武断地说,应该检验一下!"

"怎样检验?"

我帮助孩子们回忆检验的方法:用线条把 A 集中的每一个元素与 B 集中的同样的那个元素连结起来。我在黑板上画连结线,把两个集中的相同元素连结起来。我有一两次画不正确,为的是让孩子们"纠正"我的"错误"。

结果,在黑板上搞成了如下页所示的图式:

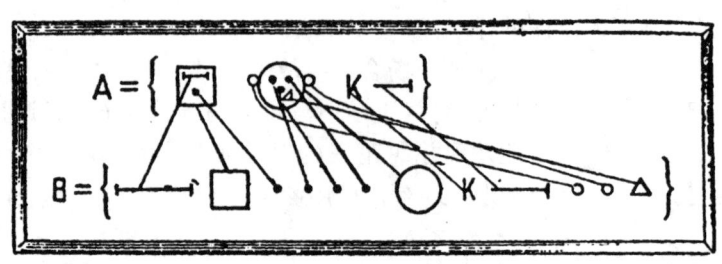

结论:A 集和 B 集相等。

我对同我一样认为 B 集比 A 集多的孩子们说:

"究竟是什么东西使我们得到了错误的认识呢?"

我帮助孩子们懂得,不能只看事物的表面特征,受表面现象所迷惑(B 集的数列比 A 集的长)。

四、解答 10 以内单名数和 20 以内双名数的填空题(速度急剧转快)。时间:5 分钟。

"我一挥手,你们就立即齐声地说出来……5 加上哪个数等于 10?"

"7 加上哪个数等于 10?"

"8 加上哪个数等于 10?"

"5 加上哪个数等于 10?"

"谢谢!现在请大家看这些例题!"

我拉开黑板上的帷幕,见左下图:

14 − 4 =
15 − 3 =
16 − 5 =   **10**
17 − 9 =
18 − 7 =
19 − 2 =

"请大家检查一遍,我做的这些题目有没有错误?"

"第 2 道题错啦,应该把 3 改成 5,是这样吗?……谢谢!……第 3 道题也错啦,应该把 5 改成 6,是这样吗?谢谢!"

依次类推,速度加快。

五、掌握加法和减法的新方法(实事求是的速度)。时间:8—10 分钟。

"既然你们做这样的习题都不在话下,我想你们一定能够掌握一种你们还不知道的加减法的新方法!请大家仔细看一遍黑板上写着的这些题目。"

我打开黑板的如下图所示的部分:

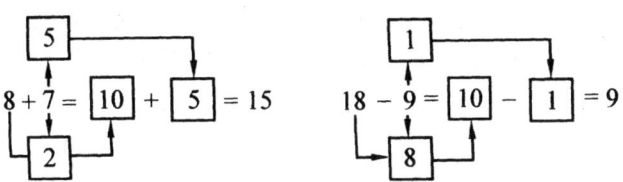

"在你们看来,我是怎样解答'8+7'和'18-9'这两道习题的?这些箭头和写在正方形里的数字是什么意思?"

我给孩子们陈述自己的设想的机会。

如果他们发现了把上列例题中第二个数——被加数(在加法题中)和被减数(在减法题中)进行因数分解的方法,就可以给他们阐明用这种方法解答类似的例题的意义(为了进行分析,可以再给一些例题)。

如果孩子们难以理解这种方法的意义,就中止这一作业,并对他们说:

"好吧……我们往后再来学习这种方法,你们一定能彻底弄懂的!而现在……"我提出下一个学习任务。

六、独立编例题的作业(速度适中,友好合作的语气)。时间:3—4分钟。

"我可以请你们给我帮个忙吗?……"我给每一个孩子的课桌上放一张白纸。"请你们编1—2个加法和减法的例题。我将从中选出最有趣的和最复杂的题目,明天我们全班一起做。你们这样做,就是帮助我准备好明天的课。"

第一次课间休息(10分钟)

在课间休息时间,我观察孩子们的自由活动、互相交往、游戏和娱乐。

我往黑板上写本族语课的作业。同时,我还听孩子们叙述他们自己想告诉我的事情。我也给他们叙述引起他们兴趣的各种事情。我注视着在走廊里的黑板前忙碌着的孩子们,注视着他们的游戏和娱乐。

速度是自由的,调性是快活的。

本 族 语 课

课题:借助本族语读本的教材和语言练习作业进一步发展认识兴趣;形成善恶分明的观念。

教材:从以前我已给孩子们朗读过的某些诗、童话和故事中摘引的片断("你们能猜出来吗,这些片断是从哪些著作里摘引来的?");词序颠倒的两个句子中的单词("请你们猜一猜,这是哪两个句子?");句序颠倒的四行诗("这首四行诗该怎么读?");分发的材料——成语、俗语、格言("你们喜欢吗?");句子填空练习("这里可以填入哪个单词?");苏尔汉·萨巴·奥尔别利安尼的寓言《乌龟和蝎子》("乌龟可能会给蝎子以怎样的报复？为什么?");两首描写春天的诗。("回家去读一读这两首诗，比较一下，你们喜欢哪一首，明天我将教你们较喜欢的那一首诗。关于这个问题我们明天再谈!")

一、确定学习任务（实事求是的速度。态度认真，语气友好团结）。时间：3 分钟。

"请大家看着黑板，今天我给你们准备了怎样的作业!"

我拉开两块黑板上的帷幕。

"这里写着一些作品中的片断，请你们回忆一下，这些片断是从哪些作品里摘引出来的？……"

"这里是两个词序被打乱的句子和一首句序被弄颠倒的四行诗。你们能把它们恢复原样吗?"

"在这个句子里，第二个单词'缺席'了。你们必须'找到'它，并把它安在自己的位置上。"

"在这里我写了一些单词。也许我写错了什么。你们得进行检查，并纠正我写错的地方。"

"这是我们今天要读的苏尔汉·萨巴·奥尔别利安尼的一篇寓言!"

"而这里，"我拉开黑板上的部分帷幕，并立即又把它拉上了，"是我的秘密！关于这个秘密，过一会儿我们读寓言的时候，我再告诉你们。"

"在你们每个人的课桌上都放着一张写有成语、俗语和格言的卡片。你们都已经知道，这是干什么用的!"

"此外，我还给你们准备了一些活页纸。在一张纸上写着两首诗。请你们帮助我选择较好的一首，这是你们随后要熟读的。在另一张纸上印着一些图画和单词，这是你们很喜欢做的一种练习——把意义相同的单词和图画用线条把它们联结起来。把这两张纸带回家去!"

"那么，我们从哪儿开始呢?"

孩子们选择他们想率先完成的那道作业。

二、指出摘引的诗歌、童话和故事的片断出自哪些作品（速度适中，引起好奇心）。时间：3 分钟。

"从前我曾给你们朗读过一些童话、诗歌和故事。这些片断是从哪些作品中摘引出来的，你们还记得吗?"

在黑板上写着从作品中摘引的三个片断。

我给孩子们读这些片断的时间。

如果他们记不起来某一片断是从哪部作品中摘引出来的，我就列举一些作品的名称，帮助他们回忆。

三、用所给的一组不按词序排列的单词造句，正确地排列行序被打乱了的四行诗（生动活泼，快速，引起好奇心）。时间：5 分钟。

我打开部分黑板，在上面写着词序被弄颠倒的两个句子的全部单词：狐狸、红甜菜汤、抓住了、妈妈、煮好了、一只公鸡、狡猾的。

我给孩子们解释："这里是词序被弄颠倒的两个不同句子中的全部单词。你们能不能很快地把这两个句子猜出来？"

在孩子们提出自己的方案以后，我就打开黑板的另一部分让他们看，上面写着："狡猾的狐狸抓住了一只公鸡。妈妈煮好了红甜菜汤。"

我以坚决和激励的语气说："现在请大家看这一边写着的东西！这是一首行序搞颠倒了的四行诗。你们能不能把它恢复成诗人马雅可夫斯基原来写的那个样子？条件是：要快！"

在这同时，我打开写有这一作业的黑板：

他是个坏东西、邋遢汉！
喜把肮脏衣服套在身。
此人满身污秽臭烘烘，
人人都在说：——

孩子们提出各自的方案，在其中可能有正确的答案。在这之后，我拉开黑板上的帷幕，并建议他们根据黑板上写着的马雅可夫斯基的原诗核对自己的答案：

此人满身污秽臭烘烘，
喜把肮脏衣服套在身。
人人都在说：——
他是个坏东西、邋遢汉！

四、学习卡片上的成语、俗语和格言（速度适中，认真、信任地）。时间：3 分钟。

"我很高兴，你们都喜爱常用的成语和富有智慧的名言。因此，我又作了一番努力，给你们选择了一些新的名言，并把它们写在你们课桌上的卡片上，我想你们喜欢这些卡片，并能记住写在上面的话。"

我请几个孩子先后大声地朗读写在各自的卡片上的格言：

学则明，不学则愚。

大地有了阳光才显得光彩夺目，人有了知识才显得心明眼亮。

活到老，学到老。

耐心加勤劳，铁杵磨成针。

"你们喜欢这些名言吗？把卡片带回家去，并熟读这些名言。它们一定对你们很有教益！"

五、句子填空（以加快的速度，友好团结的语气）。时间：4分钟。

我打开黑板的一部分，上面写有一个缺少了单词的句子：

☐ 太阳升起来了。

"请你们帮助我想出可以填入这长方框内的单词。"

我迅速地在黑板上写下孩子们提出的所有单词。

其结果可能是这样的：

☐ 太阳升起来了。

光辉的　　　　快乐的
红色的　　　　橙黄色的
火红的　　　　微笑的
大　的

"请允许我也提出几个单词：高兴的、春天的……在这些单词中哪一个单词最适合于这个句子？"

我帮助孩子们论证各自的选择。

六、纠正错别字（信任地）。时间：1分钟。

我打开黑板的一部分，在上面写着一些有正字法错误的单词。

"现在我们不在这个练习上花费时间。我不擦掉它，谁愿意的话，可以在课间休息的时候做。现在我们有一件最有趣的事要做！"

七、讨论苏尔汉·萨巴·奥尔别利安尼的寓言《乌龟和蝎子》（实事求是的速度，认真地）。时间：10—13分钟。

"苏尔汉·萨巴·奥尔别利安尼的这篇寓言含意深刻，很有教育意义。"

我打开写有寓言的黑板的一部分。

乌龟和蝎子

有一次，乌龟和蝎子结伴出外远行。它们来到一条河边。河上没有桥，它们必须涉水泅渡才能到达对岸。蝎子发愁起来了，因为它不会泅水渡河。乌龟对它说："坐到我背上来吧，我把你背过去。"蝎子坐到了乌龟的背上。乌龟刚一入水，蝎子就开始螫它的背。乌龟问蝎子："好兄弟，你在干什么哟？"蝎子回答说："可我有什么办法呢？我本来不想螫你，但我们的族类天生是这样的：我们既要吃敌人，也要吃朋友。"

"这篇寓言的结尾部分写在帷幕遮盖着的黑板上。现在我给你们朗读你们看到的这一部分。"

我有表情地、从容不迫地朗读寓言。

"你们能谈谈自己对蝎子的看法吗？"

在孩子们表述了自己的意见以后，我给他们提出了一个"挑衅性"的问题：

"如果蝎子确实生来就是这样的，那它该怎么办？"

在讨论了蝎子的行为以后，我问孩子们：

"你们认为，我为什么要把寓言的结尾掩起来？"

"您要让我们自己猜！"

"在寓言的结尾部分叙述了乌龟向蝎子报复和它是怎样报复的。你们认为，苏尔汉·萨巴·奥尔别利安尼是怎样结束这个寓言的，为什么？"

我鼓励孩子们对这篇寓言可能有的结尾提出自己的见解，要求他们论证自己在善恶问题上的认识。

我提出了一连串"挑衅性"的问题：

"乌龟会不会对蝎子说：'算了吧，我把你驮到河对岸去，但从今以后我再也不与你交朋友了。'……也许，乌龟简直太善良了，以致终究怜悯了蝎子？……干吗要扼死蝎子呢，不管怎么说，它毕竟也是一条生命呀！"

最后：

"现在请大家看黑板，我们的推测与寓言的结尾是多么的相似！"

我打开写有寓言结尾部分的黑板，并读给孩子们听：

乌龟潜入水中，把蝎子摔到了河心，并对它说："好兄弟，我本来不想摔掉你，但我的族类生来是这样的：如果不洗净被螫的伤口就会肿胀而死。"

"你们喜欢这样的结尾吗？……为什么？……你们对乌龟的行为有什么看法？……我认为，乌龟对蝎子太残酷了！难道不是这样吗？请你们证明，我说得不对！"

最后，我不得不同意孩子们的意见：恶人应该受到惩罚。

"要不要我下次再带些苏尔汗·萨巴·奥尔别利安尼的寓言来读给你们听？……"

八、分发家庭作业材料：供选择的关于春天的诗、单词和图画连线配对的练习纸（以实事求是的速度，信任地）。时间：最后几分钟。

"在这些纸袋里装着印有诗歌和单词与图画连线配对练习的作业纸。单词和图画连线配对练习，你们可以在任何一天空闲的时候完成。至于诗歌，请你们把它们读一下，明天告诉我，你们比较喜欢其中的哪一首。"

九、课的尾声（怀有好意地，以使人感到成功的快乐的语气）。

"我们的课快要结束了。在这堂课上，你们使我得到了快乐——你们是多么的机灵、顽强、实事求是！谢谢你们，你们变得越来越爱动脑筋、好学不倦了！看来，我得给你们准备更复杂一些的作业——你们进步得多快呀！"

"现在，全体起立！……男孩子们，记住，你们——是男子汉！……下课！"

第二次课间休息（10分钟）

在这个时间里，孩子们有的在照料栽种的花卉、饲养在鱼缸里的鱼儿，有的在走廊里玩耍，有的在完成（自愿地）写在黑板上的纠正错别字的作业，有的在做单词和图画连线配对练习。

我也参加孩子们的活动和娱乐，对他们的活动表现出浓厚的兴趣，与他们的谈话一刻也不间断。谈话的节奏是自由自在的，语气是愉快乐观的。

艺 术 课

接着，在我的总谱上写着的是艺术课的内容和程序。这门课我每月给孩子们上2—3次。我让孩子们预习或完成各种各样的课业：造型和音乐艺术、舞蹈、朗诵、木偶剧、打击乐和音乐短曲演出、课外阅读、劳动。通过这些课业，我力图使孩子们对艺术，对艺术在人们的生活中，在我们每一个人的生活中的重要意义有一个概要的认识。对我来说，艺术课还是发展我的6岁学生的下述能力的手段之一：使他们能从他们力能胜任的某些艺术样式中"看到"艺术创造者的感情、观点和思想，并从中获得对自己的思想和感受的共鸣。

但愿谁也不会因小学生们攀登艺术高峰的可能性似乎"遥遥无期"而害怕它。我们可以设想：在一棵千年橡树下有一群孩子在纵情玩乐。也许孩子们很想攀登到橡树的最高处，但是他们还力不从心。不过，尝试着攀着树枝爬上去，大概还是有力量的。我们可以把艺术比做是这样的一棵橡树，儿童们就是在这棵橡树下跃跃欲试地逐步成长起来的。他们离这棵艺术的橡树或近或远，但都受到了熏陶，并逐步地着手（而且在更小一些的年龄也可着手）攀登，去认识艺术的多样性及其整体性，去养精蓄锐，以便认识世界，了解人们的生活和他们自己的生活。

按照总谱，在今天的艺术课上，我要对孩子们说："今天我要给你们欣赏画家萨夫拉索夫①的一幅画的复制品《白嘴鸦飞回来了》；然后，我给你们朗诵诗人拉多·阿萨季阿尼②的诗篇《春天》；最后，我让你们听作曲家谢尔盖·拉赫曼尼诺夫③的短曲《春回大地》。这三位艺术家——画家、诗人、作曲家——的作品形式不同，但都描写了春天来临的景象，表述了同样的感情。现在我们应该弄清楚，他们想在自己的作品中表达怎样的心情，他们想告诉我们什么。"

我让他们欣赏画，给他们朗诵诗，然后让他们听音乐。为了帮助孩子们加深对作品的印象，从而深入理解作者的感受，我让他们再次看一遍画，听一篇诗朗诵和乐曲的录音。然后，开始进行关于艺术家、诗人和作曲家的谈话。在前一次艺术课上，我的6岁学生们欣赏了尼科·皮罗斯马尼④的画，听了扎哈利·帕利阿什维利⑤的音乐，朗诵了诗人加拉克季翁·塔比泽⑥的诗，我也给他们提出了与今天相同的问题："作者在自己的作品里表达了怎样的心情，他们想告诉我们什么？"他们的推论是这样的：

"皮罗斯马尼在对我们说：'美'，是吗？"

"帕利阿什维利好像在对我们说，他感到很愁闷。当我在听他的音乐的时候，我自己也觉得愁闷起来了！"

"'我很高兴！同我一起高兴吧！'——这就是加拉克季翁·塔比泽用他的诗篇说的话。"

"看来，皮罗斯马尼是一个善良的人。他用这幅画（《无子女的百万富翁和儿女成群的贫妇》）告诉人们：'我很可怜这些孩子。我该为他们做些什么呢，不知道！你们不可怜可怜他们吗？'这幅画引起了我的悲伤！"

---

① 萨夫拉索夫（А. К. Саврасов，1830—1897）——格鲁吉亚画家，善画写生画和风景画。——译者注

② 拉多·阿萨季阿尼（Ладо Асатиани，1917—1943）——格鲁吉亚诗人。——译者注

③ 谢尔盖·拉赫曼尼诺夫（С. В. Рахманинов，1873—1943）——俄罗斯作曲家、钢琴家、乐队指挥。——译者注

④ 尼科·皮罗斯马尼（Нико Пиросмани，1862?—1918）——格鲁吉亚画家。——译者注

⑤ 扎哈利·帕利阿什维利（Захарий Петрович Палиашвили，1871—1933）——格鲁吉亚作曲家，人民艺术家。——译者注

⑥ 加拉克季翁·塔比泽（Г. С. Табидзе，1892—1959）——格鲁吉亚诗人。——译者注

目前，我的6岁学生对文艺作品的评论尚未超出这个水平。今天，他们将了解和评论另三种文艺作品。

课间大休息

我们下楼到校园里去继续进行已延续了5天的射箭比赛。我们把一张印有箭靶的纸挂在墙上，然后站到离墙10步远的地方依次进行射击。射箭比赛预定在下一周结束。每个人的总成绩都记入比赛登记表。男孩子中萨沙的比赛成绩首屈一指，其次是达托，我倒数第二。在女孩子中间，叶莲娜、埃卡、马格达获得成功。

劳 动 课

在今天的劳动课上，我要给孩子们读一封信，这是我们学校的邻居——幼儿园的一位教养员写给他们的。在信中，教养员请求我的6岁学生给幼儿园小朋友制作40个用硬纸板制成的小盒子，供他存放计数用的小石子。她还给我们寄来了小盒样品。我想，孩子们一定乐于答应幼儿园的请求的。我要把谈话进行得使他们能够这样说：

"我们要把小盒子做得比这个样品更漂亮！"

"我们要用在图画课上学会的方法给它们画上彩色的花纹！"

"让我们每个人都做出两三个小盒子，以便可以从中挑选40个最好的送给他们！"

接着，我就教他们怎样做小盒子。我自己也动手与孩子们一起做，在做的时候，我边想边说——我在做什么，怎样做，做完以后，我请他们评价我的作品。当然，在这35分钟的一堂课上我们是完不成这一工作的，因此，我建议孩子们在学日延长的时间或在家里继续完成。"三天以后"——我对孩子们说——"幼儿园的阿姨和小朋友们等着我们送小盒子去呢！"

放 学 以 后

上述全部课上完以后，接着便是学日延长的时间。这一部分学日的总谱由女教养员以及帮助开展教育工作的家长们共同谱写。他们根据共同的目的和原则，根据我们拟定的教育儿童的工作计划进行工作。每周末，我们都要互相商讨我们下一周工作的内容。根据计划规定，今天我们的工作内容是：排演一个新的音乐短剧，去公园里散步，阅读书籍和观看动画片。

教学法的疏漏

在我的设想中，在我的总谱上，今天这一个学日的情况大致就是这样。它果真会成为这个样子吗？也许不完全这样。

也许，我来不及让孩子们在课上完成我预定的全部课业。但我仍然宁可在事先多准备好一些作业，以备万一。这样做，一旦在课上有多余时间时，就可以避免临时抱佛脚，任意想出一些也许根本无关紧要的和儿童不感兴趣的作业去滥竽充数。如果他们来不及做完的作业，可以留在黑板上（如果作业写在黑板上的话），或者分发给他们（如果作业是以分发的材料为形式准备的话），让他们独立完成。

还应该估计到另一种可能造成教学法疏漏的倾向。

下面就是这种疏漏的一个例子。

早在10月中旬我就已作出了训练儿童自编应用题的计划。

"请大家把教科书翻到第26页……2和6！你们可以看到，那上面有一幅画。大家想一想，根据这幅画，可以编出一个怎样的应用题。"

在这幅画上画着4只聚集在一起的小鸡和另一只单独的小鸡。这单独的一只正在向4只小鸡奔去。这就是说，应该编一个加法题："有4只小鸡，现在又跑来了一只，问：共有几只小鸡？"

根据教学法建议，在孩子们编好应用题以后，我应该向他们提出一连串的问题："在这个应用题中有几个已知条件？……把这些条件——列举出来！……应用题的问题是什么？……这应用题的式子该怎么写？……把它算出来！……等于多少？"

这种练习的目的在于使儿童学会分析应用题及其已知条件，学会推理。

"你们想好了吗？"

尼科回答说："几只小鸡在啄食谷粒。"

"难道这是应用题吗？应该想出一个应用题，而不是句子！"

尼娅说："有4只小鸡，又跑来了一只，成了5只小鸡。"

"我要你们编一个应用题，而不是把它解答出来！"

埃卡说："有4只小鸡，又跑来了一只，问：共有几只小鸡？现在是5只小鸡！"

我建议孩子们按本页教科书上另一幅画的内容编一个应用题。结果又出现了与上述相同的情况。

维克多："树上有几只小鸟。"

我："这是句子！我们需要的是应用题！"
塔姆里柯："树上有5只小鸟，一只小鸟飞走了，还剩下4只小鸟。"
我："你是在解答应用题！"
格奥尔吉："有5只小鸟，一只小鸟飞走了，试问：树上还剩下几只小鸟？剩下4只！"

是呀，在这堂数学课上我没有能教会孩子们编应用题，我提出的问题没有帮助他们学会推理。

然而，难道仅仅是我的提问有问题吗？后来，我终于弄清楚了，在这堂课上造成儿童这种误解的有两方面因素。

其中一个因素是与下述情况有关的：这堂微型数学课之前是微型语文课，在孩子们看来，我提出的上述数学问题，与在语文课上的问题没有什么差别。原来，在语文课上做的是看图造句：我出示一些图画给孩子们看，并建议他们按照图画的内容造句。5分钟小休息后就上数学课，在心理活动上，孩子们对造句的定势①尚未消失。正因为这样，在数学课上，他们就把我要他们"编一个应用题"理解成了"造一个句子"。也正因为这样，伊利科和维克多才会对我说："几只小鸡在啄食谷粒"，"树上有几只小鸟"。

为了避免发生这种情况，究竟该怎么办呢？

我应该清楚、明确和铿锵有力地对孩子们说："刚才我们造了句子，现在我们要编数学应用题！"还应该提醒他们，怎样编应用题。我深信，如果我这样做了，这种答非所问的误解是可以避免的。

第二个因素的根子在于教学法本身。似乎它所做的一切都是为了使儿童自觉地学习的过程轻松起来，但实际的结果往往适得其反。教科书盲目地依据不十分具体的直观性原则，建议我向儿童出示这样一幅图画：4只在一起的小鸡和一只正在向它们奔去的小鸡。在教科书编者看来，还需要什么呢？这既直观，又挺简单！有4只小鸡，又奔过来一只，现在共有几只小鸡？"孩子们，请告诉我，难道你们编这样简易的应用题也会感到困难吗？要知道，一切都显示得清清楚楚和明白易懂！关于你们，现代心理学家们都在说，你们的天分是无止境的，你们能够概括地思考，甚至连代数也往往不在话下！"然而，我的6岁学生在当时虽然确能得心应手地做20以内的加法和减法，但对上述似乎很容易的作业却力不胜任。

用这种"算术直观法"布置的作业果真能使儿童易于理解我们所提的问

---

① 定势——心理学术语，指由一定的心理活动所形成的准备状态，决定同类后继心理活动的趋势。——译者注

题的意思吗？我个人坚信：教学法离儿童的心理有多远，它利用直观性的骗术往往也就有多大。"儿童惯于形象思维，这在心理学上早已得到了证明！"——教学法专家会这样说，并在教科书上画上4只小鸡和另一只正在向它们奔去的小鸡的图像。这就是形象，现在应该编一道应用题！可是儿童却感到困难。为什么？难道他们丧失了形象思维的禀赋？问题完全不在于此，而在于这道题目的形象本身已使设题求证成了毫无意义的事情。不用设题求证，画面上已一目了然：5只小鸡，就这么一回事。设题求证之所以需要，是为了查明和探求某个未知数，而在这里，这个"未知数"已经变成了已知数。儿童们确也够聪明的：他们领会了我给他们的课题——"编应用题！"——的实质——"解答习题！"因而不作多余的推论，立即进行解答，并得出了答案。如果我们要想教会儿童推论，就应该给他们提供不包含排除推论必要性的显而易见的答案的那种实物和图画来编应用题。

教学过程之所以常常会变得复杂化起来，原来就是这么一回事！

另一件令人感到可笑的事就发生在不久以前，这已是我的教学法疏漏了。我打算与孩子们谈谈关于人与人之间的友谊、相互关系在每一个人生活中的意义，为了做到这一点，我采用了一句格鲁吉亚的谚语："大树挺拔靠树根，人有力量靠朋友。"我在总谱中给自己拟定了提问的问题："大树靠什么支撑？那么人呢？"我想以孩子们的回答为契机，把他们引导到关于人们之间的友谊的谈论上去："为什么人们常说，人靠朋友才有力量？"但是，我的打算一下子全部都落空了。

我在黑板上写下这句谚语，接着孩子们读谚语。

"那么，你们说，大树靠什么支撑？"我问。

"树根！"

"那么，人靠什么才有力量？"

瞧，这就是柯蒂给我的回答：

"骨骼！"

"你说的是什么？！"我惊奇地问。

"人靠自己的骨骼站立！"

难道柯蒂不理解谚语的转义吗？

"那么人究竟怎样靠骨骼站立的呢？"其他孩子很感兴趣地问。

"如果人没有脊椎骨，他就不能站立。人的脊椎骨从这里一直长到这里！"柯蒂边解释边比划着自己的身体，指出脊椎骨起端和末端的部位。

"柯蒂说得很对……"

"要我把它画出来吗？"

不用说，这个柯蒂就是曾送给我一张人体内脏图的那个"拉沙"，现在，他正在自学关于人体骨骼的知识。他曾把自己的画出示给同学们看，给他们解释，哪儿是肋骨，哪儿是颅骨。我也曾给柯蒂讲解过有关这方面的知识。因此，在今天的这堂课上，处在新知识的强烈印象中的柯蒂就这样地用直义回答了我的要求用转义来回答的问题："人靠什么才有力量？"

他一说画画，立即就引起了其余孩子的极大兴趣。

"让'拉沙'画骨骼！"他们请求说。

这样一来，我的关于友谊的教育旋律就变成了关于人体骨骼的即兴曲……

……虽说我已经把今天这一学日总谱的大部分内容都背熟了，但是，我还是像往常一样，把它放在自己的办公桌上，不时地细细研读。

当然，让儿童的学校生活只能受我的总谱所操纵，这是完全不应该的，甚至是不需要的。一个学日的生活是否符合儿童的心意，这要看我的总谱谱写得能否反映儿童的真正的情感、兴趣和认识的渴望，能否奉献给他们一个快乐的学日和使他们专心致志于积极的前进运动，能否根据自由选择的原则，即根据自愿的原则对他们进行教育。要是我的设想与儿童的渴望不相吻合，那么，我所选择的教学方法的某些缺点一下子就会暴露无遗。这件事也给了我一个更深刻地认识所谓教育客体的儿童和所谓教育主体的我自己的契机。

要是迈娅不生病的话

我在黑板上写着数学课的最后一道课题，这时在走廊里已经响起了今天这一个学日的前奏曲。在孩子们越来越强烈的叽叽喳喳声中，我勉强听出了个别一些人的声音：

"10个三角形！"

"我们来辩论吧！我说有8个！"

"我已经猜出啦，这里是哪个单词！"

"别自以为了不起，我也猜出啦！"

"你说！"

"祖国！"

"不对，是无线电！"①

"我会读这个数字：拾壹万壹千壹佰拾壹！"

---

① 这个词谜的谜底是"祖国"，不是"无线电"，这两个俄文词分别为"Родина"和"Радио"。——译者注

"我已用这些字母造出了3个单词!"
"别神气!造出5个单词再吹牛也不晚!"
"哟,你看,这习题多有趣!"
"这就是我们在数学课上要做的!"
"要我告诉你吗,为什么这几个数字写在正方形里?"
"不用,我自己猜!"

一些孩子刚从走廊里的黑板前离去,另一些孩子又走了过来,他们也在黑板前留步,讨论同样的问题,不过说法不同而已。

上课铃在响着。

"孩子们,请进教室里来!男孩子们,请记住,你们——是男子汉!"

我开始上数学课。

"孩子们,你们好!"

"老师好!"

"你们有什么新闻要告诉我吗?"

迈娅:"我身体发着烧来学校的!妈妈不许我上学,但我没有听她的话!"

我:"发着烧来学校?让我马上给你检查一下体温!"

教师,在你的班上备一个急救药箱,要懂得常见的儿科疾病,尤其要了解儿童传染病的种类及其症状!教师,你要学会紧急的医疗救护!

迈娅(露出惊慌的神色):"要是我有热度,你会送我回家去吗?"

我:"我们看看再说!但你本来就该听妈妈的话嘛!"

"我有事要对你说,可以吗?"

这是"玛克瓦拉"。

"当然可以"。

她跑到我跟前说:

"不过我要在你耳边悄悄地说!"

我弯下腰。她把嘴凑到了我的耳朵边,默默无言。

"不,等一会说,现在不说!"她跑回自己的坐位。

列拉:"我画了一幅图画。可以把它挂在教室里吗?"

我:"当然可以,如果你很喜欢这幅画,就把它挂起来吧!"

我转入课的总谱的第二部分。

"要我告诉你们吗,在今天的课上我们将学习什么?"

孩子们听我的叙述。我告诉他们,我给他们准备了哪些作业和练习。我的叙述激起了他们想尽快着手于实际的学习任务的愿望。

"不过,我们先得看一看,迈娅的体温高不高!"

女孩子把体温表递给我:38.3℃!

"快去找医生!得打电话告诉家长!"

迈娅着急地说:"我不愿回家!"

"在家躺两三天,你就能恢复健康,就能来上学的!"我安慰她说。

孩子们也为她着急起来,劝告她说:

"生病可不是闹着玩的!"

"我一定打电话告诉你,我们在班上做了些什么?"

"迈娅,愿你做个聪明人!"

医生赶来了,把女孩子带走了。

"孩子们,你们可以看出来,我们的迈娅是个怎样的人,她多么爱你们、爱学校、爱学习!因此,她发着烧还来上学——她要跟你们在一起!"

伊拉克利:"我觉得她很可怜!"

佐利科:"她很快就会恢复健康的!"

我:"让我们继续上我们的课吧!"

这时,这堂课已过去了15分钟,所以我只能以压缩的形式把数学课总谱的第三部分内容(发展观察力的练习)匆匆带过,其余部分仍按总谱上预定计划进行。

不过,孩子们一直在惦念着迈娅。在课结束的时候,我问孩子们:"我们的课上得怎么样?"

列里回答说:"要是迈娅不生病的话,课可以上得更快乐!我一直在想念她!不知道她自己觉得怎么样了?"

原来,我们大家都为迈娅生病而感到难受。

医生又来了。

"迈娅怎样啦?"

"没有什么危险!看来,她得了感冒。她妈妈已来校把她带回家去了。只是她一直哭个不停,为耽误课而伤心着呢!"

孩子们不安的心情终于平息了下来,因此,第一次课间休息的10分钟是在快乐的情调下度过的。我们还赶着做完了留在黑板上的几道习题。

我开始上本族语课。

孩子们要求先学习苏尔汉·萨巴·奥尔别利安尼的寓言《乌龟和蝎子》。

开展了一场猜测寓言结束语的讨论。当我拉开写着寓言结束语的黑板上的帷幕时,很多孩子都抑制不住自己的快乐,大声地说:

"我就是这样讲的!……"

"我就是这样说的!……"

接着,我转向下一个课题:要孩子们说出我朗读的诗歌、童话、故事的片断出自哪一部作品……

"请您做我的爸爸"

……突然:

"大家快看哪,下雪啦!"萨沙喊了起来。

我怎么也估计不到,第比利斯在三月初会突然下起雪来。整个冬天是以我的6岁学生玩雪仗的欲念破灭而告终的:晴天为雨天所代替,寒冷的日子转暖。孩子们学习了关于雪、雪球、积雪,以及在冬天用滑雪板、雪橇滑雪多美好的诗歌、故事,可是始终没有下雪……

"雪,雪,雪!"孩子们一面喊着,一面向窗口扑去。

白絮般的雪花漫天飞舞,我们的校园很快就披上了银装。我们久久期待着的这一天终于到来了!在我的6岁学生中,不少人也许第一次见到大自然的这种奇妙现象哩!

"你们想不想玩雪球游戏?"我问。

当然啦,那还有什么可说的!

孩子们迅速地穿上外衣。我没有要求他们排成两列纵队,应该赶快行动。我们都飞快地来到了院子中央。

快乐吗?那还用说!

艺术课——我们互相丢雪球,在雪中翻筋斗。

大休息时间——我们堆雪人。

劳动课——我们转移到公园里去,在光滑的林间小道上滑行。

我同"玛克瓦拉"一起堆雪人。

"我有事找您!"

女孩子站在一棵松树的下面。我把松树摇撼了几下,枝头轻软的积雪掉了她满身。她哈哈大笑,跌倒在雪地上。

该吃饭去了吗?不,哪有闲功夫吃饭!

我们看松树银装素裹,充分地欣赏这白色世界的美景。不一会儿,雪止了,我们也都疲倦了,于是就返回学校。多么快乐的脸庞!多么绯红的双颊!手指、鼻子尖都冻僵了吗?他们一点儿也不怕!很快就会暖和过来的。正因为这样,今天我们才能获得如此不可磨灭的印象!

"玛克瓦拉"拉着我的手，始终形影不离地伴随着我。

"我有事找您！过一会儿对您说！"在返校的路上她对我说。

在教室里，我们把自己收拾整齐，换掉外衣和鞋子。

"男孩子们，你们是男子汉，给女孩子们帮个忙！"

男孩子们纷纷帮助女孩子脱去大衣、皮靴，递给软底便鞋。女孩子们用毛巾给男孩子们擦去脸上的雪花。

"真好！"

"真棒！"

"要不要让我给你们讲一个《白雪公主》的故事？"

"要！……非常想要！"

"请大家坐到各自的坐位上去！……怎么方便就怎么坐吧！……请大家听我讲！"

我以神秘的口气开始轻声地讲了起来：

"在很久很久以前，有一个……"

故事很长很长，孩子们都在屏息静听，很多孩子低着头，闭着眼睛，有些孩子似乎已经睡着了。只有萨沙不在听，他时而闭上眼睛，时而睁开眼睛，始终在看着窗外的景色。突然，他忧愁地叫喊了起来，打断了我的故事：

"大家快看，雪融化啦！"

孩子们忘记了听故事，又一次扑向了窗前。

清泉般的水滴不停地自屋檐处往下滴着。不久前还覆盖着我们的院子里的积雪眼瞧着渐渐地消失了。金光闪闪的太阳露出了笑脸。

"我早就说过，应该抓紧时间做冬天的游戏！可是现在冬天已经没有啦！"萨沙说。

孩子们悲伤地看着这一逝去的冬日的残迹。

"我们的雪人！我为它感到有多伤心！它那么快就消失得无影无踪了！"

"再见啦！冬天！"尼娅说。

"再见啦，冬天！"孩子们齐声说。

今天，在这意料不到的两个小时里，冬天匆匆地来到了我们中间，又匆匆地告别而去了。自然之母就这样地促使我当机立断地修改了这壮丽的第 122 个学日的总谱。

"我有事找您！""玛克瓦拉"用她的小嘴在我耳边轻声地说，并用她那尚未暖和过来的小手掌把我从窗口拉到了教室的角落里。

"请坐下！"

我坐到了课桌旁。

她的一双小手抱住了我的脖子，把我拉向她一边去，一双小嘴唇碰到了我的右耳朵。她呼出的暖和的气息直扑我的耳朵，传来了激动而又哆嗦的声音：

"您听我说……我想说……请您做我的爸爸，好吗？……要是那样，妈妈就不能送我上寄宿学校去了，我就能继续跟您在一起！"

我知道，送她上寄宿学校的事早已决定。她的母亲是个铁石心肠的人，此事已无法挽回。我竭力找些亲切的话语安慰她。

"您说到哪里去啦，我的孩子，寄宿学校有什么不好！我知道，那里的教师和教导员都是些很好的老师，他们一见到你就会喜欢你的，你也会喜欢他们的！我，还有你的同学们，一定常常给你写信。我一定带领同学们前去看望你！在那儿你不会感到寂寞的！"

"这就是说，您不愿意做我的爸爸啰！"

但"玛克瓦拉"还是吻了我的脸。

请原谅我吧，亲爱的圣埃克苏佩里①，如果我因儿童的痛苦而哭泣，并引用了你充满愁思的话语的话，那是因为我现在万分苦恼，自己找不到适当的话来表达我此时此刻的心情：

"你这样有声有色地向我诉说儿童的痛苦，还捕风捉影地指责我的过失。可是你的话却文不对题。你说，'在某处洪水泛滥时，淹死了10个儿童'。但我一点儿也不懂得算术，因此，如果蒙难的儿童数再多上一倍，我是不会加倍悲伤地哭泣的。何况，自开天辟地以来，夭折的儿童何止千千万万，但这并没有妨碍你成为一个幸福的人，充分享受人生的快乐。但是，我能够为一个儿童的痛苦而哭泣，如果你能引导我走上通向他的心灵的一条惟一真正的道路的话，正如一花引来百花开一样，通过这一个儿童，我将找到通向所有儿童的心灵之路，并且，我将不仅为所有儿童的痛苦而哭泣，还将为所有人们的苦难而哭泣。"

---

① 圣埃克苏佩里（Antoine de Saint-Exupery，1900—1944）——法国著名作家，著有长篇小说《南方信使》（1929）、《人类的大地》（1939）和寓意故事《小王子》（1943）等。第二次世界大战中参军，抗击法西斯，担任飞行员，在一次空战中牺牲。——译者注

第六章 个 性

（第170天，最后一个学日）

关于我的6岁学生的教学和教育问题的日记和思考，我写了满满四本各200页的普通笔记本，虽然我是亲眼看着他们成长起来的，但是这丝毫也掩盖不了我发自内心的惊异：他们每一个人都在成长的道路上有一个飞跃。每当学年结束的时候，我都要花很长的时间与孩子们话别。在这时，我的内心总是充溢着一种既愉快又愁闷的心情：我为他们的成长而感到愉快，为与他们分别而感到难受和愁闷。在这些篇幅很大的笔记本里记述着我们的一切：什么使我们激动、快乐，什么使我们忧伤，什么使我们全神贯注，在教学和教育的道路上，我和我的孩子们碰到什么样的困难以及我们是怎样克服的。在笔记本里记述了关于每一个儿童个性形成的种种事实。我力图把每一个孩子培养成为具有个性的人。在我看来，这就是一个为人们的幸福而奋斗的现代斗士。我认为，这也是一个在动机、目的、意志、智力、情感和对人的爱等方面具有个人特点的和无与伦比地融为一体的人。从第一天起我就开始培养我的小学生们的这种个性；三年以后，他们将登上学校生活的高一级台阶，我希望，我的同事们将继续致力于培养这种无与伦比的个性。

我是怎样塑造每一个儿童的个性的？我翻阅着800页日记，其中记载的事实和论断使我得出了一个主要的结论：

个性孕育于自我斗争，孕育于自我认识和自我觉悟的过程，因而教育和教学的目标应该指引儿童走上这一自我形成的道路，并帮助儿童在这一相当困难的搏斗中获取胜利。

对于6岁儿童来说，在具体应用这一原则时，需要十分谨慎，因为这种自我斗争可能导致个性的升华，也可能导致个性的毁灭，在不良的条件下，这种自我认识和自我觉悟可能会使儿童形成有损于人格尊严的立场和观点。

从这一观点出发，我决定再读一遍我的日记。

9月5日　关于单词和句子的选择

原先，我选择单词和句子所依据的原则是它们的通俗易懂性：使单词能为儿童们最大限度地明白和易于理解（例如，课桌、太阳、蘑菇），使句子同样也能为儿童们最大限度地明白易懂（例如，孩子们在院子里玩耍。吉哈到花园里散步去了。爸爸给女儿送来了礼物）。不用说，这类单词和句子不会使儿童为弄清其内容而久久地思考——"这是什么意思呢?"——因此，我想它们当然是最适合于训练分析单词和句子的方法……但是，干吗要在语文课上，即培养公民品质和个性的课上，让儿童们学习这种符合传统教学法的教材呢？采用内容同样简单明了的，但其含义包含着为塑造个性创造条件的教材，儿童们也可以掌握分析单词和句子的方法。这样来选择语文练习的教材岂不更好吗？可以把这种办法称做为"单词和句子的英勇精神的原则"。我并不是说，选择单词和句子只应该以这一原则为准绳，但这一原则可以丰富练习的内容，使练习多样化，并赋以其教育的方向性。

今天我借助拼字板在黑板上"写下"了这样的一个句子：

普罗米修斯偷走了火。

"请大家一起把这个句子朗读一遍!"

孩子们齐声地"读"了一遍。

"普罗米修斯是什么人?"尼卡问我。

也许出现这样的问题，连偏爱用"祖父点了火"，不喜欢用"普罗米修斯偷走了火"教学生分析句子的教学法专家也会感到害怕的。但这是不必要的，出现这样的问题甚至是一件大好事。

我对孩子们说：

"请大家记住这个人名——普罗米修斯！回家去请你们的长辈给你们讲关于普罗米修斯的神话故事！现在我要请你们告诉我，在这个句子中有几个单字?"

句子的神话内容，确切点说，英勇精神的内容，丝毫也不妨碍对句子的语言分析、变换词序和探究句子的最佳词序。我用公民这个单词教孩子们掌握音素分析的方法。原来，分解这一单词的音序和用画小圆圈的方法把每一个语音"写"下来，丝毫也不比用像祖母这样很熟悉的一类单词来完成同样的作业更复杂些。

我拟定了一些据以训练我的 6 岁学生掌握书写单词和句子的一般方法的单词和句子。

单词：祖国、人、英雄、意志、劳动、建设、志向、斗争、职责、同情心、热忱地、有礼貌的、诚实的，等等。

句子：做人要做一个真正的人。做善事要赶紧做。把快乐送给他人。劳动使人高尚。从少年时起就要爱惜荣誉。

在任何场合，我都不给孩子们解释单词的意义和句子的内容。必要时，我让他们去问家长，让家长去给他们解释，什么是"诚实"、"职责"，或者，什么是"做人要做一个真正的人"。

从这类单词和句子的内容中，孩子们能得到什么呢？不言而喻，这样的内容不仅无碍于他们掌握单词和句子的书写方法，而且，也许还会使今天的儿童在将来某个时候树立英勇无畏的思想。因此，我给自己写下了下述一条箴言：

选择语文练习的思想内容的出发点是：不仅应该使儿童在今天掌握语言活动的某种方法，而且还应该使练习的思想内容成为在最近和将来形成儿童的个性的基础之一。

11 月 29 日　"派谁去做客人"

在课间休息的时候，有几个三年级的孩子来到我们的班上，给我们送来了三份色彩鲜艳、做得很精致的请柬。

"今天上午我们班举行音乐表演会，我们邀请你们班的三位同学参加。请原谅，不能邀请你们全班同学都去参加，因为表演会在教室里举行，坐位不够！"

这是我的 6 岁学生第一次受到邀请。

"谢谢！"我对三年级的学生说，"我们将派代表前去参加。"

三年级的学生离去了，而我的零年级学生们都竖起了耳朵。

"他们举行怎样的庆祝会？"

"您派谁去？"

当然，我谁也不指派。最好还是建议孩子们自己推举出自己的代表。课一开始，我就把色彩鲜艳的、精美的请柬给他们看，给他们读了请柬的内容。表演会过 10 分钟就要开始了。

我知道，在这种情况下，教师通常是怎么做的：教师环顾全班："派谁去？"一些孩子默不作声，但是激动地以恳求的目光望着教师："请挑选我！

我是个好学生！我坐得多么端正，多么专心地望着您！"根据以往的经验他们已经知道，向教师请求的学生是不能得到教师的宽容的。另一些孩子不能忍住自己被选中的愿望，他们向教师请求、恳求："请挑选我！请挑选我！请派我去！我还没有去做过客人！您还一次也没有挑选过我！"教师皱着眉头说："别吵啦！我知道该派谁去！谁学习好，不调皮，听话，我就派谁去！"他挑选了自己的代表，委任他们为班级的代表，给他们作了关于行为举止方面的指示。

　　这三个被教师选做班级的代表的学生是什么样的学生呢？多半是爱拍他马屁的学生，是他的宠儿。他们知道、感觉到这一点，并以此而引以自豪。他们之所以引以自豪，是因为在这一年龄阶段，教师在儿童们中间的权威是至高无上的。他们当然还不懂得这种心理学。但是教师应该懂得，他利用自己的威信也能摧残儿童的愿望、志向的发展，压制儿童所理解的正义。今天他是一个权威者，但是，也许这绝不是因为他与儿童的交际的性质和对儿童的态度而理应博得的，而是因为——他是他们的第一个老师。儿童们早在入学以前就已经听说过他。他们盲从于他的权威，其表现形式是多种多样的，这完全取决于在家里是怎样谈论他的。

　　那么，对一个教师来说，该不该利用（我不说"滥用"）自己的权威，擅自决定那些应该用别的方式决定的至关重要的问题呢？为什么要由他自己来挑选儿童集体的代表？这岂不就是为了用这种间接的方式来教育儿童听话吗："记住，如果谁不好好学习，不听我的话，表现不好，使我生气，我就不派他去参加庆祝表演会！"（当然啰，问题不仅仅涉及邀请参加庆祝表演会）被挑选到的孩子会感到自豪；但是因为很多孩子的愿望没有得到满足，于是在儿童中间就产生了一种特殊的儿童式的关于公正和不公正的观念："老师挑选他所喜欢的人，他不喜欢我！"对于被挑选上的孩子来说，这是极其公正的："为什么会不是我呢？"而对于未被挑选上的孩子来说，教师的做法是不公正的："为什么不挑选我？"

　　从这种教育学中可以得到什么好处呢？什么好处也没有。也许，可以巩固教师对儿童的霸权吧？但是，要知道，集体的权威取代教师的权威的时刻定会到来的！那时该怎么办？关于教师处事不公正的往事，自己的主张受压制的感觉，将永远留在儿童的记忆里。在这样的情况下，当孩子们从小学升入中学的时候，取代小学教师去教他们的中学教师，为了使儿童们联结成一个巩固的集体，使集体的权威成为每一个儿童个性发展的真正的良师益友，并且还要赢得和保持自己的权威，他们该付出多大的劳动！惯于霸权式地利用自己的权威，用自己的决定代替集体的决定的儿童的第一个教师是否想到过这一点呢？

我认为，教师的这种霸道和专权是不符合教育原则的，不能这样做。我将不把自己的选择强加给他们，而是建议他们自己提名，该派谁去。

"孩子们，"我说，"我们应该从我们中间派遣三个人去！他们得回来向我们汇报：在那儿看到了什么，听到了什么，他们最喜欢的是什么。可见，应该选派举止沉着的人去，如果有人询问些什么，他也能作出聪明的回答。大家想一想，你们希望派谁去参加三年级同学的庆祝活动。"

沉默一分钟。

现在，我的任务是支持任何一个儿童所提的候选人，并证明他是受之无愧的。我不安排讨论，不付诸表决：赞成的请举手，反对的请举手。否决候选人，这在被推举为候选人的儿童看来，无异就是对他的一种严厉惩罚，可是，他在此时此刻什么过错都没有。因此，我运用自己的威信，采取速决的办法来结束选举。当然，我的决断是建立在儿童们支持的基础之上的。

"你们想好了吗？请发言，派谁去？"

萨沙："我建议派埃卡去。她举止沉着、聪明、善良。她从不打扰别人。在那儿她也不会打扰任何人！"

"我同意你的意见，萨沙。出列，埃卡！你看，同学们多么信任你！"

维克多："我建议派柯蒂去。他非常喜欢音乐，要知道，他们举行的是一个音乐晨会！"

"当然啦，维克多，你说得对！此外，但愿这一次对柯蒂也是一个考验——要沉着和细心。出列，柯蒂！"

马格达："我建议派纳托去！要是突然有人建议我们的代表唱歌或朗诵诗歌呢？纳托能出色地朗诵诗歌！"

"谢谢，马格达！纳托代表你们出席三年级同学的庆祝会也是当之无愧的。现在请大家议一议，在那儿他们的举止应该是怎样的？"

"应该向所有的人问好，要说：'你们好！'"

"应当感谢他们的邀请！"

"在歌舞会时别嘻嘻哈哈随便讲话！"

"专心地听，以便回班上讲给我们听！"

"如果有人邀请你们唱歌或朗诵诗歌，别扭扭捏捏！"

"如果在那儿有什么不感兴趣的事，什么也别说，别使人感到难堪！"

我把请柬递给我们的代表们。

"你们都听清楚了同学们的劝告了吗？不要辜负同学们的信任！去吧，别迟到！……"

在一切类似的场合我都将采取这样的办法来推选候选人——责成某人办某

事，指派某人办某事（甚至在课上指派某人朗读书中的故事或诗歌，到黑板前解答习题，讨论喜欢的作文等，也采取这样的办法）。

12月4日　秘密会议

"男孩子们，请全体起立！"

男孩子们起立。

"今天你们得早一些到食堂去吃午饭，一吃完午饭，马上就上楼来找我。我将同你们一起进行一次秘密谈话！明白吗？坐下！"

"谈什么？什么秘密？"女孩子们好奇地问。

"这个秘密我只给男孩子们谈！你们不该知道，别再多问。反正我什么也不说！……"

我准备给男孩子们说什么秘密话呢？

关于对女孩子的态度问题。

自从他们入学以来，在上课铃或下课铃响以后，我总要对男孩子们说："记住，你们是男子汉！"并提醒他们，无论何时何地都要让女孩子们先行，不能推撞她们。我严格地监督着，以便使男孩子们不欺侮女孩子。看来，在已过去的三个月的学校生活中，男孩子们已养成了这样的习惯：不能欺侮女孩子，对这样的行为，我谁也不会原谅的。但是我觉得，协调男女儿童之间的关系仅仅停留在这样的水平上是不行的。下一步该怎么办？去给男孩子逐个地说："去帮埃拉脱大衣！把大衣递给尼娅！"或者在班上定出几条为女孩子效劳的条例吗？我清楚地知道，不少男孩子不赞成帮助女孩子。

"请把大衣递给伊娅！"我对格奥尔吉说。

格奥尔吉一动也不动。

"把大衣递给伊娅！"我又说了一遍。

而他却说："让她自己拿！"

"当然，她自己也会穿大衣，但最好你能帮助她。"

他又说："我不干！让她自己穿！"

叶莲娜在走廊里跌倒了，哭了起来。

"去扶她起来！"我对迪托说。

迪托勉勉强强移动了一下脚步，走到哭着的女孩子身旁，毫无一点同情心地对她说：

"站起来！有什么好哭的！"

我又指派佐里科去帮助她：

"去扶女孩子站起来,安慰安慰她!"

佐里科慢腾腾地走到叶莲娜跟前,粗暴地抓住她的两腋往上提。

"喂,快站起来!"他边往上提边说。

看来,这样的帮助未能使女孩子站稳,佐里科的双手刚一放开,她又跌倒在地了,并且哭得更凶了。但佐里科却返身走到我跟前,把这归咎于叶莲娜:

"我帮助她,对她说:'站起来!'可是她不想站起来,还哭个不停!"

最后,萨沙不等我吩咐,就主动地跑到叶莲娜跟前,跪到地上,用手抚摸了一下叶莲娜的头发,说了些安慰的话。女孩子停止了哭泣。萨沙伸出自己的双手,她也伸出自己的双手拉住萨沙,就这样站了起来。萨沙还帮助她擦掉了眼泪。

我要使我的所有男孩子成为富有同情心的人,使他们每一个人都能对自己的同班同学表现出关心的态度。因此,我决定在今天举行一次秘密谈话,指引他们走上这一条道路。

为什么非要秘密谈话不可呢?关于这一问题,我有我自己的某些设想。

第一,女孩子们不必知道我给男孩子们作了怎样的教导。否则,她们很可能会用这样的话来反问男孩子:"不是吩咐你给女孩子递大衣吗?喂,快点递呀!"在这样的情况下,男孩子的善意关怀就变成了由女孩子死乞白赖地讨来的效劳。这种关怀便失去了为人们服务的美感和道德的基础。如果女孩子们不知道我们谈话的内容,那么,她们将以感激的心情对待男孩子们的一切关怀。

第二,在秘密谈话的情况下,我可以更坦率地与男孩子们交谈,给他们阐明,什么是男子的美德。这种谈话的秘密性可以使我的男孩子们对自己刮目相看:老师在与他们进行认真的谈话,相信他们,也就是说,他们变得越来越像大人了!

第三,儿童都喜欢有自己的某种秘密。这种交际的形式可以激励他们的活动。"这是我们的秘密!"这就是说:"这是很重要的!"此外,严守秘密——这是儿童游戏的最美好的特点之一。儿童们常常在保守他们的秘密。什么秘密?他们要保守的秘密,也许已是众所周知的事。但是,这里的问题完全不在于秘密的内容是什么,而在于保守秘密本身。我的男孩子们愿意保守秘密,而我则希望他们对女孩子表现出男子汉的关怀。于是我们的两条愿望之路就走到一块来了:我给予他们严守秘密的任务,他们则乐意去完成这些任务。当男孩子们走进教室以后,我就关上房门,让他们靠近我身边坐下,开始了与他们的谈话。我说话的声音很轻,但语调既严肃认真,又很坚决:

"我准备在班上建立一个真正的男子汉的协会。你们中谁愿意做一个真正的男子汉,请举手!"

男孩子们都很诧异。萨沙第一个举起了手，接着，其余男孩子也都举起了手。

"这就是说，你们每一个人都愿意做一个真正的男子汉啰？"我花了一分钟时间聚精会神地以审视的目光注视他们每一个人。我没有给他们提出这样的问题："你们知道吗？真正的男子汉应该是怎样的人？"不用说，我的男孩子们还不懂得这一点，要他们回答这样的问题只能把我们搞糊涂。我把他们召集起来，不是为了商讨，而是为了提出一些规则，并要求他们履行这些规则。商讨的事情我们可以在今后的会议上去讨论，在这种会议上，很有可能必须讨论违反男孩子行为准则的某种行为，或者拟定给我们的女孩子、妈妈们、祖母们、姐妹们赠送令人快乐的、意想不到的礼物的计划。在这种会议上，我们还有可能讨论这样的问题：对妇女粗暴无礼、欺侮妇女、不帮助妇女、不关心妇女的那种成人，能不能被称做真正的男子汉。要让孩子们懂得，培养自己成为真正的男子汉，要从童年时就开始。

"如果你们愿意成为真正的男子汉协会的一员，那么，从今天起就得遵守我们协会的规则。同意吗？"

"同意！"男孩子们轻声说。

"今天我只给你们说两条规则。第一条：对每一个女孩子都要抱殷勤、同情、关心的态度！请大家把这条规则轻声地复述一遍！"

孩子们复述。

"第二条：帮助女孩子脱去和穿上大衣！把这条规则也复述一遍！"

接着我建议男孩子们练习怎样把大衣递给女孩子。

"这儿挂着女孩子们的大衣。你们向挂衣处走去的时候，别你推我挤地，要从容不迫地。"

我给他们演示，怎样走到挂衣处，怎样从衣架上取下大衣。

"拿着大衣……走到女孩子跟前……大衣要这样拿着，使女孩子穿起来很方便，两臂一伸就伸进了袖管！……明白了吗？萨沙，请你来演示一下，你是怎么做的。"

萨沙很高兴地作了演示。

"格奥尔吉、迪托、佐里科，现在你们三人一块儿走到挂衣处去，也像萨沙一样做一遍！"

萨沙和我纠正他们的动作，给他们解释，大衣该怎么拿，该怎样细心。

"现在大家一起走到挂衣处去，不要你推我挤，不要互相妨碍，主要地，不要把大衣掉在地上，不要弄乱了。"

男孩子们练习了好几遍，最后终于学会了仔细地和大方地帮助女孩子穿大衣的步骤。

"请大家坐下!"

我们又围坐在一起。女孩子们已经在门外敲门:"开门!"

"真正的男子汉不出卖秘密!"我说,"我们来数一数,现在在教室里我们共有多少人!"

我们点了人数。连我在内共22人。

"不能让第23个人知道我们的秘密!"

沉默。我们像一群图谋从事某种非常重要和严重事情的阴谋家一样互相默默地注视着。

女孩子们忍耐不住了:

"快开门!放我们进来!"

我打开了门。

"你们在谈些什么呀!"她们喋喋不休地问。

我们都显出若无其事的样子,没有谁出卖自己的秘密。

"没有什么!"

课后,当给女孩子们递大衣的时刻到来的时候,所有的男孩子都表现出了要成为真正的男子汉的一致愿望。但显得令人遗憾的是,许多女孩子都不理解发生了什么事,也不知道自己该怎么办。

"没关系,女孩子们,不久,我也给你们举行这样的一个秘密会议!你们本来就应该知道,应该怎样表现出对男孩子们的关怀,怎样珍惜他们对你们的男子汉般的照顾!"

12月6日 生日

完全不必要送给儿童堆积如山的巧克力糖、成百上千种玩具,无数次地亲他的脸蛋,没完没了的温情话,这一切未必就一定能使儿童得到快乐。他只需很少的满足也能感受到真正的快乐,感觉到自己是幸福的人。例如,大人花一小时时间跟他一起玩儿一会儿,他就会感到很幸福;给他一支普通的铅笔和一张纸,在他的脸上就会堆出快乐的笑容;家长早一点儿回家,他就会欢喜雀跃得使房子也好像晃动了起来;临睡前给他讲一个故事,他就会像全世界最幸福的一个人一样地做他的美梦。我奉劝读者,假如您经常对儿童怀有温存和关怀备至的感情,他将永远感到自己是一个幸福的人,您将成为他每天快乐的取之不竭的源泉。如果每年有一次(在他生日的那一天)能做到使他感觉到自己的成长,认识到他自己个人在自己的亲人中的威望的提高,他就会感到其乐无穷。

关于家庭教育学的这些思想,我是随着在班上为每一个儿童举行生日庆祝会而逐步形成的。

今天我们庆祝玛里卡的生日。早上,我与儿童们互致问候后就郑重地宣告:

"我要告诉你们一件令人快乐的事。今天是我们的玛里卡的生日!"

孩子们快乐地鼓掌。

"你们有什么祝愿的话要对她说吗?"

桑德罗:"玛里卡,愿你永远做一个善良的姑娘!"

塔姆里柯:"爱自己的祖国!"

迪托:"尊敬自己的父母!用自己的学习成绩使他们得到快乐!"

维克多:"玛里卡,你还记得我曾经欺侮过你吗?今后我再也不欺侮你啦!"

捷卡:"我希望你用自己的知识替自己增光!"

戈恰:"愿你做一个勇敢的女孩子!"

埃卡:"写得更漂亮些!"

马格达:"如果碰见外国人,要表现得使他们爱你和爱我们的祖国!"

尼卡:"学会流利地说俄语!"

拉里:"我祝你永远身体健康,永远不缺课!"

伊拉克利:"我希望你永远第一个解答出沙尔瓦·阿列克桑德罗维奇布置的最复杂的习题!"

所有的孩子都叙述了自己的良好祝愿。这时,玛里卡站在黑板前,微笑着,不停地边点头,边轻声地说:"谢谢!"她的双眼闪耀着快乐的光芒。

"孩子们,"我说,"现在,让我代表你们大家向玛里卡祝贺,并把这一本故事书作为礼物赠送给她!在书上我写了这样的题词:我们的亲爱的玛里卡!祝你生日快乐!我们大家都很爱你!你是一个善良的小姑娘!——你的全班同学。"

我把书递给玛里卡,孩子们鼓着掌,女孩子喜气洋洋。

"你们看,为了庆贺玛里卡的生日,我给你们准备了些怎样的作业!"

我拉开黑板上的帷幕。我指给孩子们看语文练习中的一个纵横字谜,在这个字谜中,各个单词的第一个字母自上而下念,正好组成"玛里卡"这个名字。孩子们很快就猜对了这个字谜,我示意他们齐声地念出谜底。

"玛里卡!"教室里响起了一阵响亮的朗读声。

其余的作业都是通常的作业,但也是献给玛里卡的。

在课间休息的时候，我们簇拥着玛里卡走到陈列栏前，这是一块宽 2 米、高 1.5 米的木板。在上面贴有全体儿童不满一周岁时的照片。照片看上去是令人发笑的、好玩的，孩子们都很爱鉴赏。这些照片占据了陈列栏的上半部分，下半部分另有特殊的用途。在某个孩子生日的一天，我们簇拥着他走到它的前面，使他背靠着陈列栏站着，测量他的身高，记上日期，并贴上家长送来的他的近照。在陈列栏上已经标出了庆祝叶莲娜、捷卡（9 月）、迪托、沃瓦、伊拉克利、纳托、维克多（10 月）、马格达、埃拉（11 月）的生日的标记。今天我们又要标上玛里卡的身高，写上日期和贴上她的近照了。这一仪式是在一片喜气洋洋的气氛中进行的。今后，我们还将在陈列栏上给每一个孩子标记三次身高，好好观察一下，玛里卡是怎样成长起来的，所有的其余孩子是怎样成长起来的。

在数学课上也是为庆祝玛里卡的生日而做最复杂的习题。

在图画课上，每个孩子都为玛里卡画一幅画。我们已经准备好了一个色彩鲜艳的纸夹。孩子们把自己的画放入纸夹。在画上有图画作者的签名和祝愿（学会了全部字母的孩子写）。在热烈的掌声中，我们把这份礼物赠送给玛里卡。

在最后一堂课上，我们举行庆祝玛里卡生日的即兴歌舞会：有人朗诵诗歌，有人跳舞，有人唱歌。

放学了。每一个孩子都不约而同地走向玛里卡，再一次向她祝贺，再一次说些美好的祝愿，微笑着向她告别。她急匆匆地赶回家去，以便尽快地与自己的家人分享自己的幸福。

我们就是这样地庆祝玛里卡的生日的。

我准备在近日内也以这样的形式庆祝一位"好耍威风的妈妈"的儿子的生日。那一天他打扮得特别漂亮，一走进教室就引起了大家的注目。

"这是进口皮鞋！这套衣服也是进口货！今天晚上我家要来很多客人！我将得到很多礼物！"

早在上课之前他就已开始这样地自吹自擂起来，致使我未能率先让孩子们为他的生日道贺。

而孩子们也并没有显示出特别高兴的神色。

"你们想向他祝愿些什么呢？"

孩子们说：

"但愿他别做吹牛大王！"

"希望他对女孩子要有礼貌！"

"我祝愿他成为一个聪明人！"

"如果他学会讲礼貌，我们大家就会喜欢他！"

"他是个饶舌家！他还会把自己的过错嫁祸于别人！"

"我祝愿他改掉说谎的坏习惯！"

我不得不打断这样的祝愿，因为我看到，男孩子低垂着头，快要哭起来了。

"孩子们，我知道，他有一颗善良的心，他爱着你们大家！让我们一起来庆贺他的生日吧！"

孩子们一起鼓掌。我递给他一本书——生日的礼物。

我准备拉开黑板上的帷幕，把整个学日及其全部乐谱献给他，并希望，稍微医治一下刚才孩子们使他在心灵上留下的伤痕。当我把一切准备就绪，就像一个手持精密器械的外科医生一样，正俯身准备"打开胸腔"，突然传来一阵令人厌恶的敲门声，接着，房门被擅自推开了，"好耍威风的妈妈"命令我出去一分钟。

"请关上门，现在是上课时间！"我说。

"只需一分钟。您怕什么？"

为了避免当着孩子们的面出现不体面的场面的可能性，我不得不走到走廊里去。

"这里是大蛋糕，够孩子们分着吃的，还有糖果、甜酥糕、40瓶柠檬汽水！您要知道，今天是我儿子的生日呀！让孩子们欢庆欢庆！您也要对他亲热一些！"

"什么也不需要！请您把这些东西全拿回去！"我严肃地说。

可她却说："别担心，所有这些都是家里自制的，绝对卫生可靠！"

"自制的也请拿回去，怎样庆祝生日，我们有我们的传统！没有这些东西我们也能庆祝！"

可她却说："没有!？孩子们喜欢吃甜食，他们将会高兴的。您不是竭力要使他们得到快乐么？这就是给您的全体孩子的快乐！"

下课铃响了，孩子们走出了教室。"好耍威风的妈妈"立即把甜食分送给他们。我给"好耍威风的妈妈"留了一点体面，没有在孩子们面前把这场冲突继续下去。孩子们吃了大蛋糕、巧克力糖、甜酥糕，同时也"吃完"了"好耍威风的妈妈"的儿子的生日，但这丝毫也没有改变自己对他的态度和对他的印象。

我经常想起这一场面。当时我在走廊里该怎么办好？也许我应该更坚决一些，更不讲情面一些，更粗暴一些？或许我应该禁止孩子们拿甜食？但现在重要的不是这一点，而是今后我该怎样培养儿童的性格。

2月20日 个性与墨水的颜色

从前，我从来没有思考过这样的问题：应该用哪一种颜色的墨水批改孩子们的书面作业。除了红的，还是红的！这里面有什么名堂？但是，最近列拉碰到的一件事却促使我把墨水的颜色问题当做一个教育问题认真对待起来：她一打开我发还给她的数学作业本就哭了起来。

"怎么一回事，列拉？"我不安起来。

课被打断了。列拉哭着，眼泪滴落在打开的作业本上，把我画在女孩子做错的作业题下方的红线全都抹了。

"我不会学数学！……我不会做习题！……我该怎么办！……我老是出错误！……我的作业本上全是红线！……"

不用说，我安慰了女孩子，也说了鼓励的话。但这件事也给我提出了一个问题：在墨水的颜色和培养儿童的个性之间是否存在着某种关系的可能性。确切些说，问题在于，对教师来说，红墨水——这是指出儿童在书面作业中错误的手段。我回想起自己的学生时代。我总是忐忑不安地打开老师发还给我的作业本。作业本上的红线从来也没有给我带来过快乐。"不及格！错误！你怎么就不害臊！"每条红线仿佛像我的老师的声音用这些话训斥我一样。教师在我的作业中打的叉号总使我感到很恐惧，我真想把作业本扔掉，或者从中撕掉打满了这种叉号的不祥之页，我觉得这些叉号就是教师辱骂我的标记。有时，在教师发还给我的作业本上不仅满是叉号和钩号，在每一行的旁边还画上了波状号①。

如果当时我能毫无差错地完成作业，我干吗还要上学读书呢？我一看到这些令人恐惧的信号——"不及格！错误！你怎么就不害臊！"——就痛恨自己不能避免错误，有时候又觉得非常苦恼。我也痛恨喜欢给我打红叉叉的教师。"站住！在未纠正错误之前，不得向前跨出一步！"红色的曲线在对我说，可是我多么想继续大步地前进！虽说我有错误，但你们别阻挡我前进！唉！红叉叉呀，红叉叉，如果没有你们，让发明你们的学者们再去绞上一百年的脑汁，该有多好！

作业本上的红叉叉使我的情绪消沉到了极点，它们给我带来的常常是淌不尽的泪水！莫非这是全体教师互相预谋着专门找我的错误吗？在这样的情况下，完全可以预料，我会怎样地"投其所好"：在我的作业本上，测验本上，

---

① 这里的"钩号"和"波状号"系指作业中有问题的地方。——译者注

每次都会出现大量的错误！我还觉得，教师们都有一眼看出我的作业本上的错误的窍门，至于其他东西，他们都视而不见。要知道，"批改"书面作业这句话，他们只是说说而已。虽然"批改"这个词没有确切地表达这一过程的实质，但是教师们在我的书面作业中什么也没有批改，因此，最好把"批改"改称"专找错误"。

当时我还把我作业本上的红叉叉看做是关心着我的前途的教师"奖赏"给我的钉子。无论他的意图多么善良，但是本子上的这些红叉叉却深深地刺痛了我的心。其所以会刺痛我的心，这是因为我非常想在我的本子上看到教师对我的善良、同情和爱怜的表证，不希望看到教师因我的胜任不了作业、不能点滴无误地完成作业而对我恼怒的表证。红叉叉使我在挫折面前垂头丧气，而我却渴望着看到并知道我有没有进步，教师究竟喜欢我的哪些进步。

自那时以来，无数个年月已经过去了。现在，我自己已当了教师，却把这一切全给忘了，我忘记了自己也曾经是一个学生，忘记了曾经受到过这些红叉叉的种种折磨，我开始十分卖力地用同样的红墨水在自己的学生的本子上专找起错误来了。字母写得不端正、歪歪扭扭——在下面画一条红杠杠，句子写得不正确——在句子旁边画一条红线线。不用说，同时我也很焦躁，心里在想：那么马虎、粗枝大叶、一窍不通、笨头笨脑！可是，这几天列拉却提醒了我，从前我也曾做过学生，她还现身说法地指给我看，她对教师的红叉叉的态度与我自己在童年时所持的态度一模一样。我就是用这些红叉叉、红钩钩、红杠杠使我的学生们烦闷、难受和哭泣的。但我的本意并不想使他们这样！

应该感谢这个女孩子，她促使我得出了也许可以成为我的另一条箴言的下述思想：

如果想要在人道原则的基础上完善我的教育方法，我就得牢记，我自己也曾做过学生，并且要努力做到：不使从前曾经折磨过我的那种感受同样去折磨我今天的学生。

这样，在培养儿童个性的过程中，我就碰到了墨水的颜色的问题。

怎样才能更好地帮助儿童：经常指出他们所犯的错误，还是指出他们所取得的成绩？让学生特别注意什么更好：不该怎么做，还是应该怎么做？什么将更有利于他们的发展：失败的苦恼，还是胜利的欢乐？如果把所有这些问题归结为一个问题，其含义就是：把标志着无穷无尽的指责——"不及格！错误！你怎么就不害臊！"——的红墨水与标志着无穷无尽的激励——"优良！为你高兴！保持下去！好样的！"——的绿墨水相互更换一下，也许会值得么？

不言而喻，片面性的态度无助于这一问题的解决。从表面上看，这是个墨水颜色的问题，但其实质却是个教育观的问题，因而，选择某一种颜色，或者探索别的途径，都需要深思熟虑。列拉的事例促使我变换了给孩子们批改作业的墨水颜色。现在，在我的办公桌上放有两支自来水笔——一支红墨水的，另一支绿墨水的。在批改儿童的书面作业时，我用绿色自来水笔着重勾出一切我所喜欢的和认为是成功的地方。约定的绿色符号——这是我对儿童的勤奋和成功的善意态度的信号。我发现，如果我用绿色墨水，在每一次批改孩子们的书面作业以后，我的情绪都很昂扬，我获得了关于他们的学习情况的更多信息：他们学会了什么，他们能做什么。我还发现，如果用绿色墨水批改作业，我的约定符号——一字线、直线、方框、小圆圈——写得比用红色墨水批改作业时要工整得多。看来，激起儿童高兴比激怒他们更美好，我用墨水所写的，用来向儿童书面表达我对他们的善意的一切符号，结果也变得更美好了。

那么错误怎么办？

我决定首先把儿童书面作业中的错误看做是自己的教学法不成功的结果，因此，我把它们留给自己，用红笔把它们抄录在自己的一个专门的本子里。我把由于马虎、粗枝大叶而造成的错误，即机械性的错误，归为一类。如果发现这样的错误很多，我宁可不给儿童做纠正错误的练习，而是着眼于培养他们的注意力和意志力。我把由于不会、不懂、不理解而造成的错误归入另一类。根据这一类错误，我设计了新的练习、书面作业，或者重新讲解教材。我遵循的原则是：把纠正错误包孕在掌握新教材的过程本身和完成新作业之中。既然在学习新教材的同时也能纠正错误，所以，在儿童感到很枯燥的所谓纠正错误的这一过程上徒费时光是毫无意义的。也正因为这样，在我的课上完全没有传统课的这一结构成分，但我的孩子们的学业成绩并不因之而有丝毫的下降。

今天我得知孩子们对这一新办法的评价，就是这个列拉，在收到了我发还给她的数学作业本后，突然兴高采烈地叫喊了起来：

"我做对啦！做对啦！你看，我做对了那么多！数学真有趣！"

3月7日 几件"小事"

早上。离上课铃响还有好一会儿。我在黑板上写着练习。一群女孩和男孩奔到我的跟前："伊利科在哭！"伊利科是一个举止沉着的孩子。现在他在哭，这就意味着，发生了什么严重的事情。

"他为什么哭？"

伊利科站在挂衣处，面对着墙角。

"因为桑德罗欺侮了他!"

"伊利科新理了发,可桑德罗却用难听的话骂他!"

应该采取措施。但采取什么措施呢?

可以把桑德罗叫到我跟前来,提高喉咙严厉地对他说,他的行为很恶劣,并要求他向伊利科认错。这是一种办法。

可以对奔到我跟前来的女孩子们说,让她们去羞辱、谴责桑德罗的这种不友好的行为。这是第二种办法。

可以把伊利科叫到我跟前来,看一看,他的头发理得怎么样,并赞扬他:"你更漂亮了,看上去真像一个真正的男子汉。我在小时候也喜欢这样的发型!"同时,并不提到谁骂了他粗话。这是第三种办法。

还可以举出其他的一些办法。

我用哪种方法好呢?如果我谴责桑德罗,这就会降低他在同班同学心目中的地位。这样做,能使他一下子打消欺侮伊利科的念头吗?当然,不能骂粗话,但是,对儿童来说,学会控制自己的情感,学会在与同学相处中互有分寸、互相照顾,不是一件容易的事。

如果我让女孩子们去谴责和羞辱桑德罗,那么,桑德罗就会用说女孩子们的坏话来"报答"她们。那时,势必会出现两个未知数的新问题,解决起来将会更加复杂。

如果我只依靠自己的威信("你更漂亮了!")来缓和矛盾,其他孩子很可能不会支持我(因为他们不知道该支持我什么)。

重要的是要恢复伊利科的被侮辱了的自尊心,因此,必须使孩子们支持我。如果这样,那么,桑德罗自己就会感到内疚。但是,为了促使桑德罗思考一下自己的行为,防止他在今后重犯类似的过失,我还应该同他面对面地认真地谈一谈。

我继续在黑板上写练习,并轻声地对站在我旁边的男孩子们说:

"我马上就找伊利科来,我要跟他说几句话,请你们支持我,好吗?"

接着,我就招呼伊利科:

"伊利科,请你把一面大直尺给我拿来!"

伊利科擦着眼泪,拿来了直尺。

桑德罗站在稍远一点的地方。他很清楚,孩子们在向我告他的状,他密切注视着我们的一举一动。

"怎么,你新理了发?"我高兴而又惊异地说,"让我看一看,你的发理得怎么样?"

伊利科慢吞吞地脱下帽子。

"请转过身来让我看一看！你大概碰上了一个好理发师啦！你的头发理得多好呀！我在童年的时候也喜欢理成这个式样，把头发剪得短短的，不过那时的理发技术没有现在这么好。当时，同学们都嘲笑我，用种种刻薄的话来戏弄我。但我却毫不在意。过了两三个星期，我的头上又长成了一头鬈发……你知道，你的头发理成这个样子，使我更喜欢，瞧，看上去像一个真正的男子汉！孩子们，是这样吗？"

男孩子们和女孩子们立即都异口同声地附和我的意见，甚至连刚刚跨进教室、尚未弄清楚发生了什么事的孩子也随声附和我的看法。

埃拉："我喜欢伊利科这样的发式！"

吉哈："我也要去理成这个样子！"

伊娅："那还用说，这样很好！干吗你不好意思脱下帽子？"

"孩子们，你们看，我给你们准备了什么样的作业！"我特意把孩子们的注意力从关于伊利科的发式的谈话上引开去。

在课上，当孩子们用悄悄话把答案告诉我的时候，我走到桑德罗跟前，悄悄地在他耳边说："这道题目你做对了，但今天你对伊利科的行为可不漂亮！如果你想做一个真正的男子汉，那你就得在课间休息的时候去找伊利科，对他说：'请原谅，伊利科！我不想让你生气！'我将注视着，你怎样做到这一点！"

过了一会儿，我又走到伊利科的身边，也悄悄地对他说："如果桑德罗前来向你道歉，请你原谅他，并对他说，你已经全给忘了。好吗？"

结果他们果真如我吩咐的那样做了……

*　　　*　　　*

……在第一次课间休息的时候，几个女孩子把捷恩戈和瓦赫坦带到了我的跟前。

"他们在互相对骂，还说了脏话！"迈娅愤怒地说。我该怎么办？处分这两个男孩子？不，我要让他们自己去思考自己的行为。我立即就想出了一个办法。

"孩子们，让我现在就给他们布置这样一道作业，在完成这道作业以后，想来他们一定会懂得，不能这样地互相对待。我需要40张写上这些成语的纸，以便分发给全班同学，"我对两个肇事者说，"把这张纸拿着，每人各抄写20份。在课间休息时间去抄写，后天得完成。我相信，你们一定能懂得，为什么我要把这件事交给你们去办！给，这就是供你们抄写用的纸张！"

在给他们的一张从台历中取下的日历纸上印着下述四句成语：

善言待人，亲如兄弟。
好言好语，暖人胸怀。
恶语伤人，使友变仇。
脏言脏语，痛人心肺。

两个男孩子拿到这张纸后，立即就开始抄写了起来。

一周以后，我将在班上安排一次讨论会，其主题是："好心话——是排除不和的良方"。捷恩戈和瓦赫坦很可能将是这次讨论会的最积极的参加者，他们将在会上自己议论自己……

* * *

……在大休息的时候，我带孩子们到公园里去。孩子们开始玩了起来。突然，我们发现尼娅和埃拉不见了。我们开始到处寻找。我很焦急不安。孩子们也很焦急不安。她们会跑到哪里去呢？孩子们指责她们的行为：她们怎么能未经许可就随便乱跑？休息结束了。最后，她们终于回来了，在手中还拿着几束野花。

"献给您！"两个女孩子一面说，一面把鲜花递给我。

但未等我向她们答话，孩子们表示不满的声音就已从四面八方传来了。

"你们跑哪儿去啦？为什么未经许可就任意离开？你们破坏了我们的游戏！"

"我们想采集一些鲜花给老师！"埃拉替自己辩白说。

"他要鲜花干什么，你们这样做使他多伤心！"

"他为你们着急着呢！"

"你们怎么就不害臊！"

"我们到处找你们！"

看到孩子们自己在互相教育，我就想，在这样的场合，最好的办法是，不去干扰他们的这种普遍激愤的心情。

没有你们在一起，光我一个人在这空旷的教室里，感到很寂寞

今天是我们学校生活的最后一天——第170个学日。为了赶在孩子们到校以前做好一切准备工作，我很早就来到了学校。

在走廊里的墙报栏里，我贴上了孩子们在本学年里第一次和最后一次完成的书写作业和数学作业。在第一次书写作业（9月8日完成）中，孩子们用不

熟练的书法"写下了"第一批单词（用小圆圈代表字母"写成"）：妈妈、爸爸——各 4 个小圆圈，祖国——6 个小圆圈……而最后一次书写作业是在昨天完成的，这是以《我在学校里学会了什么》为题的作文。第一次数学作业（9 月 9 日完成）——这是在小方格内写"1"和用各种颜色涂几何图形。最后一次数学作业（5 月 16 日完成）——做习题和孩子们自己编的例题，画几何图形。今天在墙报栏里展出我们班每一个学生的这 4 次作业。在墙上，我贴上了一张很大的白纸，就在旁边的小桌上还放上了几支彩色的铅笔。在这张白纸的上方，写着将要完成的一幅图画的画名"我在学校是怎样生活的"。在走廊和教室的墙上，我挂起了许多照片。这些照片反映了每一个儿童在学校生活中的某一侧面：有的在思考习题；有的从坐位站起，在叫喊着什么；有的在张口呆望；有的在与同桌同学谈话；有的在跳舞；有的在公园里蹲着观察蚂蚁，有的在……

孩子们尚未见到过这些照片。我还准备了一本纪念册：它共有 40 页，在每一页上都写满了我的记录，这些记录记述着每一个"零年级学生"在 9 月最初几天对我的叙述（"当我在小孩子的时候……"）。

我想用这些出人意外的礼物向孩子们显示，他们怎样地在成长，也向家长们显示，他们的孩子怎样地在改变面貌，变得成熟了一些，我还想让自己也看到，我达到了怎样的目标。

一切都已准备就绪。

我站在空旷的教室里，等候着孩子们的到来。我环视着一张张的课桌，浮想联翩。

这一个坐位是玛里卡的。她——这个小小的女学生，每当一跨进教室，总是马上向我直奔而来。她将会说："您好！"接着就问起我的生活起居来。如果发现我穿了某件新衣服，她一定会说：

"您今天穿得多漂亮！"说着这话的同时，还会摸摸我的新衣服。

我回答说："今天我穿得漂漂亮亮是为了你呀！你喜欢我吗？"她就会微笑着偎依在我身旁。

不久前有一次，她妈妈来到了学校：她想早些把玛里卡带回家去。

"不去，不去，不去！我不回去！"女孩子坚决拒绝回家。她妈妈怎么劝说也不管用。

"你这孩子为什么变得这么倔强？"她妈妈生气地说。

"我不倔强！我在学校里呢！"

"我再也不送你上学！"

"你敢不送？如果我不让你去上班，行吗？"

她妈妈非常不满地离开了学校。她不满的另一个原因是，我没有劝说玛里卡听她的话，因此，她势必还得再来一次学校，才能把玛里卡接回家去。

怎么啦，我的孩子，原来你口袋里装着药片呢？你不知道什么时候该服药吗？没关系，让我来提醒你。不过，现在我要给你说一句秘密话：希望你今后别再这样粗暴地跟妈妈说话！我们说好了！……

这儿是我的"列万"的坐位，他是个长着满头鬈发的、爱吵爱闹的男孩子。在这一学年里，我的教育学对他毫无用处。

直到11月末，他还不会区分音节中的音素，分不清字母和数字，把任何一个字母和数字都说成是"4"。到2月初，他才学会了认识几个字母，但不能读由这几个字母组成的最简单的音节。有时我要他画点什么，他就画了个有点像三角形的怪图形，还沿着这怪图形的一边画了几个小圈圈。"这是房子，这些圈圈是轮子！"——他给我解释。接着，又画了同样的一个怪图形，并告诉我，这是竞赛汽车。也许，在这多义的图形和多义的"4"里面包藏着某种特殊的意义，需要我去解开其中的奥秘。

他久久不能养成遵守课堂秩序的习惯。他常常任意地从坐位上站起来，在教室里乱跑，或者拿着自己的大衣，在教室里把它挥来挥去地玩。有时，"列万"在课上会突然吹起口哨来，被烦扰的孩子们就请求他别妨碍人。那时沃瓦对他说："你知道吧，我给你说什么？我要说一句谚语给你听：一人吹口哨，吹给自己听！"吉哈补充说："我也说一句谚语给你听：一人笑，笑自己！"每当碰到这样的情况，我都要花很大的力气来暗示孩子们对他要和善和关心。

我的孩子，我向你保证，在这个暑假里，我一定要读很多书，多多地向专家们请教，在9月里，我一定不空着双手回到学校与你重新见面，我要带着我专门为你设计的教学法迎接你。我深信，我们俩一定能向自然之母夺回她没有赐予你的或者暂时收回去的一切。对于你能不能变好的问题，我充满着乐观主义的信心，因为没有乐观主义，我是帮不了你的忙的。此外，你自己正在变得日益善良，并逐步地表现出了对知识的兴趣，这也使我增强了信心。我们将获得胜利，我们一定能获得胜利！摆在我面前的只有这一条道路！……

这个坐位，即第一行的最后一个课桌，是达托的。

"达托，你最近在读什么书？"

"《汤姆·索亚历险记》！"

这是在去年十一月里的事。

"达托，现在你在读什么书？"

"《哈克贝利·芬历险记》！"

这是在今年一月里的事。

"达托,你手里拿的是什么书?"

"《神秘岛》!"

"你正在读吗?"

"已经读完了一半啦。真有趣!"

这是在今年四月间的事。

而在今天,达托也许会告诉我,他准备在暑假里读哪些书。只是希望你别老是跟人打架,要把你读的书讲给同学们听,我将给你寄一些复杂的数学习题!想要吗?……

这个坐位今天没人坐,它已空了一个月啦。"拉沙"随同他妈妈迁居莫斯科去了。孩子们非常想念他,经常提到他。前几天捷恩戈对我说:"要我告诉您吗,昨天我梦见了'拉沙'。他好像已回到了我们班上,还给我们朗诵了非常优美的诗歌。我们大家都很惊异,'拉沙'背熟了那么多的诗歌。大家都向他鼓掌。在一片掌声中我突然醒了过来!"

昨天在数学课上我给孩子们出了一道很复杂的习题:"我在黑板上画了两条线段。现在我不让你们看,因此你们得在脑中想像这两条线段。一条线段的长度有 x 厘米。另一线段为 15 厘米,两条线段共长 22 厘米。试问:那一条线段的长度是多少?请把它算出来!"不写出方程式,孩子们都不能解答出来。这时埃加就说:"真可惜,'拉沙'不在,要是他在的话,准能做出来!"

不用说,我的孩子,你正在成长为一个好男儿,只是希望你要保持对人们的信任才好。你父亲的行为这样轻率,以至你最喜爱的人竟背叛了你,这深深刺痛了你的心!你是我们的被命名为普罗米修斯的小小协会的第一个真正的男子汉。就是要把自己培养成像普罗米修斯一样坚强的人,我的孩子!我们将经常给你写信。就在昨天的课上,你的 38 位同学全给你写了信。我不知道,他们每个人都给你写了些什么,但是我深信,这些装着 38 个快乐的信件已经被航空邮政送到了你的手里……

这中间一行第二张课桌的这个坐位今天也将空着。"玛克瓦拉"也离开了我们。孩子们也在想念她。我们也给她寄去了 38 封信。我给寄宿学校的校长写了信,请求他多多关心"玛克瓦拉"。如果明天我能亲自到那儿去一次,去看望一下这个女孩子,同她的老师们谈一谈,就更好了……

……第三行,第三个课桌——这儿是戈恰的坐位。

他是个闲不住的孩子,经常在搜寻些什么,一会儿寻乌龟啦,一会儿寻红宝石啦……

最近一天,他忽然告诉我,他组织了一个司令部。

"什么样的司令部？"我问。

"地下司令部！我们已经找到了一个洞穴。在上面我们盖上了大张的硬纸板。我们着手把洞穴挖大些，挖着挖着，挖到了一条死狗！我们把它拖了出来！"

"这'我们'都是些什么人？"

"这是我们的秘密，但我可以告诉您。在我领导的司令部里有……"他在我耳边悄悄地说出了他的6个同学的名字，他们就是司令部的全体成员。

"你们准备干些什么？"

"还不知道！"

没关系，孩子，可是我却知道，该对你们的司令部怎么办！如果你们接到秘密命令，命令你们组织一次自制飞鸟的飞行比赛，举办一个献给宇宙英雄的展览会，请自己的祖父讲述伟大的卫国战争中的事件，举行一次艺术朗诵表演赛，你们将怎么样？现在我已经没有时间与你们一起着手这些重大的事情了，但是，一旦我们重又在一起的时候，我一定就着手做。

可是你还不知道我们全班同学的一个共同秘密！原来，我们全体已经一致商定：无一例外地"反对"你！

"瓦列里大叔来了！"当你的父亲一出现在教室里时，孩子们就叫喊了起来。

你的同学们和你本人常常在校门口迎接他的到来。他不仅带来了专门为你们大家谱写的乐曲，而且也带来了自己的魅力、自己的笑容和对你们的爱。他常常给你们讲有趣的音乐历史故事，给你们演奏钢琴，指导你们排练音乐组曲……但是，你个人至今尚未知道你家所遭受的不幸。

"他碰上了一次工伤事故，现在住在离这儿很远的一个城市的医院里！在那儿他要待很久，直到康复时才能回来！"你得到的是这样的一个消息。

在那一天，在知道了发生不幸事故（那天你不在学校里）以后，孩子们都哭了起来。为了顾惜你的脆弱的心灵，我们决定暂时信守这一神圣的谎言……

这儿是捷娅的坐位。捷娅，请把腰伸直，不能弓着腰写字！……

与捷娅同桌的是她的弟弟列里。孩子，别紧张，慢慢地说，别说得太快！……

这是迪托的坐位。孩子，你要勇敢些，别害怕漆黑无灯的房间！……

这儿是罗西柯的坐位。我为你的想像力和随机应变的能力而高兴，但你怎么会有说假话的这种癖好的呢？我正在寻找使你摆脱这种"病痛"的方法！……

这儿是尼娅的坐位。你在画些什么，尼娅？嘴里衔着鲜花的男孩子，你准备把这幅画送给谁呢？给我？谢谢，尼娅！我将把它挂在自己的办公室里！……

与尼娅同桌的是纳托。你悄悄地在给我说些什么哟，纳托？你学会了新的诗歌吗？什么时候读给我们听？现在？……

这个坐位是维克多的。事情怎么样，孩子？要我给你做复杂的习题吗？我已经准备好了！就在桌上，你自己拿！

这是伊利科的坐位。怎么样，孩子，学会了格鲁吉亚语的发音了吗？请正确地说："巴卡基 茨卡尔希 基基涅普斯！"你漏念了几个喉音！这么难啊！……

这儿——是叶莲娜的坐位。孩子，但愿你别那样地腼腆才好！别害怕，要相信自己的能力！……

这儿是埃拉的坐位。怎么样，埃拉，你的小妹妹还未开始学话吗？你要仔细地观察，并告诉我们，她说的第一个词是哪一个！向她转致我的问候！……

这儿是柯蒂的坐位。请用钢琴弹奏你自己的歌，你要知道，大家都在请求你！……

这儿是吉哈的坐位。干吗今天你这样地悲伤？妈妈被送进了医院？别悲伤，她很快就会康复的！要是愿意的话，把你自己写的故事作为礼物带去献给她！她一定非常喜欢你的故事！……

这儿是列拉的坐位。你怎么啦，孩子？你自己在惩罚自己？为了什么？犯了过错？什么时候？

这儿是埃卡的坐位。你请求我们原谅捷恩戈和柯蒂吗？他们今后再也不那样啦？……好吧，同意你的意见！……

这儿是捷卡的坐位。你这儿写的是什么呀？2500＋2500＝5000？算得对，好样的！但你为什么要用粉笔写在课桌上呢？……

这儿是……

孩子们，你们快些来吧！没有你们在一起，光我一个人在这空旷的教室里，感到很寂寞！

"学校精神"

怎么还不来呢？莫非是他们商量好的？

正当我遐想及此，突然一下子就给我送来了十一二张笑脸和十一二声快乐的"您好！"

我闭着眼睛也能猜到这每一声"您好！"是谁说的。

在教室里开始有了生气和青春的活力。

"孩子们，你们好！"我热情地招呼他们，并与他们一一握手。

我们早已养成了这样的习惯：儿童一走进教室，就走到我的跟前，向我问好，我呢，如果我的双手闲着，或者可以中止手头的工作，我就伸出手来与他握一握手，并说一声"你好！"孩子们非常珍惜与我的握手，它巩固着整个一天中我们之间的实事求是的和友好的关系。

"今天我们有那么多工作要做！应该赶在家长和客人们到来之前完成！"

"我们一定赶得上！"

"你们看，今天我们该做什么！"

孩子们大声地读我写在黑板上的要点：

第一节课——装封秘密纸袋。

第二节课——布置展览会。

第三节课——向我们的小树告别。

第四节课——座谈未来。

"以后呢？"

"以后家长和客人们来到，我们给他们表演节目，最后互相告别！"

"我不想告别！"

"让我们现在就开始吧，不必等到上课铃响才着手！"

孩子们各就各位。每人都从自己抽屉里取出纸袋，着手工作起来：检查纸袋内装的东西，修改或更新点什么，而我应当逐个地把他们召唤到我跟前来，了解秘密纸袋的内容，放入该儿童的鉴定，让他把纸袋封起来。

第一学期末，家长们已收到过第一批这样的纸袋。这一次是第二个纸袋，鉴于家长们对第一个纸袋的反应是那样的强烈，因而可以想像，他们现在多么急不可待地等着这第二个纸袋。

这是什么样的秘密纸袋？为什么是纸袋？为什么是秘密的呢？对这些问题我有我的答案。这并不是异想天开，是经过实验证明行之有效的。

开门见山地说：不能给上小学预备班的6岁儿童打分数！我早就不给我的小学生打分数了，无论是一年级、二年级，还是三年级，我都不给他们打分数。我认为，分数——这是跛腿的教育学的一根拐杖，或者，这是体现教师的绝对权利的一根权杖。拄着拐杖走进预备班的教室，把这根权杖架在6岁儿童的头上——这样的教学，在我看来，乃是一个教育的怪胎。

谁需要分数？

"儿童！"有些教师说。

不，亲爱的同事们！儿童们绝不需要分数！他们根本不懂得，什么是分数，干吗要发明分数，分数使谁的生活轻松起来。这是我们——教师和家长——使儿童养成了为分数而学习的习惯，是我们激起了他们对"1"至"5"这些数字的恐惧。当我们看到，他们终于开始努力追求"好分数"，开始为这些数字而学习起来了，我们就会说："你们看，儿童多么需要分数：没有分数，他们就不肯学习！"

如果我也带着各种各样的分数去上每一堂课，就不难想像，现在正在忙于自己的秘密纸袋的这些"零年级学生"的生活将会是怎样的。在那样的情况下，我能向他们建议"你们愿不愿意做复杂的习题"吗？我自己怎么能敢于"犯错误"呢？我的教学论原则——使儿童的生活在课上得到继续的原则，确立与儿童的实事求是关系的原则，使儿童的认识活动积极前进的原则——怎能运用呢？如果我播下了苦恼和委屈的种子，怎能使每一个孩子获得快乐的果实呢？

儿童不需要分数，如果我们能够把他们的学习变成发展认识渴望的过程，如果他们感觉不到我们强加给他们的种种强制措施的压力，即使没有分数，他们也会乐意学习。他们根本不需要知道，在学习方面，他们每一个人在班上占第几名，谁打头第几名，谁倒数第几名；他们也不需要知道，学生有"高才生"和"差生"、"学习好的学生"和"落后学生"的区分。需要作这种区分的恰恰是我们自己。因为我们自己无能，不能认识每一个儿童的心理，尤其不能认识被我们任意地称做"差生"、"落后学生"的那些儿童的心理，我们不能为后者建立如同在学术界现在人们常说的最优化的、区别对待的教学方法。因此，在儿童面前难道我们能问心无愧吗？能不感到脸红吗？每当我面对着满头鬈发的"列万"时，我就觉得脸红。他常以忧郁的眼神望着我，从他的眼神里，我似乎读到了这样的话："我自己毫无办法！你是大人、聪明人！请帮助帮助我吧，别把我留在困难之中！"

"他是个差生，他是个'2'分生！"有的教师这样说。但是，这是否就能证明我们的差劲是无罪的呢？既然我们认为他是差生，那么，我们该把自己认做怎样的教师呢？我听过很多教师的课，对有的教师的课，完全可以公正无私地、毫不留情地打"2"分，并把这个"2"分像记入学生的学生手册一样，记入他的考勤簿上去。不用说，这样的教师走进教室时不能没有"拐杖"和"权杖"，他们上"2"分的课，可是就在这些"2"分的课上，他们也敢于给自己的学生打"2"分或是"5"分。请看，竟有这样的怪事！

在古代，"教师"这个词是指手持一根木棍伴送儿童上学和从学校放学回家的人①。随着时代的变迁,这个词获得了新的意义,教师——这是对儿童施行教学和教育的人。但是,教师在充当了儿童的指导者和教育者后,是否丢弃了自己的木棍呢?没有,没有丢弃。从保存下来的中世纪浮雕、历史文献中的图片上,我们可以看到,教师右手拿着一根木棍或一束树条,左手握着一本翻开着的书,在教儿童深奥的道理。也许我们的分数就是这些木棍和树条的化身。可见,在预备班里,究竟谁需要分数——难道是6岁儿童吗?小孩子连听也不愿意听到它们,可是,我们每天每日、时时处处——在学校里,在家里,在社会的一切场合——都在那样苦口婆心地开导儿童,向他们证明:我们对他们的态度的好恶,完全取决于他们获得的分数的优劣。试问,在这样的情况下,儿童有什么办法呢?然而,他们懂得,这全凭我们做主,并且,他们也不想离开我们而生活,他们依恋着我们,爱着我们,因此,为了博取我们的欢心,他们惟有竭力追求分数,没有第二条道路可走。

所以,问题的症结不在于儿童是否需要分数,而在于预备班的教师能不能忘掉分数的存在,能不能折断和丢弃自己绝对权利的"权杖",来对儿童进行教学和教育。

这样做容易吗?不容易,教师很难丢弃自己的"权杖"——分数。其所以不容易,是因为他所习惯了的教学和教育的方法与分数是难解难分的。改革教学方法——不是一个旨在改组教学的方法、方式和手段的程序体系,而是改造教师本身,改造教师的观点、见解和观念。

这样地改造教学方法,从而也是改造教师本身,这对于那些习惯于按刻板公式工作的教师来说,将是痛苦的,他们的教学千篇一律,对坐在第一排的那个帕特是这样,对坐在第三排的那个帕特也是这样——似乎儿童都是一个模子里浇铸出来的。无疑,这样的教学,感到轻松的不是学生,而是用一成不变的方法教他们的教师。

列·托尔斯泰②发现的三条规律很好地说明了上述情况的本质。第一条规律是这样的:"教师总是不自觉地竭力要选择于自己最方便的教学方法。"③ 好

---

① 此处"教师"一词,俄语原文为"Педагог",源出希腊文。希腊文的原义为"儿童指导者"(Pedagogue)。古罗马奴隶主贵族让被俘获的奴隶中有文化的人充当自己子女的"教仆",他伴送孩子上学,指导孩子学习。——译者注

② 列·托尔斯泰(Л. Н. Толстой,1828—1910)——俄罗斯文学巨匠,著有《战争与和平》等文学名著,他同时也是一位教育家,写有许多教育著作,还编写了《识字课本》、《新识字课本》、《阅读课本》等教科书。——译者注。

③③④ 列·托尔斯泰:《十一月和十二月期间的亚斯诺波利杨斯克学校》,载《托尔斯泰教育著作集》,莫斯科,1953年,第2版,第176页。

吧，如果是不自觉的，这还情有可原。但是，如果教师故意地、有理性地竭力要使自己与儿童的交往变得轻松起来呢——这大概可以被称做对自己的职业的背叛。第二条规律："教学方法愈方便于教师，它就愈不方便于学生。"③显而易见，应当千方百计地避免创造这样的教育过程，在这种教育过程中，由于教师的工作轻松而使儿童"备受折磨"。因此，必须找到摆脱这种局面的办法来。关于这一问题，列·托尔斯泰谈了第三条规律，我把它看做是一条箴言。

"只有学生们满意的那种教学方式，才是正确的。"④

为了使自己能够不用分数对自己的6岁学生施行教学，教师必须确定，他究竟选择怎样的道路：做一个忠于自己对儿童的神圣义务的教师；还是安闲舒适地工作无数个学年，以获得庆祝纪念若干年教龄为满足。一个选择革新、创造的道路，并坚持不懈地探索通向每一个儿童的心灵之路的教师，他将因培育出一代又一代聪明而又渴求知识的儿童而受人钦佩；一个手中握有"权杖"的教师，在每一次教师会议上他都会断言："这是什么样的儿童！他们什么也不想做，不想学习！就拿这些6岁儿童来说，你不大声呵斥他们，不给他们点颜色看看，在课上他们就会闹翻天！"这种教师，一走进自己的预备班教室，立即就会对自己的6岁学生说："我的话可不是闹着玩的！谁要是不好好学习，不专心听讲，我就给他打'2'分！你们知道什么是'2'分吗？往后你们自会知道。现在，大家都把手放在桌上，专心听讲！"不用说，前一种教师永远也不会说这种话。他将对孩子们说："孩子们，我想看一看，你们是怎样微笑的！我喜欢你们的笑容！请你们笑吧！现在，请你告诉我：你们喜欢听什么——故事，还是诗歌？这样吧，我来给你们讲一个手指头那样小的男孩子的故事！坐舒服一些，从前有一个……"这种教师选择了一条最困难的通向儿童心灵的道路：经常不断地更新自己的教学方法，因而也经常不断地改造自己本身，以便使儿童得到与他交际的快乐。

在这种情况下，是否会出现这样的问题，即没有"权杖"，没有分数，怎样才能维持课堂秩序，怎样使儿童保持安静？你想给孩子们讲什么好听的故事，教会他们些什么，他们却喧哗了起来……你说："请大家安静下来！"可他们根本不听你的话。该怎么办？狠狠地吆喝一下，用手指着吓唬一下，最后，对他们说，此种行为该打"2"分，在这种情况下，岂不人人都会乖乖地安静下来吗？很难对这些问题作一个绝对的回答，也很难提出一个处方式的解决办法。其所以很难，是因为这里的纪律问题仍然是在教师绝对权利下产生的。如果以绝对权利的态度对儿童施行教学和教育，教师势必要经常提高喉咙说:"米霍,你到底想不想闭起嘴来?!"这既是为了开导、制服米霍,也是为了开导、制服其他学生。然而,我们要知道,儿童很可能过一分钟就会忘记教师的训斥,重又试图摆脱教师的绝对权利,去从事更有趣的事情!教师在教学中,不以这样的恢复秩序的手段为基础,而是以改变对儿童的态度,改变教学和教育过程本身为基础;最后,在班上确立普遍的友善、同情、亲切和关怀的气氛,这岂不更好吗?列·托尔斯泰把这一切称做为"学校精神"。在他看来,"学校精神"乃是"学习的本质、学习取得成效的根本之所在"。他写道:"这一精神处在某些常规和教师的否决权的控制之下,换句话说,为了不致扼杀这一精神,教师应该避免某些事情的发生……例如,学校精神往往与教师干预学生的想法成反比例,与学生的人数成正比例,与课的持续时间成反比例,等等。这一学校精神乃是迅速在学生间互相感染的,甚至也感染教师的一种东西。显而易见,它体现在嗓音、眼神、动作和竞赛的激烈情绪中——它是极易感觉到的,是非常必要的,也是极宝贵的东西,因此,它应该成为每一个教师追求的目的。人口中的唾液可以帮助进餐,有助于消化食物,但没有食物,唾液就是讨厌的和多余的。同样,学校精神可以使教学生气勃勃,充满着激情,但没有教学的学校生活也是枯燥的和不愉快的。这一精神是接受精神食粮的必要条件。"① 在与儿童的交往中确立这一精神吧,那时,您将从截然不同的角度来看待课堂秩序问题。"如果这种生气勃勃以上好课为目标,那就是最理想的。如果这种生气勃勃转移到了其他目标上去,那就是不能扶植这种生气勃勃精神的教师的过错。教师的任务……在于不断地给这种生气勃勃的精神添加养料,并逐步地松开它的缰绳。"②

那么,"零年级学生"究竟需要不需要分数?

不需要,儿童不需要分数,因为分数会阻碍他们对知识的渴求,阻碍他们在学校过快乐和愉快的生活。

教师需要不需要分数?

让我的同事们自己去决定吧!至于我本人,我认为,分数会阻碍我得到与孩子们每一次会面的快乐。

那么,莫非家长们需要分数吗?因为有了分数,他们就能知道,自己的孩子学习得怎么样?

坦率地说,用分数来给家长们通报他们的孩子的学习成绩,未必是一个良策。分数对他们有什么用呢?数字本身根本说明不了儿童的具体的学业成绩。

---

① 《托尔斯泰教育著作集》,莫斯科,1953 年,第 2 版,第 199 页。
② 同上,第 200 页。

例如，一个儿童数学得"2"分，试问，这个数字"2"能告诉家长什么呢？难道它能告诉爸爸和妈妈们说：他们的孩子不会做10以内数的加法，在解答"商店里运来了8箱苹果，售出了多少箱，剩下3箱。问：售出了几箱？"一类习题时常有错误？难道这个"2"分能给爸爸、妈妈们解释，他们的孩子今天在课上为什么不能回答教师的下述问题：在这个例题中，哪个数是被加数，哪个数是加数，哪个数是和？最后，难道它能给家长提出忠告：该从什么方面和怎样帮助他们的孩子？这个"2"分不会用这样的语言说话。可是，它善于进谗言，它会奔到爸爸跟前说："管管你的孩子吧！他什么也不想学！"那么读者也许会想，"5"分和"4"分带来的是快乐吧！不，它们给家长带来的更多的是在教育子女方面的高枕无忧和"游手好闲"："我们的孩子真聪明！既然他学习这样好，就是说我们就根本用不着替他操心了！"

现在我们假定发生了这样一件令人伤心的事。有一个儿童病了。无疑，为了医治他的疾病，我们应该去请医生，而不是请教师。医生察看了他的喉咙、舌头，检查了他的肺、心脏，量了他的体温，然后写下了他对这个儿童的健康状况的诊断结论——"2"分，之后就一走了事。孩子的妈妈拿着这个"2"分该怎么办呢？孩子不能把它当做药丸吞下去，也不能把它当做芥末膏贴在背上。这个"2"分只会大喊大叫："孩子的健康不佳！应该立即给他医治！"对孩子的健康状况的诊断结论"2"分能保证指引家长走上医治孩子疾病的正确道路吗？不言而喻，不存在这种保证。因此，把给病孩家长的这个诊断结论"2"分作为治病良方孕育着极大的危险性。这是人所共知的常识，谁也不会糊涂到用数字去给孩子治病的程度。慈祥的艾博利特医生则不然，他在检查了病孩的健康状况后，会告诉家长，孩子得了什么病，病因是什么，应该怎样照料他，才能使他早日恢复健康。这个艾博利特医生从自己的白大褂衣服口袋里拿出印有三角形印章的处方笺，写上药方，并严肃地告诉家长，这药一天给孩子服几次，在何时服，每次服多少。

有的教师喜欢去找数学得"2"分的孩子家长告状，一本正经地告诫他，家庭教育应该是如何如何的。如果这样，结果将怎样呢？结果家长就会被迫充当一个教育巫婆，世代相沿的严格禁止儿童玩乐的家教陋习将是他的主要教育手段。教育巫婆的教育手段对于儿童的智力发展和德育的危害，并不亚于巫医的药方对于人的健康的危害。当然，会有偶然性的事情——教育巫婆的教育方法证明是有效的，巫医的药方也证明对治病是有效的。似乎一切都很顺当，但这是偶然性的事例，并不是规律。

所以，最好不给6岁儿童的家长任何一种分数，以便不因此而破坏学校精神。

给家长的纸袋

但是，家长们有权知道，他们的孩子在学校里究竟学习得怎么样。我有义务给予他们关于在家里教育和帮助孩子的有益的忠告。现在孩子们正在装封的纸袋的作用就在于此。

"拉里，请把你的纸袋拿来！"

拉里走到我的讲台边，拿出纸袋里装着的东西（共23页）：2页书法范例，2页她自己编写的故事，3种作业——选词填空作业、她编的数学习题和例题、她画的几何图形（5幅图画、2页剪贴），4页作文（《我在语文课上学会了什么》、《我懂得哪些数学知识》、《我所知道的皮罗斯马尼亚》）。

我查看一遍，表示赞许。

"这就是你的鉴定！"我递给女孩子一份用打字机打印的鉴定，上面有教导主任和我的签名。

对拉里的鉴定是这样写的：

拉里是一个善良而又热爱劳动的女孩子。同学们都喜爱她。

她是我们班上的卫生员。有一次，尼卡划破了手指，拉里就给他涂碘酒和用消毒纱布把划破的手指包起来。

拉里能生动地叙述，说话有条理，不过，她应该改掉在说话时在词与词之间、句与句之间夹杂着说"哎、哎、哎"的习惯。

她知道很多诗歌。同学们特别喜欢她有表情地朗诵瓦扎·普沙韦拉①的诗篇。

她能整句整句地读，并理解所读的内容。她已经读完了4本书，这使我们很高兴。

她的字写得很漂亮，但我们建议她注意字母的间距要写得均匀。

她能书面叙述自己的印象。我们在班上讨论了她写的故事《春天来了》。拉里一定还记得，同学们给她提了哪些建议。

她学会了解答数学习题和例题。她能准确地绘制几何图形。

她爱上了俄语。她能造句，知道不少诗歌、谜语和成语。我们建议她在俄语发音上要多下点功夫。

---

① 瓦扎·普沙韦拉（1861—1915）——格鲁吉亚作家。这是他的笔名，其真名叫卢卡·巴甫洛维奇·拉济卡什维利（Л. П. Разикашвили）。——译者注

在班级展览会上展出了她的图画和手工劳动制品。同学们都很喜欢她的这些作品。

拉里是音乐演出的参加者。

我们建议她学会快速阅读；在暑假里读完六七本儿童读物。为了提高书法水平，练习练习书法将是大有益处的。

拉里！我们祝贺你升入一年级！那儿有很多重要的事在等待着你！

我把这份鉴定装入纸袋。纸袋的正面装帧美观：上面画着鲜花、微笑的太阳，还用彩色泡沫塑料笔写着：

献给亲爱的父亲和母亲

拉里　敬上

"你可以把纸袋封起来啦！……瓦赫坦，请把你的纸袋拿来！"

在瓦赫坦的纸袋里共有19页。我查看他的全部作业。

"如果我是你的话，我要把这个书法范例重写一份。你能写得更漂亮！"

我把鉴定递给他。在其中有下述建议：学会整句整句地读；在书写时仔细些，不要漏掉字母；不要与同学吵架。

"塔姆罗，请把你的纸袋拿来！"

在她的纸袋里共有26页。

在对她的鉴定上写着，她是怎样关心幼儿园小朋友的。

"我发现，你在纸袋封面上的签名有错误。请把它找出来，并加以纠正！"

对其余的每个孩子也都这样——分别处理。

"把你们的纸袋都放在自己的课桌上。你们的家长将坐在你们的坐位上，他们自己会看到，你们给他们准备了怎样的礼物！"

这些纸袋是孩子们在最近两周内准备的。每天我都安排一节课，专门用来制作这份礼物，在课上他们抄写、编写、画画、粘贴、选择，把选出的样品放入纸袋。我常常发现，我的很多"零年级学生"在课间休息时仍留在教室里，从课桌抽屉内拿出纸袋，继续自己的工作。他们做得聚精会神、小心翼翼：因为这是献给家长的礼物呀——"爸爸、妈妈，请你们看，我进步得怎样啦，我学会了什么啦！"

那么，现在谈谈纸袋为什么是秘密的呢？因为孩子们喜欢使家长得到出乎意料的快乐。因此我就在班上对孩子们说，这是我们的秘密纸袋，每个人请把自己最好的作业、鉴定装入纸袋，并把它封好。

家长们将怎样对待自己的孩子献给他们的纸袋呢？

当然，他们会把它打开，仔细地察看纸袋里装着的东西。如果他们接受我的劝告的话，就应该这样做：召集全家人围坐在一起开个家庭会议，仔细地察看他们的孩子准备的每一件作业的样品，把鉴定大声地朗读一遍。家长最好把收藏着的上一次的纸袋拿出来，把它和这一次的作业样品比较一下。然后谈谈，使他们高兴的是什么，他们的孩子写得怎么样，他会做怎样的数学习题，他知道哪些诗歌，他的图画画得怎么样，总之，他们的孩子怎样地在日益成熟起来。还应该谈一谈，准备在什么方面和怎样地帮助他，以便使他学会更多的东西，进步得更快和变得更好，成长为一个朝气蓬勃的、心地善良和热爱劳动的人。在家庭会议上绝对不能因作业样品中可能出的错误而责骂孩子。家长们应该牢记，所有这些作业样品是他们的孩子以对家长的无比的爱和责任感而做成的，他的这些样品显示了他在自己的发展的现阶段能达到的那种水平。在第二天，爸爸也许将把纸袋带到自己的工作单位去："我要去给我的同事们看一看，我的儿子成长得多快！"妈妈也将这样做。家里来了客人、邻居，家长可以把纸袋拿出来，并给他们看："请看，我们的小学生使我们多高兴！"然后，把这个纸袋连同上一次的纸袋一起放入一个专门的纸夹里，并仔细地把它收藏好。今后，这个纸夹还将得到儿童献给亲人的新礼物的补充。

我曾多次给家长们上公开课，每次公开课他们都来听了，他们都看到了，孩子们在学习些什么和怎样在学习，也观察了自己的孩子的情况。我们经常互相商讨关于教育儿童的迫切问题和怎样同心协力地致力于对儿童的教学和教育。我还给家长们开设教育讲座，向他们提出了一些在家里如何教育孩子的建议，阐明了与儿童交际的特点。

今天他们将收到的这些容量颇大的纸袋和鉴定，其实就是我和孩子们向家长的总结报告：我们的学校生活是怎样的，孩子们得到了怎样的发展，他们学会了什么，在哪些方面有了进步，有哪些愿望。

如果在今天的会议上我对家长们说："尊敬的爸爸们和妈妈们！也许，给你们这些纸袋是多此一举的事，你们宁要一份记载着自己的孩子各门功课分数的成绩报告单？如果是这样，我就给你们准备这样的成绩报告单！"亲爱的同事们，你们认为，家长们将会怎样回答我。

根据我自己的经验，我完全知道，他们将怎样回答我的这一问题。

我们的展览会

我们在走廊里放置了4张小桌。接着，孩子们从教室里搬出经过精选的展品，并把它们陈列在这4张小桌上。他们边干边争论着，应该怎样陈列，才能使人便于观看，使人觉得是很美的。

在第一张小桌上放着4本彩色封面的集子：《智慧的源泉》（第1卷和第2卷）、《民间诗歌》（第1卷和第2卷）。

我经常在教室和走廊里的黑板上给孩子们写一些成语和谚语。他们常在课间休息的时间读这些成语和谚语，很多人都能背得出来。有一次我向他们建议："让我们一起去搜集成语和谚语吧！在成语和谚语里包含着人民的智慧！"我建议他们在家里向长辈调查，把他们所知道的成语和谚语记录下来。此后，孩子们就开始了搜集、抄录成语和谚语的工作，并不断地把它们带到班上来。有的孩子还在抄录有成语和谚语的纸上添绘了花卉和各种图案。于是我又向孩子们建议：举行朗诵成语和谚语的朝会，在朝会课上，各人都把自己搜集到的成语和谚语朗诵给全班同学听。在朝会课上，我还对他们说：

"让我们这样做：我们把大家最喜欢的成语和谚语汇集在一起。让维克多把它们用线装订起来，这样我们就有了一本成语和谚语汇编。我们该给它起个什么书名呢？"

经过一番讨论，结果选择了《智慧的源泉》这个书名。我们大家请求尼娅和马格达两人立即着手装帧封面。我们用这样的办法编成了两卷成语和谚语汇编。每一卷均收入了50条充满着智慧的名言。现在这两个集子就展览在第一张小桌子上。

在四月间，我建议孩子们搜集（在成人的帮助下）民间创作的诗歌，把它们背出来，并在朝会课上朗诵。朝会课上得非常生动有趣。然后我们把各人搜集到的诗歌汇集起来，做了两个色彩鲜艳的封面，这样，我们又获得了两卷诗歌汇编，孩子们还轮流把它们带回家去给自己的亲人看。这样，就编了四本书——这是儿童的快乐和骄傲。

在第二张小桌子上陈列着一本剪贴集，我们把它称做《信不信由你!》，这是一组从报纸和杂志上剪下来的描述奇异自然现象的图文，目前在其中仅汇集了10种。这一工作是由男孩子们在不久前发起的，下一学年还将继续下去。

在第三张小桌子上放着孩子们的第一"卷"独立完成的"作品"。

在一月间，我对孩子们说：

"你们想不想当作家？"

我给他们解释，这是什么意思：

"这就是把你们自己最好的书写作业和数学作业汇集成一本书。在其中你们还可以列入你们自己编写的故事、记事、各种字谜，你们自己想出的数学例题和习题，你们自己画的图画，自己做的剪纸，总之，你们特别喜欢的一切作业。汇集起来以后，你们还得把它装订起来，加上封面……书名也得自己去想！"

我拿出我从前的预备班学生编的几本书作为范例，出示给他们看。

"你们的书就要搞成这个样子！"

我手中的书使他们非常高兴。

列里："为什么这里写着'第1卷'？"

"因为在一年级他们又编了第二本书——自己的作品的第2卷，在二年级编了第3卷，在三年级又编了第4卷！"

接着我把这几卷篇幅很大的、装帧漂亮的书放在孩子们面前的桌子上。

不言而喻，我的6岁学生们非常想充当给自己编"著作集"的作者。我遵循的箴言是：

要不失时机地从现在起就引导儿童去从事他们力所能及的引人入胜的事情；在从事这些事情的开始阶段就应该使他们得到初战告捷的快乐，不能使他们遭受出师不利的痛苦。

"我们什么时候编自己的书？"孩子们立即纷纷向我提出这一问题。

"干吗要挪后去！让我们现在就开始！"

我给每个孩子分发硬纸封面，内中夹着他们各自的练习本、图画和剪贴等作业。他们从柜子里取出胶水、小剪刀、泡沫塑料吸水笔、纸张等文具用品。我教给他们制作的方法：选择什么、怎样裁剪、怎样粘贴、怎样装订、怎样加里封、怎样用布条做书脊。他们同我商量给书起什么名称，如何做封面。在劳动课上，在图画课上，孩子们人人都全神贯注地编自己的书。就在这一天，每一个人都"出版"了自己的"著作"：《小燕子》、《甘菊》、《虞美人花》、《鹰》、《太阳》、《快乐》、《星星》、《春》、《小溪》、《扁角鹿》、《花圃》、《我是"零年级生"》，等等。

我们在教室里安置了一个小桌子，专门用来陈列这些"著作"。每一个孩子都可以随时取回自己的书，添入新的内容，也可以看同学的书。

我已经不需要在孩子们的这件引人入胜的事上对他们多作指导了。我做的仅仅是，经常走向小桌子，随便拿起一本书翻翻，然后，不拘什么时候（在课间休息，在散步的路上，甚至也可以在课上当他们用悄悄话向我回答问题的时候）对某个学生说："我很喜欢你的《春》（《甘菊》、《星星》……）里面的新内容！你还打算充实些什么？"

有时，我在课间休息时拿起两三本书，坐在讲台边细细地翻阅，不用说，孩子们就会围站在我的周围:"这是谁的书?您喜欢吗?"有时我请求书的作者允许我把他的"著作"带回家去:"让我给我的孩子们看看!"有时,我还邀请客人(不拘什么客人)来到我们的小桌子边:"您要知道,这是孩子们的书,请瞧瞧,这些书真有趣!"不错,在大人看来,这算不了什么,可是孩子们却把它当做一件了不起的大事来做,书像雨后春笋般地不断在小桌子上出现。

这些书现在都陈列在第三张小桌子上。

在第四张小桌子上放着 100 多册微型书。在这些书中汇集着儿童文学作家写的故事。这些书也是孩子们自己装帧的。

设想有一张半页报纸那么大小的纸,在上面印着一篇故事。为了把它做成一本有 8 个页面的微型书,孩子们得完成下列工序:

把这张印有故事的纸对折两次,裁开边页,并把裁成 4 小张的纸装订成册;

在第一页上写上作者姓名、故事题目和"出版"年月;

仔细地阅读故事,理解故事的内容;

根据故事的内容装帧封面和封底;

在封 2 页上写上本书艺术设计者的姓名;

把故事中每一段起首句的第一个字母描成彩色的;

给在脚注中所列的单词加注释;

根据故事的内容在书页的空白处配上插图;

根据故事的内容在故事结尾后的空白处列出若干问题;

把按上述步骤"出版"的书"发行"——给同学们看。

在课上我引导他们讨论已"出版"的书。我们讨论封面、插图、脚注和根据故事内容所提的问题,当然,也讨论故事本身。这样的微型书我们已"出版"过三次。孩子们非常喜欢这种形式的认识活动……

……布置展览会的工作结束了。

"让我们一起来瞧瞧,顺便检查一下!"迈娅提议说。

于是,我们在自己的"展览大厅"里绕行一圈。看到自己的照片,孩子们个个都笑逐颜开;看到自己的第一次书面作业,他们人人都惊喜交加。展览会使他们极其称心和满意。

在这之后,他们又忙碌了一阵子,把室内外每一个角落都整理得万无一失。最后,贴出一张关于音乐演出的节目单。

"现在,让我们一起去向我们的小树告别吧!"我对孩子们说,接着我们拿起小桶和两把铁铲,在一片喧嚷声中走下楼去。

向小树告别

我们的小树长在一片斜坡上。它们和睦地挺立着,谁也没有离去,也不可能离去。

这是我们在二月间种植的:家长们给我们搞到了一批优质树苗,少先队员们帮助挖了40个坑,我自己挖了第41个坑。我们小心翼翼地把一棵棵的树苗栽入坑内,填满泥土。

"我们要搞清楚,哪棵树是哪个人栽的!让我们给每一棵树都做个记号吧!"树栽好后捷恩戈说。

于是我们给每一棵树都挂上了一块小牌,上面写着栽种人的姓名和栽种日期。

我们差不多每天都要来到我们的公园照料这些小树,这公园就是通常我们度过课间大休息时间的地方。我们照管小树,给小树的根部松土、浇水。我们来到这儿,也是为了爱抚我们的小树,同它们谈谈心里话,观察它们怎样长出第一批叶子。

记得有这么一回事。有一次,天下着雨,我们不能去公园看望我们的小树。孩子们不安起来:万一它们感到不舒服,万一有人损害它们,那可怎么办?

"好吧,"当时我对孩子们说,"我们就派三个人去瞧瞧我们的小树感觉怎样!"

我们推派达托、柯蒂、伊利科去。男孩子们回来说,小树要他们转达对我们大家的问候,在雨中它们感到很不舒服。

当得知我们的小树长出第一批叶子(这是拉里告诉大家的,在早上上学前她抓紧时间到公园去了一次)的时候,孩子们欣喜若狂,使我不得不把第三节劳动课与第一节课对调,立即率领孩子们到公园里去。在去公园的路上,孩子们不停地询问拉里:

"你看到我的小树也长出了叶子吗?"

有些孩子不安地说:

"万一我的小树没有长出叶子,可怎么办?……"

……今天我们又一次与自己的小树会面了。孩子们与它们交谈,抚摸它们的叶子,给树根松土。

"喂,你生活得怎么样?"拉里对着自己的小树说。"你喜欢长在这个地方吗?在你旁边是伊娅的树,右边是柯蒂的树!……你说说,你同它们认识吗?

你知道吗，今天是我们的最后一个学日？你别害怕，我会经常来看望你的，我家就住在离这儿不远的地方！当然，我还要帮助你的朋友们！……"

孩子们学会了与自己的小树交谈。什么事都可以对它们说：什么事使你高兴，什么事使你悲伤，你在想什么，你的理想是什么。也可以给小树读书：优美的童话、诗歌人人都爱听，甚至连树木也会"洗耳恭听"。

我鼓励孩子们与各自的小树谈心，自己也愿意和自己的小树谈心，爱抚爱抚他们的每一棵小树。

"孩子们，你们要爱你们的小树，它们是有生命的，它们能听到你们的话，它们永远在期待着你们！大自然需要得到的不仅仅是我们对它的美景的赞美，还需要得到人对人一般的爱抚和关怀。我劝你们相信，如果这些小树经常得到你们的爱抚和关怀，它们将更迅速、更自由地茁壮成长起来，它们将变得更加美丽。要是你们有谁忘记了它们，它们就会因受人抛弃而感到痛苦，它们的树干就会枯槁起来！你们要知道吗，我们该怎么办？如果你们到离这儿很远的地方去，不能前来看望自己的小树，你们就关心和照料长在那儿的其他小树，要知道，那儿的小树全是这儿的小树的兄弟姐妹。风会把你们的善良愿望吹送到这儿来，这样，它们就永远不会感到痛苦。其所以会这样，因为它们的心与你们的心是息息相通的。这些小树都有一个开阔的胸怀，充满着对你们的爱，并渴望看到你们每一个人都成为一个善良的、宽宏大度的人。现在，它们虽然像你们一样还很幼小，但是，它们将比你们成长得更快。你们知道吗，这是为什么？为的是使这些树木高耸入云，让你们的个性随同小树升高。二三十年以后，你们再到这儿来看望它们，那时它们都已长成了参天大树，你们可以在这树林里休息，靠坐在你们的树身上（现在这样做很危险），并告诉它们，你们已成长为怎样的人，在这二三十年中，你们取得了哪些成就。"

当孩子们前来照料我们的小树，欣赏它们，想望我们的未来时，我对他们说了上述一番话。

"为什么不能给我们的小树举行一次音乐会呢？"柯蒂突然问道。他与列拉站在一块，并听着她与她的小树的谈话。

"当然可以！"我支持他的意见。孩子们立即开始了讨论：

"让我们大家一起来举行一个音乐会吧！"

"我同意！"

"亲爱的小树们，你们想看我们的演出吗？"

"我们先表演哪一个节目？"

"先唱一支歌吧！"

我一个人留在小树林中间站着。孩子们就在斜坡边上呈合唱队的队形排列着。他们全体合唱了一首欢乐的歌曲,接着便是迈娅和尼娅的诗歌朗诵;维克多、捷娅、尼科和马格达的舞蹈。他们每演完一个节目,我和小树们就热烈鼓掌……

114 封 信

第四节课的最后几分钟。

我刚好已经给孩子们谈了应该怎样过暑假的问题。

当然,要读点书啰!无疑,也要在户外玩玩!不用说,还要训练刻苦耐劳和勇敢精神!还有,不言而喻,不学点数学也是不行的!我希望,你们将学习劳动和帮助成人!我还希望,你们将乐意把自己的印象写下来!在秋天,如果他们能带着在暑假里采集到的树叶和田间花卉的标本来到学校,带着很多有趣的消息来到学校,那将有多好呀!

戈恰:"那么,您在暑假里干些什么呢?"

我说:"为与你们再相会做好准备!"

纳托:"您怎样准备呢?"

埃卡:"您干吗还要准备?"

我说:"我怎能不准备呢!要知道,我应该很好地思考,在一年级我们该怎样生活和工作!"

尼卡:"这工作量很大吗?"

我说:"当然很大!我要教一年级学生啦!也就是说,我的工作更重大、更复杂了!"

吉娅:"如果您不休息,您要累坏的!"

我说:"当然,我也要休息!"

马格达:"我不想过暑假!干吗要想出个暑假来?"

我说:"暑假对你们的健康、你们的发展是非常必要的!放暑假不等于什么事都不干!你们将休息3个月又10天!"

伊利科:"共有100天!"

我说:"不错,伊利科,你说得对,共有100天!"

佐里科:"哟,那么多,在这100天里我不知会有多愁闷!"

我说:"与你们分别这100天,也会使我很愁闷。因为我甚至不知道你们在哪儿,你们是怎样休息的,你们在读些什么书!"

格奥尔吉:"让我们写信告诉您!"

我说:"对啦!我就没有想到这一点!如果你们每个人都给我写3封信

……"

伊利科："您将收到 114 封信！您每天都能收到一封信，有时甚至一天能收到两封信！"

我说："这有多好！114 封信！"

迈娅："这样您就不愁闷啦！"

我说："当然啰，如果那样，我就不愁闷啦！我将能够知道，你们在哪儿，你们生活得怎么样！"

列拉："可是您要知道，我们都不知道您的地址！"

我说："那就请你们拿一张纸，记下我的地址！"

孩子们抄录我的地址。

下课铃响了。我们的最后一堂课——第 680 堂课——结束了。

我向我的读完了预备班的学生们说：

"孩子们，请起立！"

我环视全班。庄重地和激动地说：

"我衷心地祝贺你们大家升入了一年级！"

在教室里立即响起了孩子们的快乐的、幸福的、全体一致的齐声回答：

"谢谢老师！"

我在课桌的行间来回走动，与每一个孩子握手，细细地注视一下他的脸和眼睛。我好像这是第一次见到他们。他们成长得多快呀！……

……第 170 个学日还在继续。

家长、客人们来到了。他们来的人很多，大约有 80 人左右。请他们坐到哪儿去呢？客人是不可怠慢的，何况他们人人都有权利出席我们的庆祝会；每个人都持有一张写有庆祝会程序的红请柬。这些请柬是由孩子们自己精心制作的，邀请谁来参加，也由他们自己决定。由于教室太小，我们不得不把庆祝会改在学校礼堂里举行。

在庆祝会之前，家长和客人们参观了我们的展览会，他们细细地观看了每一件展品：孩子们在 9 月和 5 月完成的两次作业，反映他们学校生活的照片，他们自己"出版"的微型书、自己的"著作"汇编第 1 卷、画册。展览会的讲解员也由孩子们自己充任。

我看到：

妈妈们——多么喜悦！

爸爸们——多么自豪！

奶奶们——多么幸福！

客人们——多么惊异！

家长们从自己孩子的课桌上拿起秘密纸袋。他们都急不可待地，但小心翼翼地打开纸袋，聚精会神地察看纸袋内的每一件作业。我注视着他们的眼神。亲爱的家长们，你们全明白吗？你们还需要我作点解释吗？

"尊敬的妈妈们和爸爸们！"我大声地说，为的是让所有的家长都听到。"我觉得，今天我们没有必要开家长会了。我认为，我们彼此已经都很了解。如果你们中有谁觉得需要同我谈谈，请在本周内你们最方便的时候到学校来找我。我在我们的教室里等候着你们的到来。现在，让我们邀请大家到礼堂去观看音乐演出！"

在舞台上，孩子们手持乐器——木琴、三角铁、勺形响板、鼓，等等——在一排小椅子上各就各位。

乐队演奏起来。孩子们唱起了欢乐的歌曲……

演出结束以后，我们一起下楼走向校园。阿夫坦季尔大叔给我们全班摄影留念。

每一个孩子都前来向我告别。

埃拉也前来向我告别。但她刚一离开我，突然又返身走了回来。

"您要知道……"她不好意思地说，"请您原谅我，我表现不好！暑假后回来我一定不再这个样子！我向您保证！在这 100 天里，我一定好好地锻炼自己，改掉执拗的坏脾气！"

"好样的，埃拉！我相信你！"

孩子们离我而去了。

他们究竟从我这儿带去了什么呢？

畅想6岁学生的明天

晚安，我的书桌老朋友！每当我告别我的孩子们以后，我总是急急忙忙地回到你的身边，为的是回顾已过去的一个学日中发生的事件和设想下一个学日的安排。我俯在你的身上，埋头于放在你肩上的一大堆练习本和图画之中，为小学生们编写练习和作业，冥思苦想地设想我与他们交往的一切可能的情景——设计下一个学日的方案。要使每一个学日成为真正的教育的学日，教师不能像一块在大江里随波逐流的木片那样对待自己的教育和教学工作，而是要像一个在大江里驾驶着航船乘风破浪驶向目的地的舵手那样对待自己的教育和教学工作。这条教育大江不是别的，恰恰就是儿童的生活。

我思考着我的6岁学生的童年问题，有时我觉得，如果我强制儿童坐在课桌的坐位上，好像我已夺去了他们的童年。我还想到，为了教儿童读和写、加法和减法，教师和教养员、爸爸和妈妈们总是喜欢强令他们安安静静地坐着，不管他们强令儿童安坐在哪儿，看来，他们也已夺去了儿童的童年。我经常回忆起我的一位同事——娜塔利娅·米哈依洛芙娜·卡尔察乌莉。20年前，当她首次在格鲁吉亚的幼儿园进行教6岁儿童识字和数学初步知识的实验时，已70岁开外了。有一次，我去听她的课，并对6岁儿童作些观察，她对我说："您知道吧，这些孩子任重道远！为了使6岁儿童享有真正的童年，应该教他们学习知识！"

当时我觉得这些话是不合常情的，我听一些学者说："干吗要提早一年夺去儿童的童年！为什么要那么性急？"可是她却说："教他们学习知识，是为了使他们享有真正的童年！"

从那时起，已过去了许多岁月。现在，对是否需要提早一年入学的问题，已无人争辩了。6岁儿童的大军正在向学校潮水般地涌来，其中一部分已经闯入学校，"占领"了最好的教室，"拥有"最慈祥和最聪明的教师，向他们提出自己的要求："教我们识字！"另一部分在幼儿园里"包围"了自己的教养员，他们坐在小桌旁不仅要吃美味可口的麦片粥，而且对教养员提出要求：

"教我们知识！"还有一部分在纠缠着自己的爸爸和妈妈，要求他们不仅给巧克力糖和玩具，还要给书、尺子，教给字母和数字。还有这样一部分决定依靠在识字方面互教互学，凭自己的能力猜读电视屏幕上、商店招牌上、报纸和杂志刊头上的字母来解决自己的认识问题。

现在的儿童就是以这样的面貌出现的！

6岁儿童——他们是怎样的儿童？

难道他们做儿童已做得厌腻了？难道自然之母已改变了他们的年龄特点？没有，自然之母丝毫也没有改变他们什么。

6岁儿童的上述情况，是80年代出现的新现象。他们所追求的，并不是要告别自己的童年，而是要获得智慧的童年。也许，我的这位最年长的同事的话的意义就在于此。随着越来越多6岁儿童接受教学和教育，我更加坚信这一点。

什么是童年？什么是快乐的和幸福的童年？怎样理解"保卫儿童的童年！"这一号召？为了无愧于我的教育良心和受到激励，我必须找到对这些问题的回答。

对6岁儿童的长期观察，使我坚信，童年不仅仅是孩子们贪玩、欢蹦乱跳、无忧无虑的一个年龄时期。真正的童年，是一个成长的过程，是从一个质的状态到另一个更高水平的质的状态的过渡的人生。当然，儿童们自己压根儿不会想到这一点，但是，他们的蓬勃的发展力确实是朝向这一方面。儿童自己没有能力完成这一成长的过程。应该由关心着他们的、给他们传授知识和经验的成人去帮助他们。

我认为，儿童生活的快乐和幸福的源泉就存在于这一成长的过程之中。我们往往认为，只有礼物、游玩才能使儿童感到快乐，这是没有根据的。对我来说，铁的事实是，光这一些已不能完全满足80年代的6岁儿童对快乐的需要了。要教会他们读故事，教会他们认识现实的方法——我坚信，他们对与自己未来有关的一切都会感到高兴的。在成人的帮助下，他们在自己成长的道路上跨出的每一小步，都是使他们感受到快乐的一小股泉源。

正因为这样，我就给自己写下了下述箴言，也许，它具有规律性的力量：

根据儿童发展着的力量促进他的成长，这就意味着使他的童年成为快乐的、引人入胜的和充满激情的。反之，从所谓不能夺去儿童的童年这一臆造的逻辑出发，用给予儿童完全自由的办法来延缓这一成长的进程，就意味着剥夺了他真正感受到童年快乐的权利。

所有这些论断可以这样来论证：儿童的天性没有改变，改变的是影响儿童天性的环境和我们的生活，因而，儿童是在现代生活的新条件下发展和完善起来的。这些变化造成的结果之一是，6岁儿童渴望学习读、写、算，也就是说，他们渴望在掌握人类活动的更复杂的形式的过程中使自己成长起来。

6岁儿童渴望学习。

我们——成人们，在准备送他们上小学和幼儿园预备班的时候，一定要关心使他们不丧失对学校和学习的兴趣。经过一年的学校生活之后，他们对学校生活的态度如何，经过一年的学习之后，他们对学习的兴趣如何——这绝不是无关紧要的问题，也许这就是6岁儿童预备班的本质所在。

预备班、整个小学教育阶段的教育学应该是最乐观主义的。极为重要的是，要使每一个儿童都深信自己的能力，使他对每一个学日，对与教师的每一次会面，对听到的每一次上课的铃声，都感到高兴。在原则上极为重要的是，要使学校生活成为每一个学生自己生活的主要内容。在对儿童的教育和教学工作中，呵斥、辱骂、恐吓、粗暴，以及诸如此类的在教育上的拙劣表现，都是不能容忍的。

按照我的信念，真正的小学教育学，真正充满着对儿童之爱的教育和教学方法，应该建立在人道原则的基础上，不能从强权的、强制的、专横跋扈的立场出发。

长久以来，我们从事教育学和教学法体系的建设始终无视儿童的存在，无视他们的志向，无视他们的感情，无视他们的兴趣爱好，也无视他们的个性，无视他们的自尊心，无视他们获得快乐和成功的渴望。这种高压教育学应当被淘汰，因为实际上它在培养儿童对学校、对学习、对自己的老师的否定态度。儿童们降临人世，并不是为了仇恨自己的老师，阻碍自己的老师对他们施行教学和教育。应该相信，实际上每一个儿童都潜藏着认识现实世界的无限潜力和才能，都潜藏着对认识的渴望，也许不仅仅是对认识的渴望，而且还是对认识的激情。我认为，完善小学的教学和教育过程的全部工作，应当是改造教师的儿童观，从对儿童的强制态度转到**人道**态度上来。这不应该是某些创造性地工作的教师的个人主动性的问题，而应该成为我们教育儿童的工作**准则**。

6岁儿童渴望学习，但这并不意味着，不管我们怎样教他们，全都一个样。权力主义的、强制的教学形式，盛气凌人的与儿童交际的形式，导致的结果是，我们将提早一年打消他们的学习兴趣，将人为地延缓他们的发展。如果我们忘记了，儿童们不可能舍弃自己对玩的需求，那么我们就会把我们的教学法不是变成他们在认识的世界里的慈祥的引路人，而是没心肝的后娘。而学者们至今还在辩论这样一个问题，即是否有必要采用在游戏中教育儿童的方法，和这一措施可能给儿童带来怎样的后果。很多偏爱权力主义的教师断言：这样的教学方法只能使儿童受到损害，让儿童们觉得学习就是游戏。在他们看来，让儿童一开始就懂得，就感觉到，并体会到，学习是与多大的困难、伤脑筋的事联系在一起的，这岂不更好吗？如果把学习当游戏，一旦儿童觉得学习是一件苦事和折磨脑袋的事，可怎么办呢？这种祸根岂不就是游戏教学法造成的吗？

我认为，最好从另一个角度来看待这一问题，即揭示游戏的心理学本质，并在此基础上解释教学的性质问题。在游戏中，自由选择的可能性具有主要的意义。儿童选择某一游戏，在不觉得厌腻的时候，他们可以兴致勃勃地一直玩下去，而一旦感到自己的需求已得到了满足，就会中止游戏。我认为，自由选择感是游戏的心理基础。但是，这并不等于说，在利用自由选择的权利时，儿童只喜欢没有困难的那种活动形式。在选择游戏的时候，儿童也接受了与游戏有关的困难，所以他们就会目标明确地、意志坚强地、聚精会神地去克服这些困难，从而使游戏充满情感的色彩，并具有论证的性质。如果儿童能够像对待游戏一样地对待教学过程，这有什么不好？在那种情况下，我们所说的教学已不是游戏的教学，而是以儿童自己的立场，以儿童在这一过程中感受到的自由选择感为基础的教学了。游戏使儿童得到了欢乐。学习也应该使他们得到欢乐！我们——教育家、教养员、教师——就是要使儿童得到这种学习的欢乐。这是我对6岁儿童进行教育和教学的基本原则之一。

我们应该最有效益地利用"零年级"这一学年对儿童进行教育和教学。让6岁儿童入学，其目的仅仅是为了创造使他们的天赋得到及时发展的最良好条件。人的天赋正是在这一年龄阶段开始蓬勃发展起来的，并且，在这一阶段，天赋发展的状况如何，对于儿童在自己的认识活动中的进一步顺利发展具有重要意义。为了能够顺利地进行学习，儿童需要具备哪些条件呢？他们必须会读并理解所读的内容，会写自己的印象，对于理解和掌握所学习的事物和现象具有明确的观点，能从瞬息即逝的过程和众多的事物中区分这些现象和事物，能口述和书面表述自己的观察结果。儿童掌握这些能力和与之有关的知识的状况如何，决定着他们的学习素养。如果没有这些能力，儿童在学校的学习中就寸步难行，如同一个儿童不掌握语言就不能进行学习一样。因此，这些能力是儿童从事学习—认识活动的必要工具。应该认识到，儿童的这些能力越完善，他们就越能顺利地掌握科学知识、概念和数学运算的方法。还应该认识到，儿童掌握这些能力，严格地说，这并不就等于学习，不论这种掌握是在何种条件下进行的，哪怕是在学校里进行的也好。通常，人们把儿童掌握读、写、简单的计算——称做学习，但我认为，最好还是应该把它看做是一个孕育新生物的发展过程。读、写、简单的计算大多是儿童在现代文化水平上的发展过程中的新生物,并且,它们是儿童在与获得行走和言语能力同样的那一种社会心理基础上获得的。我的老师——著名的儿童心理学家 Б. Н. 哈恰普利泽——的这些思想也是我在预备班工作所遵循的原则。

　　6 岁儿童与 7 岁儿童在下述方面都有很大的差别:生活经验、意志力、言语的内容和深广度、语汇量、行为的易受冲动性。主要的差别在于对游戏的渴望和需求方面。但愿在"零年级"和一年级之间这短短一年(也许有的不足一年)的年龄差别不使我们误入歧途。如果认为这些差别是无足轻重的,那么,很可能就会把小学一年级的方法机械地照搬到 6 岁儿童的教学和教育工作中去。我之所以要谈这一问题,这是因为在我们格鲁吉亚共和国从 1969 年起大批招收 6 岁儿童上小学预备班的时候,很多教师都曾经犯过类似的错误。一年级的教学大纲和教科书略作微不足道的修改以后就被应用于 6 岁儿童的教学工作了。其变化仅仅是把预定一年学完的教材安排在两年里学完,而教学和教育工作的形式和方法依然是老的一套。至于游戏,如果在某些场合被应用的话,它也仅仅是教学过程的一种简单的装饰而已,即作为消除儿童疲劳的一种手段。低估 6 岁儿童和 7 岁儿童之间年龄差别的重要性,是导致产生下述错误观点的原因:6 岁儿童组成的年级应该成为与小学一年级一模一样的一个年级,即应该在对 6 岁儿童的教学工作中列入小学一年级教学大纲中规定的全部内容,并采用与小学一年级一模一样的教学方法。似乎,在这样的情况下,6 岁儿童的问题就不存在了,同时,教学大纲、教科书、教学法参考书的编写者们也就可以"摆脱"他们可能会碰到的许多复杂问题了。在这样的情况下,教师、教学法专家、视导员们的日子全都可以过得既舒服又轻松,惟独 6 岁儿童不舒服、不轻松。我把这种对 6 岁儿童的教学问题的轻率的"解决"办法,看做是一种对儿童生活和科学——儿童心理学、教育学、教学法——的强权态度。我认为,不能因三年制小学似乎行之无效而把开设实验性的预备班误解为恢复四年制小学。也不能把它看做是为创建新的三年制小学而采取的一项措施,以便逐步地使小学各年级相应地各降低一年年龄要求。实际上,开设预备班的目的,在于要从质的方面革新小学教育体系。预备班应该与小学和中学阶段各年级组成一个统一的整体,同时,由于这一年龄组儿童的年龄特点,在这一阶段还应承担一些特殊的教育任务——从心理上、道德规范上、社交和智力活动等方面训练儿童适应所谓复杂的学生职业。这些结论也是我在教育 6 岁儿童的工作中所遵循的原则。

　　随着预备班的开设,在小学里实施 5 日周制也就有了可能。在小学实施 5 日周制不应该是简单化地减少课时数或把原课时数密集在 5 日内重行安排的结果。既要保持儿童在6日周制条件下应该受到的训练，又要提高其质量，这是实行5日周制的必要前提。因此，5日周制首先应该是完善教学和教育过程，改造教学大纲、教科书和教学指导书的合乎规律的结果。也许，在预备班实施5日周制还不至于产生太大的麻烦事，但是，在小学各年级的情况就不同了。在教学时间减少的条件下，不从质的方面改进教学和教育过程，要保持儿童应有的训练水平，是十分不容易的事。同时，我们还应该考虑，怎样来提高家庭教育的效果。除了通常的给家长普及教育知识的形式外，给中学高年级学生、一切中等专业学校和高等学校的学生开设家庭教育课，将是适宜的。普及教育知识具有全社会的重要意义，应该使全国每一个青年都掌握家庭教育的知识。实行五日周制还提出了另一个问题，即在这两个休息日中如何安排儿童的休息、劳动和娱乐的问题。

预备班的教学质量，在很多方面都取决于在教室里的设备。除了技术手段外，教室里的装备应该是教学体系的一个有机组成部分，能有力地促进教师实现使学生得到全面发展的原则。令人遗憾的是，给低年级装备专门的设备至今基本上仍然靠各地自行设法解决。在每一个低年级教室里，包括预备班的教室在内，都必须有几块合乎现代要求的、教学上很方便的黑板，一个组合式的、教师使用起来很方便的讲台，以及儿童个人使用的小柜，等等。课桌椅呢？难道可以容忍让儿童在4年里坐同样高矮的课桌椅吗——开始的时候双脚够不着地，后来人长高了，就弓着腰伏在课桌上写字？要是把课桌椅做成装卸式的，我们就可以按照儿童的身高来调节它们的高矮，并且也可以灵活地拆卸和重新组装，以便有可能把教室腾空，用来进行其他形式的课业活动——这样的课桌椅使用起来该有多方便。如果儿童们能够把这些课桌椅当做建筑料块，用来构筑诸如舞台、房子、轮船之类的东西，那么，他们的学校生活将会多么丰富多彩和充满激情！

下面列举了20个与组织6岁儿童的教学和教育工作有关的问题，对它们我毫不含糊地给予了"否定"或"肯定"的回答。

我给予否定回答的问题是：

1. 能把对一年级学生的教学和教育工作经验毫无改变地照搬到预备班吗？——不能！
2. 能强使儿童立即执行教师的指示和命令吗？——不能！
3. 能给儿童布置必须完成的家庭作业吗？——不能！
4. 能给儿童打分数吗？——不能！
5. 能在班上讲某某儿童比其余儿童学得更好吗？——不能！
6. 能严格要求儿童在上课的时候一动不动地坐着吗？——不能！

7. 能没收儿童从家里带到学校的玩具吗？——不能！

8. 能让儿童留级吗？——不能！

9. 能要求儿童穿着学生制服、背着书包上学吗？——不能！

10. 能招收 6 足岁差 2—3 个月或更多几个月的儿童上预备班吗？——不能！

下面是可以给予肯定回答的问题：

1. 在预备班上要不要有一套特别的工作方法？——要！

2. 在预备班中能利用幼儿园教育大班儿童的工作经验吗？——能！

3. 要不要鼓励儿童在教师讲解前预习新教材？——要！

4. 教师是否可以故意弄出错误来，以便让儿童找出并纠正这些错误？——可以！

5. 在对儿童的教学和教育中，教师是否需要具有演员的表演艺术技巧？——要！

6. 能给儿童布置各种各样供自由选择的作业吗？——能！

7. 要不要增加儿童独立完成的作业？——要！

8. 要不要让儿童来评价课的好坏？——要！

9. 要不要把对儿童的鉴定告诉家长，并给他准备一个内装他们的子女有代表性的作业的纸袋？——要！

10. 要不要给家长们上公开课？——要！

这些给予"肯定"和"否定"回答的问题，以及在今后教育儿童的工作中可能会碰到的其他给予"肯定"和"否定"回答的问题，都是从我将永远坚持的最主要的，并且我坚信，也是惟一正确的教育观点中推论出来的：

要全心全意地爱儿童。为了这样地爱儿童，就需要向儿童学习应当如何表示这样的爱。教师应该把每一个学日、每一堂课都看做是献给儿童的礼物。教师与儿童的每一次交往都应该使双方感到喜悦和快乐。

附录

阿莫纳什维利没有分数的教学体系的几个主要问题

一、确立师生合作的新型师生关系

师生关系问题，归根到底，这是在教育交往中教师的儿童观问题，教师对儿童的态度问题。处理好这一问题对教学教育过程的顺利进行，达到有效的教育效果，有着举足轻重的作用。阿莫纳什维利的教育实验是从改变师生关系和交往方式入手的。

阿莫纳什维利认为，师生关系、师生交往，就其性质来说，基本上有两种。一种是强迫命令的、权力主义的，即教师包办一切，不尊重儿童的人格，以盛气凌人的态度对待儿童，用高压手段、体力的优势、处分和分数的恐惧来强迫儿童服从自己的意志。另一种是他所谓的人道主义的、合作的，即师生平等相处，教师信任儿童、尊重儿童，师生合作，共同探索和共同发现，使儿童得到认识的快乐。其中贯穿的主要思想是教师对儿童的"爱的激情"。他选择后者作为实验教学的基本原则。

对儿童权利主义态度的思想源远流长，它否定儿童人格的尊严，否定儿童个性的独立性，否定儿童的自主意识、兴趣、愿望，把儿童看做是任人摆布的"物"，盛装知识的"口袋"；在师生关系方面，教师享有至高无上的权利，儿童必须绝对服从教师的指令，为了使儿童服从、听话，实行强迫纪律、体罚及种种侮辱儿童人格的惩罚措施；在教学教育工作中采用教师灌输、学生死记硬背的方法，体罚是这种教育的主要支柱，这在中外教育史文献中有大量的记载。我国古代教育文献《学记》中有"夏楚二物，收其威也"①之说，即是用体罚来迫使儿童学习的写照。

在现代学校里，体罚是明文规定禁止的（在学校的实践中仍时有发生），

---

① 《中国古代教育文选》，人民教育出版社，1979年版，第96页。

还有没有权力主义的表现？据阿莫纳什维利的分析，在苏联的传统教学中，"某些教学和教育方式方法的芽苗就是从中世纪学校的老根上长出来的"①，体现了一种强制的精神。其主要表现为：

第一，苏联的教育法令明文规定，学生必须"不容抗辩地服从校长和教师的命令"②，并规定了教师可采用的惩罚学生的手段：训斥、当众警告、罚站、驱逐出教室、降低操行等等。

第二，片面理解教师的领导作用，强调教师是教学教育过程中的主要人物，把学生看成是没有主动性的、消极被动的教育影响的客体，忽视学生的主体意识、内在动机在掌握知识、形成良好品德中的作用。在这种思想的指导下，教师的真正作用降低了，他成了传授知识的"信息员"和监督学生学习的"学监"。

第三，把教学教育过程说成是教师传授现成经验（知识）和学生接受这种经验（知识）的过程，教学方法离不开教师灌输、学生死记硬背，即所谓的"信息传授和复现法"。这种方法必须要以学生听话、服从为前提，如果学生不听话，不服从，而教学过程又不能挪后，就势必要采取强制性的措施，迫使学生服从。

第四，片面强调分数的作用，分数成了教师控制教学教育过程的主要手段、学校的"顶梁柱"。在苏联的学校里，教师给学生打的分数是很多的，教师每堂课都要提问学生，并当场把分数记入学生的记分册（人手一册，必须随身携带），还有课堂作业、家庭作业，以及种种测验、考试的分数和操行分数，学生天天处于这种分数压力的恐惧之中。如得了"2"分、"3"分，轻者遭家长训斥，重者被家长鞭打。"2"分、"3"分成了教师塞到家长手中的"鞭子"。在大多数场合，分数被作为区分学生优劣的标尺，因而也成了成人对儿童施加社会压力的工具。另一方面，分数还是评价教师教学工作优劣的标尺，评价一所学校优劣的标尺，学校和教师处在片面追求高百分率（优良成绩百分率、升学率等）的压力之下。总之，学生、教师、家长、学校都处在对分数的迷信之中。学生的学习目的被异化了，不是为了获得真才实学而学习，而是为了获得高分，以便在学校受教师器重，在家里不挨骂。分数成了师生之间和家庭中种种冲突和隔阂的根源。阿莫纳什维利认为，分数主要是"权利的体现"（教师较容易控制学生，没有分数，他就束手无策），不是有助于顺利进行教学和教育的好办法，至少对没有认识到学习的真谛的低年级儿童来说，分数

---

① 阿莫纳什维利：《快乐的、生气勃勃的教育学》，载苏联《教师报》，1980年10月8日。
② 《苏联教育法令选译》，人民教育出版社，1955年版，第178页。

是有害的，所以他主张取消分数，采用实质性评价的方法取而代之。

在对待儿童的态度和师生关系问题上，苏霍姆林斯基提出了尊重和相信儿童的原则，主张排除强制和惩罚手段，把师生关系建立于师生在精神上一致性的基础上。他说："我们力求做到，使师生保持精神上的一致性。在这样的情况下，往往觉察不到，教师——是领导人、指导者。如果教师成为儿童的朋友，如果这种友谊充满着高尚的情操和追求某种光明的、理智的事物的高尚激情，在儿童的心中就永远也不会产生敌意。……没有与儿童的友谊，没有与儿童在精神上的一致性的教育，就好比在黑暗中迷路一样寸步难行。"①

在这一问题上阿莫纳什维利的思想是与苏霍姆林斯基相一致的。他所主张的师生合作也就是师生在精神上的一致性，即在完成学习和认识任务中师生在兴趣、情绪、努力和目的方面的协同一致，师生之间互相尊重、互相理解，在情感上息息相通。此外，还要在班上确立普遍友爱、亲密团结、互相同情、互相关怀、互相帮助的心理气氛。阿莫纳什维利又把这一切称做"学校精神"，是学生"接受精神食粮的必要条件"。

为了获致师生在精神上的一致性（师生合作），必须改变对儿童的态度，改变千百年来形成的陈腐的儿童观。阿莫纳什维利表述了他在对儿童的态度、儿童观问题上的一些基本观点：

——儿童是自然之母赠送给人类的"杰作"，是有生命力的、精力充沛的、能动的、无限的"自然存在物"。儿童是一个"微宇宙"，人类对儿童的认识是无止境的。在教育儿童的工作中，教育是与自然之母开始的进程接力相承的，不能违背由自然之母决定的儿童成长、发展的规律。每一个儿童都具有自然之母赋予的作为天赋、才能而潜藏着的内在力量（精神、心灵和智慧的力量），教育者的使命在于要顺应儿童成长、发展的规律使他们的这种内在力量发挥作用，帮助他们完成由自然之母开始的成长、社会化的过程。

——儿童的天赋、才能的潜力几乎是无限的，且具有可塑性的特点。这种潜力主要表现为：在具有相应条件的情况下，每一个儿童（只要没有生理和心理上的缺陷）都能成为他必须生活在其中的社会所需要的人。因此，教育者要始终不渝地探索儿童的潜力，创造条件，促进他们的天赋、才能的发展，并对他们的成功抱有乐观主义的信心。

——儿童是有能动性的、有自主意识的人，不是一块供人任意画写的"白板"，外在的教育影响必须通过他们内在的自主意识的加工才能奏效。因此，教育者必须充分调动他们的自主意识，发挥他们的主观能动性。儿童虽然

---

① 苏霍姆林斯基：《苏联学校中个性的培养》，1965 年俄文版，第 206 页。

年幼，缺乏知识和经验，常会犯错误，但他们是人，像成人一样，也有自尊心，也需要得到旁人的尊重。像成人一样，儿童也有自己的喜怒哀乐，也有自己的操心事，甚至内心的秘密，需要得到成人的同情、关心和帮助。因此，教师要尊重儿童的人格，细心周到地关心儿童的心灵。

——儿童的个性各异，没有一模一样的儿童，每一个儿童的个性都是独一无二的、无与伦比的，每一个儿童都有其独特的精神、心灵和智慧的力量，因此，教育者不能千篇一律地、无区别地对待他们，而是要探索适合于不同儿童的不同的教育方法，"使儿童显示出更多的精神、心灵和智慧的'物质财富'，并使之更加精致和丰富，从而塑造出举世无双的和谐结合的个性"。①

——儿童是处于成长、发展过程中的人，他们的生理、心理机能尚不成熟，需要得到发展。他们天真烂漫、活泼好动、贪玩调皮、充满着好奇心，易于感情冲动、缺乏耐心和持久力，自我控制能力差，有时还会"闯祸"，这是他们旺盛的生命力和蓬勃发展着的生理、心理机能所使然，是自然的、正常的。重要的是教育者不能像对待成人那样去要求他们，而是要从儿童的立场出发，顺乎儿童的天性，因势利导地去教育他们。

——儿童正处在长知识、形成道德品质的时期，由于他们缺乏知识和经验，也缺乏社会道德经验，在学习和行为表现上犯这样那样的错误在所难免，某些儿童由于恶劣的生活环境和教育不当而成为所谓的"顽劣儿童"，这与其说是儿童的过错，不如说是儿童的不幸。教育者应该相信，儿童生来是善良的，他们是乐意与人为善的，乐意接受教育的，也渴望学习得好和积极上进，并渴望得到成人的同情、理解和帮助。教育者要像医生给病人治病那样对待有过错的儿童，给予他特别的爱和关怀，帮助他改正错误。

——"人的内在禀赋的发展机遇瞬息即逝，我们很难把这种机遇像某种物品一样装在保险箱里长久保存下去。……人的思维、语言和其他活动形式都有其产生、发展和完善的特定的相应年龄阶段。阻止、延缓这些禀赋的发展，这说明不了别的什么，恰恰证明了我们自己的无知。在这种情况下，我们就要犯粗暴的教育错误，而对儿童来说，他就会无可挽回地遭到智力落后的命运。"② 阿莫纳什维利认为，从出生到10岁，是发展儿童内在的精神、心灵、智慧的力量的关键的和最佳的时期，必须及时发展儿童的潜在力量。在良好的教育条件下，可以使儿童更充分地显露和发展自己的各种能力。因此，善于满足儿童日益旺盛的精力需求，把他们的精力导向教学和教育过程中去，创造良

---

① 阿莫纳什维利："快乐的、生气勃勃的教育学"，载苏联《教师报》，1980年10月9日。
② 阿莫纳什维利："永远的影响"，载《外国教育资料》，1987年第1期。

好的教学和教育条件,来培养和发展儿童的各种能力,形成良好的道德品质,对教师来说是极端重要的。

——小学生基本上是处于童年时代的人。童年——这是儿童积极向上、不可遏制地成长的过程,是从一个质的状态过渡到另一个更高水平的质的状态的人生。他们的旺盛精力和蓬勃发展着的生理、心理机能都在这一方面。但儿童处在童年现实生活的"迷雾"里,这种"迷雾"使他们认不清自己未来生活的意义,不懂得怎样完成自己的成长过程,需要成人的指导和帮助。

教师出于对儿童前途的关怀和肩负的培养年轻一代的使命,有必须执行的教育要求,但儿童受其现实生活的支配而有现实需求。这种现实需求("我现在要……")是在儿童发展中的生理、心理机能与环境交互作用的过程中产生的,现实需求的力量是很强烈的,它有可能使儿童不执行教师的教育要求,阻挡教师施加的合理的教育影响。如果采取强行禁止的办法,势必会引起儿童的不满和发生师生冲突。一旦发生师生冲突,教育过程就会失控,也就没有教育效果可言。

怎样防止发生师生冲突的情景?这里的问题不在于迁就儿童的现实需求,而在于要懂得儿童成长的逻辑辩证法:儿童向往着未来,但他不愿意放弃今天的快乐和满足;他想成长,成为像成人一样的人,但他也想游戏、玩乐和在游戏、玩乐中成长;他想学习,但不想失去自由,不想放弃自己现在的生活。如果教学教育过程、师生交往与这一逻辑并不矛盾,教师能带着自己的生活、自己的任务、意图和对儿童的关怀加入到儿童的生活中去,使师生的生活、愿望、目的、任务和努力在某种程度上一致起来,就能有师生互相理解和精神上的沟通,从而防止发生师生冲突的情景。

在这样的师生关系中,教师的帮助的实质不在于包办代替,强迫儿童服从自己的意志,而在于要在儿童今天的生活与他们明天的生活之间架起一座桥梁,"要在儿童现在生活的河流里引入一股他们未来生活的水流,要把我们藏匿在遥远地方的教育目的的种子移植到生机勃勃的儿童生活的心田里"[①],发挥引路人、英明的导师的作用,善于运用巧妙的教育艺术,创造生动活泼的、师生共事合作完成学习和认识任务的教学情景,把他们牢牢地吸引住,使他们充满着求知的激情,指引他们走上自我教育、自我发展、自我完善的道路,让他们自己主动、积极地来解决学习和认识任务。

从这样的观点出发,阿莫纳什维利主张把师生关系建立在他所谓的人道主义教育的原则基础上。他说:"人道主义教育的意义在于:使儿童自觉自愿

---

① 阿莫纳什维利:"快乐的、生气勃勃的教育学",苏联《教师报》,1980年10月9日。

地、乐意地接受我们以他们的全面发展为宗旨的教育意图，使他们成为我们在对他们施行教育中的同盟者和战友；帮助他们养成对知识的渴爱和对独立的学习—认识活动的迷恋。"① 为了贯彻这一主张，他提出了教育者必须遵循的10条原则（关于这些原则详见本书第二章）。

在这些原则中，爱儿童和理解儿童是两条最基本的原则，也是阿莫纳什维利教育思想中的核心思想。他认为，爱儿童是教师的教育活动的首要原则，是教育好儿童的先导。他把教师对儿童的爱比做是滋生万物的阳光和沃土。没有阳光和肥沃的土壤，就没有万物生长；没有教师对儿童的爱，就没有教育。因此，教师要全心全意地、无一例外地爱每一个儿童，不论是听话的，还是顽皮的，聪明的，还是愚笨的，勤奋的，还是懒惰的，教师都要倾注同样的爱心。教师对儿童的爱，这是使儿童心情舒畅，促进他们奋发上进、健康成长的推动力，也是教学教育过程顺利进行的保证。尤其对小学低年级学生来说更是如此。在他们的感受中，"知识"和"老师"几乎是同义词，他们最喜爱的课就是他们最敬爱的老师的课。而教师要博得儿童对自己的爱，他自己首先应该充满着对儿童的"爱的激情"。阿莫纳什维利强调指出，教师对儿童的爱应该是真诚的，而不应该是虚伪做作的，教师应具有把自己的全部心血和整个生命都献给儿童的博大爱心。

所谓理解儿童，指的是教师要善于洞察儿童的内心世界，开启他们的心扉，弄清楚他们的志向、愿望、需求、内心活动，深入理解他们的行为举动的意义，从而有的放矢地教育他们。为了理解儿童，阿莫纳什维利主张教师要把儿童看做是自己童年生活中的自我，带着自己的童年生活加入到儿童们的童年生活中去。教师要站到儿童的立场上去，设身处地为儿童着想，珍视他们的感情、愿望、需求，以他们的乐为乐，以他们的忧为忧，在思想感情上与他们息息相通，在行动上与他们打成一片，成为儿童的"自己人"、和蔼可亲的"大朋友"、足智多谋的"出谋策划者"。他认为，这是使儿童相信教师，珍视教师的善意和对教师言听计从的可靠途径，也是教师认识儿童的生活、理解儿童和开启儿童心扉的"金钥匙"。

阿莫纳什维利倡导的基于上述原则的师生关系不是一蹴而就的，而是经过艰苦努力，在教学教育过程中逐步形成的，这有赖于教师的个性品质、驾驭教学教育过程的艺术和孜孜不倦的探索、创造。以下是他在实验教学中采取的主要方法。

1. 从儿童所处的立场出发组织教学教育工作和他们的学校生活

阿莫纳什维利把从儿童的立场出发称做为"后方的教育和教学战略"，其

---

① 《孩子们，你们好!》第二章。

实质就是要使学生在积极的动机作用的基础上接受教育要求所必需的学习和认识任务。从儿童的立场出发,这也不是教师无原则地迁就儿童的兴趣,做儿童的"尾巴",使教学教育过程成为无组织、无纪律的过程,而是指借助一种心理机制,使儿童对教学教育过程产生浓厚兴趣,教师的教学活动能把他们牢牢地吸引住,使他们积极主动地投入到有目的、有组织的学习活动中来。这种心理机制就是阿莫纳什维利所运用的"自由选择感"的原则。

所谓"自由选择感",这不是让儿童自由行动,让他们爱干什么就干什么,想学习就学习,不想学习就不学习,它指的是:教师要根据儿童发展中的个性的特点,从他们的立场、他们已有的生活经验和他们的潜力可能达到的水平出发,运用巧妙的教育艺术,使教学大纲规定的必需的教学要求化为儿童内在的自主要求,把教师要求他们学习的教材变为他们自由选择(自主选择)的对象。

自由选择感是儿童游戏的心理学原理在教学中的运用。众所周知,在游戏中,儿童参加这样那样的游戏,参加不参加,都是自愿的,是不能强迫的。一旦参加进去,他就能全神贯注于游戏,并能遵守为游戏顺利进行所必要的规则和要求。儿童通过游戏也增长了知识、才干,掌握各种活动的方法、交往和行为规则。游戏是儿童受内在力量的驱使认识现实的一种方法,而且,在游戏中,儿童的认识活动有很高的效率。阿莫纳什维利认为,在教学中完全可以运用儿童游戏的这种心理机制,大大提高儿童的学习积极性,提高教学效果,使学习成为他们引人入胜的事。

无疑,教学与游戏是不同的,在教学过程中,学生应该掌握一定的知识、技能、技巧,养成遵守必要的道德规范的习惯。教学的目的、内容是不以儿童的意志为转移的,他们必须学习,必须在规定时间里学习教学大纲所规定的知识,他们必须把自己的积极性用在达到教师的教学要求上,在这方面他们是不能根据自己的愿望自由选择的。贯彻这一原则不在于把教学变为游戏或用游戏取代教学(所谓的"在玩中学"),而是要运用儿童游戏的心理学原理,创造类似游戏那样的一种教学情景,把要求儿童在一定教学阶段上必须掌握的知识变为他们自己感到非常重要的,使他们感到学习任务是自己选择的。在这样的情况下,虽然学习对象仍然是教师的教学意图,但他们在主观上觉得,这是他们在"自己要"的基础上接受的,不是教师强加给他们的,教师是尊重、听取他们的意见的,是与他们一起商量决定的。在这样的课上,儿童的主体意识得到了调动,学习也就成了他们渴望的乐事。

贯彻这一原则也并不意味着阿莫纳什维利否定严肃认真的学习(他常常受到不了解他的教学体系实质的人的指责),他指出,"当前有一种说法很流行,认为游戏是儿童进行学习的主要方法。也许这是对权力主义方法的一种反动。不过我们应该警惕寓教于乐论的潜在危险,因为不让儿童进行严肃的学习的时间越长,以后他们就越难严肃认真地进行学习,教育的首要目标应当是使严肃的事情变得有趣味"①。他还说:"学习应该是严肃的,也正是学习的严肃性才可能使儿童全神贯注。这种严肃性并不妨碍儿童的愿望,不过,如果强迫他们表现严肃,就可能违反儿童的愿望。……为了学习,儿童必须有一种自由选择感,有一种自尊感。若能做到这一点,也就无须用做游戏或娱乐活动等允诺去哄他们了。只要严肃认真对待,尊重发展中的个性,就完全有可能吸引儿童的注意力,帮助他们处理好复杂的学习、道德和行为问题。"②

因此,贯彻这一原则的根本目的在于使教学生动活泼,能引起学生的兴趣,吸引他们的注意力,使学习变为引人入胜的事,使学生们乐意学习。其基本的要求是:第一,为学生有明确目的的、有社会意义的发展,为丰富他们的知识、经验创造最良好的条件;第二,根据学生日益发展的内在力量的需求,从儿童发展中的个性,他们的立场、兴趣出发控制教学过程,创造这样一种教学情景——在教学要求上是师生同一的,但学生在主观上觉得,学习任务是他们自己选择的。为了做到这一点,教师还要掌握与儿童交往的艺术,并在班上确立互相信任、互相爱护、互相尊重、互相理解、互相同情、互相帮助、友爱团结的心理气氛。

2. 始终相信每一个儿童的能力和发展前途

相信儿童的含义是教师要始终坚信每一个儿童都是可以被教育好的和学习得好的,每一个儿童都具有成为一名好学生的潜力,对他的成功要抱有积极的乐观主义的信心,要把学生学习上的挫折和在发展方面的偏离看做是在他前进道路上的暂时阻滞,并且也是自己没有对他采取区别对待的结果。

从这一观点出发,阿莫纳什维利从根本上改变了对所谓的"差生"的态度。他说:"如果一个儿童学习有困难,而我们确实想帮助他,那么,最主要的事——我们应该从何入手,什么是我们应该始终不渝地信守的原则——这就是使他能感到,他像所有其他儿童一样,也是有才能的,他也有自己的特殊的'天赋'。"② 与某些教师讨厌"差生",对"差生"失去信心,一味地指责或弃置不顾相反,阿莫纳什维利甚至提出了应当"以教育过程本身的质量为准绳来判断儿童形成中的个性、他的教养和发展的质量的原则",把学生学习上的失利归罪于自己,是自己组织的教学过程不完善,没有找到对他最优的区别

---

① ② 阿莫纳什维利:"顺乎天性,因势利导",载联合国教科文组织《信使》杂志,中文版,1991年第8期,第23页。

② 见《孩子们,你们生活得怎样?》,第三章第一节,"使他能认识到自己是人"。

对待的办法的结果。

阿莫纳什维利指出，他的这一主张不是消极等待，而是积极的乐观主义，这是在深入了解儿童的个性特点及其内心世界的基础上探索对他的教育，帮助他克服困难，促进他自爱、自强、奋发上进的积极的方法。不相信学生，对后进学生抱悲观主义的态度是要不得的，这无异就是活活葬送儿童有可能获得的美好前途，只有乐观主义才能激励儿童奋发上进，唤醒他沉睡中的力量。因此，对后进学生需要的是关心、爱护、激励和耐心帮助。

在他的实验学校里，教师经常使全班学生和每一个学生相信，他们全都是有才能的，是能够克服困难和获得成功的。例如，在集体完成新的学习任务或教师讲解高难度的教材时，教师要提醒学生可能会遇到的困难，同时阐明，应该怎样做，要特别注意什么，怎样才能克服可能会遇到的困难，使他们树立自信心。在个别作业的过程中，教师特别注意那些需要帮助的学生，激起他们独立完成作业的自信心，同时给予必要的个别指导和帮助。

教师对学生在学习上的成功和失利抱和善和乐观主义的态度，这对学生奋发学习、树立信心具有积极的影响。因此，在实验学校里，对学习有困难、学业成绩不佳的学生加以谴责，在全班公开羞辱他、向家长告状等，都是不允许的，认为这是不相信儿童的表现。在实验学校里，同样不允许教师采取使班上某些学生与全班学生对立起来的措施。例如，对某些"优等生"，教师在班上说："他是我们班上最有才能的学生，他比你们谁都好，他是我的骄傲！"对某些"差生"则说："他是个笨蛋，连最简单的作业也不会做，他是我们班的耻辱！"阿莫纳什维利认为，这是违反教育原则的。教师的教育影响的目的在于教会全班要以信任的态度对待每一个同学，相信每一个同学的发展前途，为自己同学的成功而喜悦，并提高对他的要求，培养学生对同学在学习上的失利抱同情态度，并能热情地帮助他摆脱困境。对教师来说，要使自己对儿童的信任获得对他们真正有效的教育影响力，教师还必须以批判的态度对待自己的教学教育工作，探索完善自己的教学教育工作的有效途径。

3. 在教学过程中师生合作

师生合作的思想也是阿莫纳什维利在教育实验中遵循的基本原则。所谓合作，一是指在教学教育中师生交往的方式，二是指在完成教学任务中教师努力使师生在兴趣、情绪、目的、努力等方面一致起来，同时，这也是教师控制教学教育过程的艺术。

根据克鲁普斯卡娅关于教师应当把儿童当做战友来对待的思想，阿莫纳什维利表述了他主张的师生合作的公式："使儿童成为教师、教育者、家长在对他们进行教育、教学、教养和形成他们的个性中的自愿的、有利害关系的战友、志同道合者,成为教育过程的平等的参加者,成为对这一过程的成果抱关心和负责态度的人。"① 他指出,师生合作的思想不是他的创造发明,实际上这一思想与教育学一样古老,历史上一些进步教育家都不是靠强制手段去教育儿童的。马卡连柯和苏霍姆林斯基的教育实践是使教育走向民主的重要突破。他认为,现在有必要用合作、对儿童人道主义态度的思想从心理学上重新理解教育过程的各个方面——课、教学方法、教学大纲、教科书、教师的个性等,要使合作的思想成为学校的精神,使学校里的一切都与学校精神和谐一致起来。

在传统的教育学教科书里写着:教师是教育过程的主要人物。在学校的教学实践中,沿袭了教师包办一切、教师独白,把知识灌输给学生的方法。在这种教学中,学生的主体意识得不到调动,他们的学习活动基本上是被动的。合作的方法要求教师确认儿童在教学教育过程中的主体地位,充分调动他们的主体意识,发挥教师的引路人、导师的作用,善于运用巧妙的教育艺术,创造生动活泼的、师生共事合作完成学习和认识活动的教学情景,使他们充满着求知的激情,牢牢地把他们吸引住,让他们积极、主动地自己去解决面临的学习和认识任务。在这样的情况下,学生会感到自己是教学教育过程中独立自主的主体,不仅是教学过程的参加者,而且也是教学过程的创造者。

阿莫纳什维利并不否定教师的领导作用,但领导不等于教师包办一切,教师搞一言堂,让学生乖乖地坐着听教师的独白,他强调教师要善于引导,成为学生英明的导师。因此,他认为,教师的领导作用在于激发儿童的主体意识和求知欲,帮助和指引他们走上自我认识、自我觉悟、自我教育和自我发展的道路。正因为这样,在教学方法上他竭力反对教师灌输、学生死记硬背的方法,而是强调要激起学生的求知欲,推动他们独立钻研,积极、主动地去获取知识。他说:"我所致力的目标,是要找到这样一种教学方法:不是把知识'填入'儿童的脑袋,而是让他们自己设法向我'夺取'知识,经过与我的智力'搏斗'去掌握知识,通过孜孜不倦的探索去获得知识。"② 他还说,为了使这一切真正能实现,还要在学生认识的道路上设置一道道障碍,学生必须以极大的努力来跨越这些障碍。也就是说,给学生学习的教材是有一定的难度的。

采用引导、合作的方法与传统的"传授和接受"式的方法相比,对教师的要求要高得多,教师的工作也要复杂得多。阿莫纳什维利指出,采用合作的方法最重要的是,教师要善于使学生深信,他们是教学教育过程中独立自主的主体,教师是尊重、听取他们的意见的,没有他们的主动参与,教师是"很

---

① 阿莫纳什维利:"合作教育学的基本原理",载《外国教育资料》,1990年第5期,第30页。
② 阿莫纳什维利著:《学校没有分数行吗?》,教育科学出版社,1986年版,第6页。

难"胜任教学任务的。当然，教师要事先考虑，怎样的教材可以与学生一起讨论，并精心组织教材和设计教学过程，不能受学生一时冲动的愿望任意改变教材。这方面很大程度上还取决于教师的教学艺术，还要善于创造师生合作完成教学过程的情景，把学生牢牢吸引住。其中自由选择感被认为是实现师生合作的秘密所在。

例如，教师可经常请学生口头或书面对某堂课提出意见：他们喜欢不喜欢这堂课，满意的是什么，不满意的是什么。有时让学生递字条，写出他们最喜欢在课上怎样学习，为了使课上得更有趣，他们建议教师怎样做，他们最喜欢做怎样的作业，等等。教师读了他们的建议，应向学生表示感谢，并答应满足他们的请求。在此后的某堂课上，教师郑重地向学生宣布："根据你们的建议，今天我要……"其实，教师宣布的教学内容就是教学计划所要求的，但在这种情况下，学生却觉得，这是教师采纳了他们的建议，他们不仅是教学过程的参加者，也是教学过程的创造者。

又如，教师在讲解某个复杂的数学例题时，向学生提出请求："这道题昨天晚上我做了好几遍都没有做对，也许你们能帮助我。现在我要浪费你们一点时间，然后上我们今天的课。"教师仔细听取学生们的每一条建议，有时提出问题，有时装成弄懂点了什么的样子，有时反驳学生的建议，有时教师边说边算，故意弄出点"差错"，让学生发现和纠正，最后找到正确答案，并向学生表示感谢。

有人担心，教师这样做，尤其是教师故意出"差错"，会降低教师的威信。阿莫纳什维利认为，这种担心是多余的。教师的"差错"是使学生思维活跃的一个因素，教师承认自己的错误，只会提高自己在学生心目中的地位，教师故意出"差错"（学生也知道这一点）可以造成一种生动活泼的教学情景，激起学生浓厚的认识兴趣。当然，教师应该事先精心设计，在什么场合，出什么样的"差错"。他把这种情景称做"智力搏斗"，目的是为了激起学生积极的思维活动。在他的教学实践中，有时安排整整一堂课开展学生之间的"智力搏斗"（讨论会、辩论会），在这种场合，各种词典、手册、百科全书成了学生与教师、与同学进行"智力搏斗"的武器。阿莫纳什维利认为，这种"智力搏斗"也是学生不断探索和获得新知识的过程，在这一过程中学生将竭力使自己成为"思维王国"的主宰者。

4. 合乎道德规范地对待学生，尊重学生的人格，维护他的尊严

在对待学生的态度问题上，阿莫纳什维利强调教师首先要把学生看成是一个具有独立人格的人，其次才是受教育的学生。作为人，他的人格应得到尊重；作为学生，教师有责任对他进行教育并提出严格要求。对学生的尊重是严

格要求的前提，没有尊重，严格要求对学生的教育影响是无力的。

阿莫纳什维利认为，教师对学生人格的尊重和合乎道德的态度，可以收到两方面的效果：第一，在教学过程中创造师生相互尊重、感情融洽的学习和认识活动的气氛；第二，使学生在教师的言传身教下养成遵守道德准则、举止文明、尊重他人的习惯。他强调指出，教师对学生盛气凌人的态度，训斥、辱骂、恐吓、侮辱人格、傲慢态度、强制手段等，是教育上的拙劣之举，是违反教育原则的。他要求教师做到：

第一，把师生关系建立在互相信任的基础上。在实验教学中采用实质性评价、发展有论证的学习和认识活动、在集体中互相帮助、从儿童的立场出发控制教学过程等方法，排除了学生中的欺骗、互相抄袭、剽窃他人作业、故意旷课、迟到、向教师说同学坏话等消极现象。对学生的信任并不意味着教师迁就学生的缺点、错误，不严格要求，不去研究事情的真相、学生之间的关系，不去分析和处理学生之间的冲突和纠纷的是非。重要的是，教师对学生的真诚、善意、尊重态度，对每一个学生的同情、关心、爱护、耐心帮助和区别对待的态度，这激起了学生对教师的信任感，他们就会把教师看做是他们的大朋友、自己可信赖的亲人，这样，学生也就能乐意接受教师的劝告、要求乃至批评。

第二，维护每一个学生在同学中和家庭成员中的威信。学生的每一个优点和进步都应得到集体的好评。教师不能在同学和家长面前公开损害他的荣誉，对学生的缺点和过失应从他已获得的威信的基础上去分析，即要在充分肯定他的优点、进步的基础上指出他的某种缺点、错误，并以治病救人的态度帮助他改正错误。只有这样，才能促进他自我教育和自我完善。在这同时，还要培养学生批判地评价自己和同学的活动的能力，深思熟虑、耐心地对待同学的批评意见，努力改正自己的缺点。

第三，在班级集体中形成互相尊重的气氛，使学生养成合乎道德的人际关系。在实验学校，除了在教学教育过程的一切场合注意培养学生良好的人际关系和文明行为外，还开设了一门伦理教育课。这门课的内容包括学生在学校、家庭、公共场所的行为规范，待人接物方面的道德准则，对周围生活中发生的事情进行讨论，给以正确的评价，使学生明辨是非，此外，还进行行为规范的实际操练，其目的在于使学生知行合一，养成习惯。

第四，教师对每一个学生的兴趣爱好表现出浓厚的兴趣。教师的这种兴趣不是以直接去问学生的形式表现出来的，而是使学生体会到教师关心并真的也喜欢他所喜欢的事情，其目的是为了增强学生的这种兴趣，把学生的兴趣导向获得知识、得到发展的正确方向，独立地去探索知识的奥秘。

二、以发展为目标

阿莫纳什维利反对教学上的两种倾向。一种是教师不顾学生是否弄懂，是否掌握教材，只顾自己的教学进度，完成纸上谈兵式的备课计划。他认为，这是教学上的形式主义，是使儿童在学习上落伍，成为"差生"的重要原因。另一种是教师片面理解量力性原则，低估学生的潜力，"抱着学生走"，把知识像烤鸡肉一样"嚼烂"了"喂"给学生，多次重复同样的东西，他认为这会使学生产生对学习的厌倦情绪，不能引起他们的兴趣和积极性，其结果就延缓了儿童的发展。根据维果茨基关于教学与发展的理论，阿莫纳什维利提出了教学应具有发展指向性的主张，即教学的目的不仅仅是传授知识，而在于使儿童整体性的个性在智力、思维能力、情感、意志、行为动机、目的、道德等方面得到和谐发展。

赞科夫在研究教学与发展问题时使用了"一般发展"的概念，他指的是儿童心理活动多方面的发展。一般发展与智力发展的区别在于，在它的含义中不仅包括认识过程，还包括意志、情感、行为动机等因素。他生前在与阿莫纳什维利的一次谈话中指出："智慧、心灵和双手——三者的整体性与和谐，这就是一般发展的实质之所在。"[①] 阿莫纳什维利完全赞同赞科夫的见解，他说："儿童单靠动脑，只能理解和领悟知识；如果加上动手，他会明白知识的实际意义；如果再加上心灵的力量，那么认识的所有大门都将在他面前敞开，知识将成为他改造事物和进行创造的工具。"[②] 他这段话的含义是：儿童的个性是一个整体，因此，在教学教育过程中，不应该只触及他的心理活动的个别方面，如记忆、注意、思维等，而是要把儿童本身作为一个整体发动起来。阿莫纳什维利十分强调心灵的力量、情感（情绪）因素在学生的认识过程中的作用，认为情绪因素可以赋予人的认识活动一种张力，这种张力是智力发展的内在推动力。所谓心灵的力量，指的是情感、意志、行为的目的、动机、道德倾向性等心理状态。

阿莫纳什维利坚信，每一个儿童都有认识现实的渴望，都有成为社会所需要的人的潜力，他们的潜力实际上是无限的。但要使这种潜力开动起来，需要有内在的推动因素来保证。因此，教师必须回答这样的问题：在怎样的教育条件下才能赋予儿童的潜力以推动力？在怎样的条件下才能加速儿童的发展和个性形成的过程？阿莫纳什维利是根据维果茨基关于两个发展区的理论来解决这

---

①② 见《孩子们，你们生活得怎样？》第二章第九节，"一般发展——独立性的支柱"。

些问题的。

按照维果茨基的观点，儿童有两个发展区：现有发展区和最近发展区。现有发展区指儿童在某一年龄阶段上已经达到的发展水平，是儿童已经掌握的，并能在此基础上独立解决智力任务或其他任务的知识、技能、技巧体系。它可以根据儿童能独立完成某种任务来确定。现有发展水平决定着儿童今天生活的内容，是他跨入明天生活的准备。最近发展区指在教师的帮助下儿童能掌握的知识、技能、技巧的范围，即儿童明天的发展水平。现有发展区是最近发展区的先决条件，最近发展区是儿童发展的明天。

教学与这两个发展区是密切相关的。在具备各种良好条件的情况下，儿童或迟或早会跨入自己发展的明天，但在精确组织的、有目的的教学过程的条件下，儿童跨入明天的过程要快得多和有效得多。儿童是在这两个发展区的交互作用下跨入最近发展区的。当儿童达到了处在现有发展区外围的一个最近发展区的水平时，这个最近发展区就成了他的现有发展区，在其外围又出现了一个新的最近发展区，等等。儿童的知识、技能、技巧体系，他们的各种能力就是在这两个发展区的交互作用下像滚雪球般不断扩大、加深和完善起来的（如下图所示）。

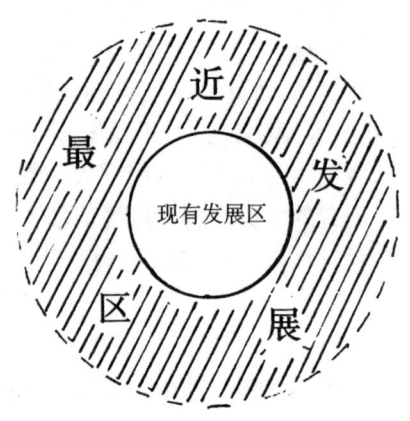

儿童已经掌握的知识、技能、技巧体系是他的昨天，是已经完成的发展阶段。以已经完成的发展周期为指向的教学不可能取得特别的效果，因为它不引导儿童向前发展，也不能满足儿童发展着的内在机能的需要。这样组织的教学，学生会觉得很容易，不能引起他们的兴趣。教学只有在超越儿童的现有发展水平，并能使他们处于最近发展区的心理力量开动起来的情况下，才能有强化的发展。按照维果茨基的思想，儿童本身并不处在自己已经成熟的潜在能力的水平上，而是处在内在的对于发展的情绪倾向的水平上，即儿童内在的机能力量需要得到发展，需要完成自己的生成。正是这种内在的情绪倾向性决定着儿童的明天。因此，维果茨基说，只有走在发展前面的教学才是好的教学。这样的教学能激起儿童内在的正处在成熟阶段和最近发展区的一系列机能全部开动起来。

推动发展过程开动起来的力量是什么？是儿童的内在力量，还是外在的环境因素？阿莫纳什维利根据乌兹纳泽关于机能倾向性的观点阐述了这一问题。按照乌兹纳泽的思想，发展是趋向活跃化（趋于成熟阶段，需要得到发展）的内在机能与相应的机能活动的环境相一致的条件下实现的。教师的任务就是要创造使儿童活跃起来的内在机能得到发展的最合适的条件来促进他的发展。因此，在小学阶段，重要的不是儿童获得的那些知识和技能，而是发展他们借以掌握这些知识和技能的能力、才能、内在心理机能，没有他们的能力、才能、内在心理力量的发展，就没有教学过程。这并不意味着阿莫纳什维利轻视知识、技能的作用，他说，没有要求儿童集中认识的、意志的、情感的力量去掌握一定的教材，就不能有儿童的心理力量的有目的的发展，为了使儿童的内在力量开动起来，并导致他们的发展，儿童必须掌握必要的知识和技能。他还说："如果没有指向掌握知识的活动，儿童的发展就是不可思议的。不存在纯粹形式的发展。问题不在于用损害掌握知识的方法来保证儿童的发展，而在于要有意识地使掌握知识的方法以发展为目的。儿童的发展是目的，知识、技能、技巧是达到目的的手段。得到发展的能力有助于儿童掌握在形式和种类方面复杂得多的知识和活动，儿童将加快认识的步伐，其结果可以赢得时间，这又可给他带来益处。"[1]

为了使教学过程能促进儿童的能力、才能的发展，教材与儿童的内在力量（能力）的相关度应该是怎样的？阿莫纳什维利指出，一方面，教材不能脱离儿童的现有发展水平，另一方面教材的难度要超过现有发展水平，即教材要有一定的难度，否则发展就失去了基础。如果给儿童的学习任务（教材）与他们的能力是相等的，教材很容易，他们的能力就不可能获得进一步发展的推动力。如果教材过难，超过了最近发展区的水平，超过了儿童的能力可能达到的极限，同样不能有发展可言。掌握这个难度是很重要的，这不是指无论怎样的难度，而是指与儿童的能力可能达到的最高极限相当的那种难度，是儿童经过努力，克服困难力所能及的，而不是高不可攀的那种难度。所谓"高难度"原则，其实质就在于此。

怎样确定教材与儿童内在力量的相关度，即怎样确定儿童的两种发展水平？这不是一个简单的问题。就某些个别的学习任务而言，可根据儿童能独立完成的程度来判断。如果儿童不需旁人帮助，能独立完成，可以认为，完成这

---

[1] 阿莫纳什维利："合作教育学的基本原理"，载《外国教育资料》，1990年第6期，第25页。

一作业的技能正处在他的现有发展水平上；如果在旁人帮助下，他也不能理解学习任务，不能明白某种现象的意义，可以认为，他的与完成这种学习任务相适应的内在力量处在最近发展区极限之外的水平上。

总之，以发展为目标的教学要求教材有一定的难度。这种儿童力所能及的困难被认为是发展的必要条件和源泉。发展是儿童的体力和心理力量在他可能达到的最高极限发挥作用的条件下实现的（即通过克服困难而实现），这个极限就是由困难造成的。所以阿莫纳什维利说，发展就是困难被克服。

儿童当然没有能力独立去掌握在难度方面高于他的能力的教材，他不知道怎样做到这一点。这就需要教师的帮助。教师的帮助应该是怎样的呢？阿莫纳什维利认为，教师的帮助不在于把教材像烤鸡肉一样嚼烂了喂给学生，而在于充当学生的潜在能力与在难度方面超过其能力的教材之间的中介人、引路人。这就是说，教师要掌握教育艺术，善于设置儿童力所能及克服的困难，通过自己的活动（讲解、演示、指导、提示、启发、概括、建议、商讨、预防可能的错误、共同感受、激励、促进、鼓起信心、关心、激发学习动机、对学生的爱、尊重、鼓励性的严格要求、满足学生成长的需求、使学生得到交往的快乐等）激起学生的求知欲，促进他们的内在力量活跃起来，为每一个儿童在集体中都有内容充实的精神生活创造乐观主义的气氛，从而引导、激励他们主动地去克服困难，获取知识。他认为，这是教师帮助儿童发展的本质和基础，因为在这样的气氛中，在这样的儿童集体中，每一个儿童都会成为能够和准备克服高难度困难的人，最大限度地显示自己的才能。从这一意义上说，他认为，教学就是帮助儿童克服困难过程中的师生合作。

在教学过程中出现的困难会不会引起儿童厌学、对学校和教师抱否定态度，会不会使儿童变为马虎、懒惰、不守纪律的人？阿莫纳什维利认为，在下述两种情况下完全有可能：一是困难超过了儿童的能力可能达到的极限，而教师又强迫他学习；二是教师不帮助他，不同情他，让他处于孤立无援的境地。但如果教师能相信儿童，尊重儿童发展中的个性，采取师生合作的交往方式使儿童克服在学习、获得社会经验和养成遵守道德准则习惯方面的困难，对儿童就具有了不同的心理意义：力所能及的困难给儿童创造了克服困难所带来的满足感和心理上的舒适感的条件，也就是说，可以使儿童得到学习成功的快乐，道德升华的快乐、成长的快乐。当然，克服困难的过程并不是一帆风顺的，也会有挫折和伤心，但学习过程中的情绪因素（对成功的信心、相信自己的力量、教师的鼓励和关怀、同学的热忱相待、乐意接受教师和同学的帮助、与教师和同学合作、共同创造、共同发现）有助于儿童提高自觉性、积极性、主动性，增进同学情谊和乐观主义，从而调动努力学习、克服困难的主动性、积极性。

三、使学习成为儿童生活的需要

苏联人民演员伊尔斯基曾谈到一件发人深思的事：有一次，他们剧团给中小学生演出戏剧《聪明误》，他扮演剧中人物法姆索夫，当他在演出中说到一句台词"学习——这是瘟疫！"时，全场响起了雷鸣般的掌声。这欢乐的掌声反映出了苏联中小学生的心态：厌学，对学校、教师的反感。据阿莫纳什维利的考察，在苏联中小学生中，对学习有兴趣，表现出勤奋态度的，约占全体学生的三分之一，其余学生（三分之二，甚至更多些）都有不同程度的厌学和学习焦虑情绪，缺乏对学习的主动性、积极性。小学生中有78%的学生每天都是怀着对教师的不满情绪回家的。通常，小学三年级是一个转变关头，很多学生越来越感到学习是一种"苦难"，是"服苦役"，丧失学习积极性。教师的威信在他们的心目中逐渐降低，甚至发生师生冲突。也就是说，对相当一部分学生来说，学习没有成为他们酷爱的乐事，没有成为他们生活的需要和迫切的要求。造成这种状况的原因是多方面的，有社会环境、家庭的原因，也有学校的原因。就学校来说，课业负担过重、师生关系不协调、教师对儿童态度粗暴、教学方法不当、分数的压力等，都是使学生产生厌学情绪的原因。从教学实践来说，相当一部分教师习惯于"传授和接受"式的教学方法，忽视了现代中小学教学法的一个极其重要的因素：教会学生学习，有目的地培养儿童对学习的需要，激起他们的求知欲、学习积极性，使他们形成正确的学习态度和有效的内在动机，即使学生会学习和要学习。他们能教前述三分之一的学生（即所谓的"优等生"），对"中等生"，尤其是"差生"缺少办法，往往采取简单粗暴、强制、压服的办法对待他们，从而引起学生对学校、教师的反感。

阿莫纳什维利认为，采取强制的办法迫使儿童学习是与学习的自觉性、积极性、独立性和发展创造才能的原则相对立的，也是违反学习和认识活动自身的规律。他主张要着眼于消除使学生产生厌学情绪的原因，创设能够最大限度地激起学生的求知欲、对学习的积极情绪、持久的认识兴趣和积极性，使他们形成内在的动机的教学条件（或环境）。所谓教学条件，指的是：学习对象（教材）、教学内容、教材与儿童的认识兴趣和认识能力的相关度、教学方法、教学过程的性质（强制的还是师生合作的）和指向性、师生关系和交往的方式、学习评价制度和方法等。他主张要这样有目的地改变教学条件，以此来改变学生对学习的不正确态度：第一，要使学习、认识成为对学生具有生活意义的事情，成为他们主要的个人需要，成为他们内在动机的源泉；第二，应该使学生酷爱学习，使克服学习上的困难成为学生自觉自愿的要求；第三，应该指引学生走上自觉地致力于自我教育和自我完善的道路。

使学生酷爱学习、不厌学，这绝不是把学生的学习变为没有困难、轻而易举的事。阿莫纳什维利指出，学生的学习总是伴有一定困难的，学生掌握、领会知识的过程是一个艰苦的脑力劳动的过程，在教学教育过程中不可能做到使学生感觉不到学习的艰苦，正确组织的教学工作也不应该致力于这样的目标。把教学过程庸俗化到让学生无需经过个人的智力紧张和认真学习就能掌握知识的那种程度，对学生的发展是有害的。现代心理学研究表明，儿童的天赋、才能和其他精神力量的显示和发展，是在促使他必须解决要求他付出一定的紧张和调动自己的内在力量的迫切任务的条件下实现的。他认为，学生在学习过程中遇到的困难是受主客观多种因素制约的，其中有这样一些经常起作用的因素：学习时间有限，知识容量日益增多，社会对年轻一代的教育提出日益复杂的要求，某些年龄、心理上的限制，教学的形式和方法与年龄特点和教学内容之间互相不完全适应，以及做到完全适应的极端困难性。这种种因素决定了在教学过程中不可能摆脱所有的学习困难。也就是说，学生的学习困难具有客观性。但这种客观的困难不应该成为学生不可逾越的障碍。如果教师能做到使学生有"我要"学习的强烈情绪，他们就有克服困难的决心。反之，如果学生不想学习，感到学习是别人强迫他干的事，容易的学习任务也会变得困难起来。在这中间，学生的情绪感受和动机在发挥作用。所以阿莫纳什维利认为，往往是克服困难所要求的条件（师生关系和交往方式，教师对儿童的态度，教学方法，学习评价等）不利于激起学生对克服困难的积极情绪，使他们对学习、对教师产生反感，从而厌学，害怕学习困难，甚至逃学。

通常认为，认识过程是人类活动的高级形式，其目的在于揭示自然和社会运动的新规律，获得关于自然和社会现象的新知识。而学生的学习是旨在理解、掌握人类已知的现成的知识。阿莫纳什维利认为，以这样的观点来处理教学问题有其片面性。确实，学生学习的是已被前人发现了的、系统化了的知识，在学习过程中，他们没有发现知识的"新大陆"。但对学生来说，这些人类已知的、系统化了的现成知识是未知的，因而，阿莫纳什维利认为，学生的学习活动像科学家的科学探索一样，具有"发现"新事物、"认识"新事物的特点。也正因为这样，他认为，学生的学习既是学习活动，也是认识活动，学生的学习过程是一个"亚研究"的过程。其间的差别在于，学生"发现"、认识的是在一定范围内前人已知的知识，并且是在教师的领导下获得的。

从学生的学习活动是"亚研究"的观点出发，阿莫纳什维利认为，学生的学习和认识活动与科学家的认识活动有一个主要之点是共同的，这就是能够给学生的学习活动带来认识"气息"的动机。他说："认识的动机——这是一种个性的状态,它总是与认识的客体直接有关的,因而在认识过程中起着积极的作用。学生的学习活动常常受到别的什么动机,有时是极端形式主义的、不与学习活动的结果相联系的动机所驱使,因此学生就觉得学习是一个强迫的过程,是一种'苦难'。"①

阿莫纳什维利分析了初入学儿童的心理状态。他认为,儿童入学初怀有的那种心理,这不是以自觉的和有积极作用的动机为支柱的学习渴望,而是加入到比他在学前期更重要的和为学习所充实而内容更丰富多彩的另一种生活中去的意向、愿望。但什么是学习,它必然会伴随着给他带来些什么——对此,他是一无所知的,并且也没有能力理解。虽然他会说,他想学会读、写、算,但这并不等于儿童认识到了学习的真谛。"儿童'想要'得到的,是他尚未认识的,是在今后给他提出日益复杂的学习任务时才能认识的东西。这就是显示学生真正的学习态度和学习活动的真实动机之所在。"② 因此,阿莫纳什维利认为,儿童对学习的积极态度和动机不是自然产生的,而是在教学过程中形成的。他说,儿童在入学初怀有的那种心理状态,对不断加强的发展和对学习的积极态度,对学习和认识活动的动机的产生和巩固,都是极牢固的基础。这一切都取决于教学的性质。从这一观点出发,阿莫纳什维利主张,"应该把教学理解为这样的一个过程,通过这一过程形成学生的学习和认识活动,以及他们对这种活动的完全合乎要求的动机。正因为没有一定的学习和认识的对象、教材,就不可能有学习和认识活动,所以,控制学习和认识活动,也就是形成对知识本身的一定态度"③。换句话说,阿莫纳什维利主张,教师控制教学过程应致力于两个目标:教会学生学习,使学生具有进行独立的学习活动的能力;形成学生的学习动机,使学生要学习,有旺盛的求知欲。他认为,这既是顺利进行教学的必要前提,也是教学的辩证发展的功能,因此,教师始终应在使学生"会学习"和"要学习"上下功夫。

阿莫纳什维利指出,解决使学生"要学习"(即使学生酷爱学习,有旺盛的求知欲,形成内在的学习动机)的问题比解决"会学习"的问题要复杂得多,也要困难得多。他认为,这一问题是受下列因素制约的:①教材的内容;②组织这些教材的心理学原理和教学法原则;③学生在学习过程中的独立自主性,认识对象和认识活动的种类、形式;④师生关系的性质。其中最主要的是:学生是在怎样的条件下接受学习任务的,是在怎样的条件下进行由自己的

---

① 阿莫纳什维利著:《学校没有分数行吗?》,教育科学出版社,1986年版,第17页。
② 阿莫纳什维利:《对学生的学习评价的教养和教育职能》,1984年俄文版,第153页。
③ 阿莫纳什维利:《对学生的学习评价的教养和教育职能》,1984年俄文版,第154页。

直接动机所激起的认识活动的。

为了解决这一问题，在实验教学中，阿莫纳什维利遵循下列原则。

1. 儿童个性的整体性。人的个性表现具有整体性的特点，因此，在教学过程中，教师要把儿童整个个性心理力量都发动起来，而不应只涉及注意、记忆、思维等个别的心理机能。在儿童的个性心理属性中，兴趣、需要、情感、意志、信念、动机等因素在教学过程中起着决定性的作用。儿童的行为和各种活动往往是适应自己的直接需要和动机而产生的。在教学过程中，由于教学过程的性质，在学生中也可能会出现这样的情况：他们的行为、活动与需要、动机之间不相适应。其所以会这样，这是因为在教学过程中不考虑儿童个性发展的实际方向性，他们觉得学习活动和教材是一种累赘，他们所熟悉的生活远离在教学过程之外，在课堂上过的是"装模作样"的生活，即思想开小差。

为了不致损害儿童个性的整体性，教学过程必须包括他的全部生活，其中也包括渴望和需要。应该使学生经常感受到自己的生活日益丰富，感到自己发展中的和日益扩大的认识需要和兴趣的满足。这就要求教师从儿童个性的立场出发控制教学过程。所谓个性的立场，就是要确认儿童个性的整体性，教学过程应考虑到儿童的潜在能力，他们的认识积极性、独立工作能力、发展等多方面的倾向性。

因此，要使学习成为对学生具有生活意义的事情，取决于教师控制学生学习的方式。控制方式应有助于使学生对学习活动产生好感，能激起他们接受和参加学习活动的渴望、志向，能促进学生个性的整体发展。

2. 发展认识能力。儿童有使自己的认识能力得到发展的渴望。这种发展也就是克服日益复杂的困难和障碍的过程。换句话说，从儿童的内心来说，他们是愿意克服在完成学习任务时可能会遇到的困难的，甚至渴望克服这种困难。迎着认识活动中的困难前进——这是认识活动趋向活跃化（积极发挥作用）的倾向性所引发的一种需要。所谓困难，这是认识能力在完成一定的任务中的活动极限。如果学习活动的难度超过了儿童认识能力的活动极限，该学习任务对儿童的发展水平是力不能及的；如果学习任务的难度处于认识能力的活动极限之内，该学习任务就是容易的。各种学习任务千差万别，其难度也是各不相同的，因此，它们是以不同的方式促进学生的认识能力的强化发展的，但真正困难的任务是这样的一种任务：它的完成需要有极度的智力紧张。

学习任务的难度与学生掌握学习活动的方式方法有着不可分割的关系。同一个任务，对没有掌握完成该任务的方式方法的学生来说，可能是力不胜任的，而对熟练地掌握了这些方式方法的学生来说，又可能是容易的。如果学生具有理论思维（抽象思维）的能力，能揭示完成认识任务的原则和确定完成任务的方式方法，其认识活动的水平就会更高。

学生的主体因素，即动机因素，是在扩大认识活动的极限中具有极重要意义的因素之一。激起认识活动并给以导向的某种动机可能会加强，也可能会削弱智力活动的紧张程度。因此，同一个学习任务，其难度对不同的学生是不同的：对某一学生可能是困难的，对另一个学生可能是力不胜任的，而对第三个学生又可能是容易的。

在认识活动中，学生的认识需要并不是以熟记、背诵、复现等为形式的简单和机械性的活动，而是以能推动学生钻研、掌握、研究、判明等为形式的扩展性的活动。因此，在选择学习活动的形式时，学生通常较喜欢参加扩展性的活动，而不喜欢参加机械性的活动。这是由认识能力的发展倾向性所决定的。在扩展性形式的活动中，发展的倾向性可以为认识能力的自由活动提供更多方面的可能性。采用扩展性形式的学习活动，是使教学借以成为对学生具有个人切身意义的途径之一。

3. 儿童有在教学过程中自由地积极施展自己的认识能力的渴望，教师要创造能满足儿童的这种渴望的条件。在教学中，如果学习活动的对象和形式与学生自由选择感的感受是相吻合的，学习活动的对象和形式就能在动机作用的基础上为学生所接受。但在实际的教学过程中，学习对象（教学内容、知识体系、教材）是不以学生的意愿为转移的。这与游戏不同，在游戏中，活动的对象（玩具、游戏本身）是由儿童自己选择的，并且，只要他玩得厌倦了，同样可以自由地退出游戏。学习则不同，他不能随心所欲，知识体系是由成人根据多种因素确定的，其中也包括学生发展中的认识能力这一因素，但知识体系不能充分满足儿童对学习对象和活动形式的自由选择的愿望。这一矛盾就是学生感到学习活动、教师要求他们学习的教材是强加给他们的原因所在。

解决这一矛盾的途径不在于教师迁就学生，而在于正是要在一定的教学阶段上，正是要使学生在掌握一定的知识体系的条件下，即在认识能力对于自由选择学习对象自由发挥作用受到限制的条件下，使学生把教师要求他们学习的、教育要求规定的学习任务作为自己自由选择的对象加以接受。

为此，教师要做到：第一，在教学过程中普遍确立互相信任和互相尊重的气氛。要确立这样的气氛，教师首先要相信儿童。所谓相信儿童，就是要相信儿童的能力，对他在学习上的成功要抱有信心。对尊重的理解是，重要的不是表面上的对学生彬彬有礼，而是要体现对他们的人格的尊重，使他有一种自尊感，对学生学习上的成功或失利，要有休戚相关、同情共感的心理状态。第二，以师生合作、共同创造的形式控制教学过程。第三，在教学中创造在教育要求上与教学大纲规定的教材同义的，但在学生主观上觉得学习任务是他们自己选择的那样一种教学情境。第四，满足学生对扩展性形式的学习活动的需要，保证使他们所有的认识能力都能够得到发展。第五，激起和培养学生创造性的和独立的认识活动的能力。

4. 使学生获得学习成功的快乐。学生在学习活动中的成就对他来说与成人在职业活动中的成就具有同样重大的个人意义和社会意义。学生的学习成就对他的认识能力和才能的进一步发展具有促进作用。在学生的基本需要中，除了发展的需要外，对有成效的学习活动的需要也是基本需要之一。

成功——这是经过一定的紧张的智力活动而达到的有个人意义和社会意义的劳动成果的体现。它能引起学生的满足感和愉快感。由于各种因素的影响，愉快或伤心的感受都有可能被加强或削弱。在这些因素中，对学习结果的评价的性质起着特殊的作用。经常感受到学习成功的快乐，可以使学生深信自己的力量，指引他们力争上游，去完成日益复杂的学习任务，巩固和扩大他们的社会立场。

但这并不意味着应该让学生在学习过程中只有成功的快乐，不能有失败和伤心。在认识过程中，这是不可能的事。全部问题在于怎样评价学生在学习上的失败，谁和怎样同情他的失败。如果评价归结为该生笨，没有才能，教师不是同情他，关怀他，帮助他，而是一连串的指责、羞辱，这无异就是在人为地抑制、削弱学生的内在力量，使他迷失方向，动摇他的动机基础，而不是促进学生明确学习目的，进一步完善自己的学习活动。教师的评价和集体评价都应以下述原则为依据：从学生发展中的和形成中的能力出发控制他们的学习。应该把学习上的失利看做是达到预定目的的"近邻"，是个人不可避免会遇到的由完善知识、经验、活动方法和一定的技能的必要性所引起的暂时阻滞。教师从这样的立场出发对学生的帮助和对他的失利的同情态度使教学过程充溢着互相信任和互相尊重的精神，有助于儿童顺利地纠正学习上的失误，进一步发展和形成他的独立的认识活动的能力。

5. 推动学生在掌握新知识方面不断向前发展。渴求新知被认为是认识活动的基本功能。一旦认识对象被认识，关于它的知识被掌握，认识活动的功能就停止发挥作用；而当新的认识对象（新的知识）被列入认识活动的范围，它又重新发挥作用。认识活动的范围是人对周围现实的动机定向；人的认识活动的范围是由已获得的经验、知识、技能、技巧、活动方法、发展和机能作用的倾向性的总和决定的。在认识新的对象的过程中，个人也随之而丰富、扩大、总结自己的知识和经验，并使之系统化，扩大认识范围的界限。因此，学生的认识能力和认识积极性的发展和形成，在很多方面都有赖于是否有目的地和及时地变换成为学生的新知识的和列入他的认识范围的认识对象。新的认识对象只有在不脱离学生已有经验的情况下出现时，它才能引起学生的兴趣，从而激起他们具体的学习活动的动机。

四、组织儿童的课堂生活
（或在课上使儿童得到生活的快乐）

关于儿童生活的观点也是阿莫纳什维利教育思想的重要理论观点。按照苏联传统的教育观点，培养儿童作好走向生活的准备是学校的重要教育任务。阿莫纳什维利认为，这种观点是片面的，这容易给人造成这样的印象，似乎学校生活不是生活。实际上，对儿童来说，学校生活也是生活，而且是儿童们现实的、极其重要的生活。他赞同俄国教育家乌申斯基的论断：儿童不仅在准备走向生活，而且他们现在已经在生活。

阿莫纳什维利把儿童生活分为两种不同水平的生活：一种是儿童自在水平的生活，即在教学教育过程之外无组织的环境里（校外、家庭等）的儿童生活；另一种是在有目的、有组织的教学教育过程中的生活，他又把这种生活称做为"第二种水平的生活。"他认为，教师的任务不在于否定儿童的自在水平的生活，而在于要善于帮助儿童抛弃在自在水平的生活中形成的可能会阻碍他的成长和导致破坏规定准则的坏习惯、坏品质，指引他们从后一种生活中找到自己生活的意义。

阿莫纳什维利把课也看做是儿童生活的重要组成部分，认为课是组织儿童生活（校内外生活）的基本形式（不是惟一的形式），儿童丰富多彩的生活是教学教育过程整体性的基础。他认为，只有这样，教学教育过程才能把儿童吸引住，以他们的本来面目接受他们，把他们培养成为社会所需要的人。他说："没有儿童个人的生活就没有他的个性。儿童是通过自己的生活，带着他固有的以天赋、才能、欲望为形式的自然力的财富加入到社会生活中来的。他上幼儿园，然后上学读书，丰富自己的生活经验。所有这一切与保证教育影响的环境发展着他的生命力。因为生活引导儿童奔向自己的未来，所以只有在给他提供这样的校内外生活的教育过程中他才能找到自己生活的意义。……在这样的学校里，他们的生命力、他们的活力能获得比他们在无组织的环境里能创造或获得更多的蓬勃发展的可能性。这种在儿童自在水平生活之外的第二种水平的儿童生活就是真正的教育过程。……给儿童带来他的生活意义的教育过程也就成了取之不尽的动机、激励、鼓舞和创造的源泉。"[1]

---

[1] 阿莫纳什维利："合作教育学的基本原理"，载《外国教育资料》，1990年第6期，第31页。

为了使儿童成为乐意接受教育的人，并从教学教育过程中找到自己生活的意义，阿莫纳什维利认为，教学教育过程必须具备下述两个基本条件。

第一，教学教育过程应考虑到儿童生活的各个方面。儿童每天到学校上课，不仅带着已掌握的知识、技能和获得新知识的愿望，而且也带着自己的生活经验、自己的志向、兴趣爱好、激情、印象、快乐和悲伤的感受。后者往往很少与学校中的教学和教育问题有关，而是与他们自己生活中的问题有关的。这些问题在他们的脑海里萦绕着，在跨进校门的时候，他们不可能把它们像物品一样寄放在校门外的某个地方。也就是说，他们不可能带着纯粹的学习愿望跨进校门，他们是以他们的本来面目跨进校门的。因此，学生在课上偷看什么，摆弄什么玩意儿，窃窃私语些什么，或者，有的学生有什么委屈、痛苦，对上课心不在焉，等等，这都是在情理之中的事。① 这里的问题不在于教师迁就学生这种与课无关的生活，而在于教师应实事求是地对待儿童，不能以抽象化的学生对待他们，也不能从成人化的立场出发要求他们做他们办不到的事，在与儿童的交往中要考虑他们的实际生活经验，要包括他们各方面的生活，关心他们的生活，成为儿童生活的同情者、参加者。不仅在课外，在课上也要这样做。只有这样，教师才能了解儿童，了解他们的个性特点、他们的内心世界，弄清楚每一个儿童的志向，从而通过深入细致的教育措施，把每一个学生的生活导向一个目标——获得知识和致力于自我完善。从这一观点出发，阿莫纳什维利认为，课不仅是教学的主要组织形式，也是组织和指导所有儿童和每一个儿童的生活的主要形式。

第二，以丰富多彩的现代生活充实课的内容，用儿童未来生活中固有的那些特性去丰富课的内容。在课上不仅要有儿童现在的生活，也有他们在将来要过的生活。这不仅指教学内容的科学性和现代化，反映人们的生活和劳动的生动有趣的故事，参观工厂、农村，与各种人物的会见等，而且还指高尚的人际关系、集体主义、团结友爱、同学情谊、互相帮助、互相支持、尊重人格等。后者不仅是教学和教育的内容，而且首先是师生在课上共同活动的准则。这样，学生在以他的本来面目来到学校上课的时候，他就会处在丰富多彩的现代生活和充满现实感受的生活之中，在这样的条件下，集体的和个别的认识活动就会因高尚的人际关系的精神而富有成效。

在实验教学中，阿莫纳什维利创造了一系列旨在使学生积极参加到教学过程中来的方法。以下略举几例。

1. 自我评论课。这是从小学二年级起在学习书面语的同时用来培养学生

---

① 关于阿莫纳什维利是如何处理这类问题的，请参见《孩子们，你们好！》第五章第三节。

的自觉性和自我教育的一种方法。

教师建议学生准备一个专门的本子，让他们在这个本子上写关于自己对某种事物、现象、事件的印象、感受、体会，使自己快乐的或伤心的事，自己的理想、幻想，分析自己的优缺点，以及如何改正缺点、积极上进的计划，等等，一句话，自己写自己，想写什么就写什么。在这种课上，教师可以给一些题目供他们参考。如，"使我高兴的和使我伤心的事"、"我是一个怎样的人，我想成为一个怎样的人？"、"我的同学对我的看法"，等等。学生写的内容对他人保密，不要求学生必须交给教师审阅，但在学生信任教师的前提下，学生乐意交给教师阅读，教师在审阅后给以某种劝告。

2. 编自己的"文集"。这是从小学一年级开始用来发展学生的创造力和独立工作能力的一种方法。

教师建议学生编自己的"文集"，让他们用白纸装订一本书模样的册子，给它起一个书名，如《小太阳》、《春天》、《和平》等。然后把这个册子装帧好，在目录页写上反映自己学习成绩的栏目。学生把自己认为自己的各类作业中最好的那些作业（如绘画、书法、数学题、造句、作文等）载入这个册子中去。

3. 编辑小书。这种方法的目的在于发展学生多方面的兴趣和能力，培养深入理解作品的主题、分析作品和用词造句的能力。

教师分发给学生印有童话、故事、诗歌的活页阅读材料，让学生把活页阅读材料按页次装订成一本小书。学生把毛边切齐，装帧封面，填上作者姓名、书名，给每一页上的生字加注释，在空白处画插图，在文章的末尾配上问题。在封里还写上封面设计者的姓名（即学生自己）。这一工作从小学一年级做起，每一个学生在一学年中一般共编8—10本这样的小书。

4. 让学生在课上给自己的同学作报告。这种方法可以培养学生的求知欲、兴趣爱好和独立工作能力，扩大学生的知识面，并可提高学生在同学中的威望。

如某一学生在某一领域有特长，某一学生会栽培某种植物，某一学生对罕见的自然现象感兴趣，某一学生收集到世界各国儿童生活的资料等，都可以让他向全班同学作报告。

在准备过程中，只对学生就选材问题作些指导，充分放手让学生自己去准备，使学生感到自己是这一方面的"专家"。报告要事先通知全班：哪一天，哪一节课，哪一个学生作报告，报告的内容是什么。在报告中，报告人也可以利用直观教具。报告结束后，听讲的学生可以向他提问，提出不同看法，并向他表示感谢。在这样的课上，教师像其他学生一样坐在学生的坐位上听课，他也可以向报告人提问。

5. 向教师提问。为了培养学生的求知欲、发展认识积极性和推动他们独立钻研去获取知识，阿莫纳什维利鼓励学生向教师提问。教师的回答应有助于进一步发展学生的认识兴趣和积极性，并能提高学生的自信心和自尊心。在有的场合，教师把问题记录下来，告诉学生，他自己要去查阅某种资料，在下一次的课上给予解答。（这并非教师真的解答不出，而是鼓励学生去独立钻研的形式。）

6. 与教师辩论。为了培养学生的创造性思维、独立思考和分析批判能力，阿莫纳什维利鼓励学生与教师辩论。他说，在学校里，教师是学生主要的辩论对手，而辩论的场所，主要是在课堂上。因此，在教学中，教师要善于创造使学生与自己开展辩论的情境。他不要求学生盲目服从教师，对教师惟命是听，认为那样做是培养不出具有分析批判能力、独立思考和创造精神的一代人的。

在他的实验教学中，从小学一年级起就开始采用这种教学方法。辩论可以在分析文学作品、评价某种道德行为、解答数学习题等场合进行。有时教师可以直截了当地告诉学生，他说的某个结论是错误的，要求他们证明，并使教师信服，错在哪里，为什么错了。有时教师以非常严肃、肯定的语调说出某个错误的结论，让学生"发现"错误，"纠正"错误。

阿莫纳什维利也鼓励学生之间就某一问题展开辩论，有时上辩论课，有时就某一问题时断时续辩论多次。这样做的目的，是为了培养学生对认真的智力活动的兴趣，培养他们的思维、判断和论证的独立性。无论是师生之间的辩论，还是学生之间的辩论，教师始终应该注意的问题是：使学生的认识需求不因满足而消失，而是要使他们表现出愈益强烈的求知欲。

7. 悄悄话。低年级学生很喜欢回答教师的提问，要求回答的愿望非常强烈，往往未听完教师的提问就已举起了手。他们所以这样，是因为想和教师交际，每一个儿童都希望教师提问他，与他交谈点什么。用悄悄话的方法可以满足儿童的这种愿望。采用这种方法还有另一方面的原因。

举例来说，教师出示一幅画有若干正方形的图形，要求学生说出图中有几个正方形。如教师指定一名学生回答，这名学生答对了，这道有趣的、要求学生开动脑筋的作业就失去了意义，没有找到正确答案的学生就不再去思考、钻研了。教学要求需要的是让所有的学生都找到正确的答案，用悄悄话的方法可以解决这一问题。此外，悄悄话也有助于在课堂上对个别学生进行个别帮助而不影响全班学生的思维活动。

8. 闭着眼睛做作业。这种方法像悄悄话一样，也可以促进儿童独立思考，便于教师在短时间内与更多的学生交往。这种方法往往与悄悄话配合运用。

例如，教师说："请大家低下头，闭上眼睛！……我想出一个数，给它加上6，它们的和等于9，请问，我想出的是哪个数？请伸出手指头告诉我！"学生低着头，闭着眼睛进行心算，伸出手指头显示答数。教师迅速地在坐位行间来回走动，对答对的学生，碰一下他的手指头，以示答数正确，对答错的学生，不碰他的手指头，用悄悄话在他耳畔复述一遍题目，要求他再想一想。这种方法延续时间一般不超过3分钟。

9. 跨入明天的5分钟。所谓跨入明天的5分钟，即在课上花5分钟时间让学生掌握教学进度若干周以后或高一年级教材中的某一内容，让学生绞尽脑汁去攻克今后要学习的某一难题，其目的是为了使学生勇于显示自己的智慧，感受到认识的快乐，增强对自己的能力的信心和具有未来感。他把这种方法称做"认识的拼搏"，他鼓励学生去翻阅教科书中未学过的内容，去做教师未布置的作业，去阅读规定给高年级学生阅读的书籍，去多多地向教师请教自己感兴趣的一切。他认为，这种"认识的拼搏"在童年时越多地使儿童入迷，在他们长大成人以后，将更强烈地酷爱创造性的和改造性的活动。

10. 让学生在课上当5—10分钟教师。这是阿莫纳什维利用来培养学生的独立工作能力的方法之一。每一个学生，只要他有这样的愿望，都有机会就教材的某一内容，在课上给自己的同班同学上5—10分钟课。在上课前，教师帮助该生选择教材，作必要的指导，至于上课的进程，使用什么教具，怎样讲解、提问、布置作业，均由该生自己准备。在该生上课时，教师也像一名学生一样坐在学生坐位上听讲、回答问题和做作业。

阿莫纳什维利把上述及他的其他方法看做是使学生在课上、在学习过程中得到认识的满足和快乐的途径。他认为，渴望获得知识、与人交往、自我决定、充分显示自己的能力，这是儿童固有的本性。因此，在每一堂课上，教师都要创造有助于充分体现儿童的这些渴望的条件，使每一个儿童都充溢着期待获得某种使他得到快乐的、有趣的、令人神往的新知识的感情，这就意味着儿童在课上有了生活的快乐。

五、实质性评价（略）[*]

六、教学内容的设计和课的结构

1. 教学内容的设计

在拟定实验教学大纲方面，阿莫纳什维利和他的同事们汲取了苏霍姆林斯

---

* 实质性评价问题字数较多，这里从略，详见《孩子们，你们生活得怎样？》附录。

基、赞科夫和达维多夫等人的经验，并考虑到了改变了的教学条件下小学生的潜力的可及性。实验教学大纲致力的目标是：促进小学生的一般发展，使他们具有独立的学习和认识活动的能力，形成内在的学习和认识活动的动机。在教学大纲中也体现了培养学生自我评价和自我控制能力的要求。根据这些目标，阿莫纳什维利赋予区分基本的教学单位和设计教学结构以特别重要的意义。

所谓教学单位，他指的是一门学科教材中若干基本的核心内容，其他有关的局部知识、事实和派生的概念都是以这一核心内容为转移的。所谓教学结构，他指的是把教学任务、教学单位、学生的学习和认识活动、教学法的方向性等方面综合为一体的一个独立完整的体系。区分基本的教学单位，也就是突出教材中基本的核心内容，其目的是为了引导学生从事物的整体状态中揭示其局部，从整体的局部中理解其整体性的特征。

按照苏联传统的教学方法，教师把教材分割成一小块一小块，点点滴滴地教给学生。阿莫纳什维利认为，这样的方法虽然也能使学生获得一定的知识，但不利于他们获得关于这些知识的整体性认识和这些知识之间可能有的内在联系的概念，也不利于他们掌握从整体的各个局部中概括出整体性特征的方法。这样的教学，对学生来说，好像在森林里的一棵棵树木之间绕来绕去，只见树木，不见森林，结果就延缓了他们掌握最主要的东西——知识体系、抽象思维能力和活动的方式。

下文以小学语文学科为例概述阿莫纳什维利教学内容设计的特点。他把语文教学的内容分为发展口语、形成阅读和书面语的动机、理解语言规律（语法）、培养伦理道德和美学需求等教学结构。

形成阅读动机这一教学结构，作为一个教学单位而言，它以理解所读内容的能力为基础。这种能力是整体性的，它包括阅读技巧（出声朗读、默读、词语和句子连读）和理解所读内容的方法。培养理解所读内容的能力还有赖于各种先期的能力和相应的操练，其中包括语言单位（词、句子）的具体化、会认读字、词语、句子，掌握字母连读的方法等。形成阅读动机这一教学结构，作为具体化的教学过程而言，它是建立在这样的路线的基础上的：从掌握读词语和句子的一般方法上升到理解所读内容的能力。

在教学实践中，阿莫纳什维利汲取了 Д. Б. 艾利康宁的经验，引入了一个他称做"准阅读阶段"的教学阶段，即用约定的符号表示未学过的字母（画"○"表示）和单词（画"▭"表示）的方法教会学生认读单词和句子的一般方法（用长方形的拼字板涂上不同颜色表示不同的词类，如：▭ ▭ ▭！）这有助于推动初入学儿童阅读动机的形成。在实验学校里，一年级学生都在字母教学阶段（相当于我国小学一年级汉语拼音字母教学阶段）结束前就已掌握了所有字母。在教学过程中伴之以大量的阅读练习，有力地促进了学生理解所读内容的能力的发展。

在二、三、四年级，除了进一步完善阅读技巧外，让学生阅读内容充实、情感丰富和艺术水平较高的文学作品。它们的内容和对它们的有系统的研究，促进学生理解作品的伦理道德意义，从美学角度评价艺术语言的感染力。对作品的系统研究旨在使学生掌握通过上下文、借助词典揭示词汇意义的方法，通过揭示作品标题的含义、用图画表达作品的内容、在课上就所读作品交换意见等方法，使学生理解作品的内容实质。在教学中较多注意就所读作品进行讨论、辩论的方法，较少采用复述作品内容的方法。上述种种方法和在班上师生之间、学生之间互相关心、互相爱护的气氛，激起了学生强烈的阅读渴望。

在形成阅读动机的过程中，教师和学生的评价活动的对象有两个方面：第一，理解所读内容的完整性、准确性，阅读的速度和表达力，就所读作品表达自己的独立见解的能力，独立阅读的深广度和酷爱程度；第二，对文学作品本身的评价，它的内容、伦理道德意义、艺术性和美学感染力。

形成书面语动机这一教学结构以发展学生书面叙述自己的印象、感受和判断的能力为基础。这一教学结构与上述结构是互相交织在一起的，也就是说，学生的书面表述能力与阅读能力是相辅相成的，都不是孤立地形成的。

根据维果茨基关于书面语是语言的代数学的论断，阿莫纳什维利指出，书面语不等于把口语简单地转化为书写符号。学会了书写技巧，不等于就掌握了书面语。书面语有如下特点：

①抽象性，即书面语是在思想中呈现的语言，并不是言之于口、闻之于耳的，这是儿童在掌握书面语过程中最大的困难之一；

②书面语是独白，是在白纸上与想像中的对象，或以自我为对象的谈话，即书面语是没有具体的谈话对象的语言；

③书面语要求具有双重抽象能力，即语言的语音抽象和谈话对象的抽象；

④把最大限度密集的内在语言，即自己内心所想的语言，转变为最大限度展开的语言，即给别人阅读的书面语，要求儿童具有极其复杂的随意构造意义结构的反应能力；

⑤儿童之所以较难掌握书面语，就在于缺乏双重抽象能力和随意构造意义结构的反应能力，然而，如同学会代数并不是反复地学习算术的结果一样，语言的代数学，即书面语，完全可以使儿童领会语言的高度抽象的一面，与此同时，也因之而改造从前所形成的口语的心理系统。

基于这样的认识，阿莫纳什维利认为，儿童的书面语能力可以及早地被唤醒，从他们入学第一天起就应该注意培养他们的书面语能力，而不必像传统教学法建议的那样推迟到较高年级才教他们掌握书面语。

在一年级最初阶段，与上述"准阅读阶段"相适应，在形成书面语的动机方面，也有一个"准书面语阶段"，即用约定的符号"书写"单词和句子。这是引发儿童书面语能力的最简便、最普通的方法。其特点是，它包括了作为书面语整体一部分的词语和句子的所有书面语因素。"准书面语"具有转化为真正的书面语的倾向性。这样的方法可使刚开始学校生活并渴望学会书面语的一年级小学生得到写的需求的满足。在实验学校里，一年级学生在开学初的第一个月内都能用这种方法"写"出自己想出的单词和句子。实验学校有专门的旨在激发学生独立书写的积极性的练习册：按所给图画"写"单词和句子，把不完整的句子写完整等。练习册上还印有空格，教师鼓励学生在上面"写"反映自己的生活和印象的句子。

在过渡到学习字母阶段时，已掌握的用约定符号"写"单词和句子的方法得到了深化：已学的字母被列入到书写单词和句子的过程中去，逐步排除约定符号。在这一阶段，学生用已学过的字母和约定符号混合的方法书写单词和句子。语文识字课本和练习册给学生提供了大量的各种形式的书面语作业，日益完善的书写关于自己的生活和印象的句子的能力又激励着他们去做各种书面语练习。

在学会全部字母和具备了书写单词和句子的能力以后，就过渡到培养书面语能力的阶段。实验学校有专门的书面语练习和教学用的材料，其致力的目的是：指导学生正确用词造句，完整地、准确地叙述事实，合乎逻辑地和正确地表述自己的印象、感受、思想等。书面语能力的日益发展，为学生书面语动机的出现创造了良好的条件。学生逐步从书写单词和句子的动机过渡到写反映自己的生活和印象的作文、日记和编写童话、故事等。

在形成书面语动机的过程中，教师和学生的评价活动的对象是：从读者的立场出发写作，书面叙述和表达正确，条理清楚、合乎逻辑，内容完整，有表达力，没有错误。在教学过程中，通过分析、评价某些学生的书面语作业，推荐评论、讨论自己的《文集》和其他书面语作业的方法，形成评价书面语作业的标准。

在作为教学内容基本单位的理解语言规律的教学结构方面，在实验教学中特别注意作为语言整体性的一种模式和语言现象多样性的普遍形式的句子。在句子中最鲜明地体现了语法现象重要的相互关系和控制语言活动的基本的语法规则。因此，阿莫纳什维利把句子看做是与发展语言相关的语法教学赖以组织的最概括的结构。对学生来说，句子是他们在学习活动中借以理解作为整体现象的语言和它的整体中各个局部现象，以及揭示作为词类分类原则的词在句中的属性的依据。

在实验学校里,这一教学结构的组织形式是为三、四年级编写的语文练习册和各种控制学生理解语言规律(语法)的过程的方法。这一教学结构的教学方法主要地不是教师讲解语法规则,而是让学生通过由浅入深、由简单到复杂的各种有系统的练习中自己得出结论,理解语言规律。

2. 课题计划和课的结构

实验学校实行 5 日周工作制,即每周上课 5 天,有两个休息日。多出一个休息日用来组织学生开展课外、校外活动和社会实践活动。每节课 35 分钟,与其他学校相比,每天少 25—35 分钟,每周多出 4 小时左右。多出的时间用于:每周 2 小时(120 分钟)课外活动,另 2 小时不作安排,可提早放学。

由于实验学校的课时大大减少,但教学要求不降低,因此要求教师做到:第一,精确设计每一堂课和课上每一分钟的教学活动,明确规定每一堂课的教学目的和预期的教学效果;第二,使学生在课上的认识活动最优化,加强课的发展功能。

为了最经济、最有效地分配课时,要求教师根据儿童在某一教学阶段上必须掌握的知识、技能、技巧设计全学年以课为单位的课题计划。拟定课题计划的依据是:本门学科的教学目的、该学科教学大纲规定的大体上独立完整的教学单位和教学班学生的能力和发展水平。此外,根据阿莫纳什维利的观点,课是在整个教学过程的长河中按照教学要求加以组织的连续的、多种多样的、实际的教学进程的体现形式。在教学过程的长河中,这些组成教学内容的进程都有其开始、发展和完成的一定延续时间,在实际的教学工作中,会出现这样的情况:当某一教学内容的进程刚开始时,另一个进程可能已处在发展中或完成的阶段上。就具体的教学任务来说,不同的教学任务需要的课时数也是各不相同的,因此,教学任务又有其独特性、多样性和多方案性的特点。这也是设计课题内容和课题计划的依据。

课题计划的样式如下:

1	2	3	4	5	6
课的序号	校历时间	教学目的、任务	教材	时间(分钟)	评价课的教学内容和效果

第 1 栏——填写本学年所有课的序号。语文、数学、俄语每学季(1/4 学

年）各留出3—5节课不作具体安排，视有必要，教师可用来复习、巩固、加深学生在某一方面的知识。

第2栏——根据课程表填写上课的日期。

第3、4栏——反映学生在一般发展，掌握知识、技能、技巧方面可能有的进展，这两栏是课题计划的核心内容。

第5栏——填写本节课的教学任务各项内容大体的时间划分。

第6栏——教师在本节课上完后填写自己对该节课的分析、评价和对教材分量的意见。

课题计划应在新学年开学前拟定好，在具体执行过程中可根据实际情况进行修改补充。学年结束后，根据预定的教学目的和实际的教学效果进行修订和完善。

在实验教学中，阿莫纳什维利给教师提出了关于课的结构（不是环节）的建议。由于各门学科的特点不同，因此每一门学科的课的结构都有其自身的特点，但根据实验教学的基本原则，在各门学科的课的结构中又有共同的组成部分，这些共同的组成部分大体如下。

①确定学习和认识任务，激起学生对独立的和集体的学习和认识活动、获得知识的兴趣和动机。这一课的组成部分通常都安排在课开始的时候。

②组织和控制使学生掌握教材、发展他们的能力和形成技能的过程。这一课的结构成分是课的结构中最基本的核心部分。由于组成它的实质的教学目的和任务的多样性，决定了它在不同课上的多方案性。

③教师和学生个别的或集体的实质性评价活动。评价在课的结构中不是孤立于学生的学习和认识活动之外的一个组成部分，而是伴随着完成学习和认识任务的过程同时进行的活动。

④根据确定的学习和认识任务对课进行总结，学生提出完善自己的知识、技能、技巧的任务。这一组成部分通常安排在课结束的时候。

在实验教学中，规定了不断推动学生在掌握新知识方面向前发展的原则，因此，在课的结构中没有如传统教学中的复习巩固这一环节。但这并不意味着阿莫纳什维利忽视复习和巩固旧知识。他的做法是：通过对教材的教学法处理，把复习旧知识精心安排在掌握新知识的过程中进行。在必要时安排专门的课来复习关键性的教材，巩固特别重要的知识。在教学实践中，重视培养学生独立工作的能力，通常都要求学生在家里独立预习次日要学习的新教材，学生在上课前对新教材已有一定的认识，教师就有可能使课从掌握新教材开始。

在课的结构中也没有在传统的课上占有主导意义的检查知识这一环，但这也并不意味着阿莫纳什维利忽视检查学生知识水平的重要性。在实验教学中，主要是改变了作为课的结构成分的检查知识的动机作用。他把检查知识、技能、技巧水平看做是这样的一个过程：一方面，完善学生掌握的知识、技能、技巧本身；另一方面，帮助学生发现在掌握知识、技能、技巧方面的疏漏和缺点，并弥补疏漏和克服缺点。在这样的动机作用下，检查学生掌握知识的水平的过程就具有了师生之间实事求是关系的形式，分析和自我分析、批评和自我批评、评价和自我评价的形式。在实验教学中，检查是在学习新教材的过程中，在做各种练习和书面作业中，在各种不同场合实际运用知识中，以及教师对学生的学习和认识活动的日常观察中进行的。此外，课的核心结构部分也负有检查学生掌握知识质量的任务。

总之，这一课的结构不是公式化的课堂教学的程式和环节，而是对教师设计每一堂课的原则性要求，在具体的教学实践中，教师应该根据本门学科的特点、教学内容、课的性质、学生的能力和发展水平，创造性地加以运用。

* * * *

以上是对阿莫纳什维利实验教学体系的几个主要方面的简要介绍（关于学习评价问题见《孩子们，你们生活得怎样?》附录）。据有关专家对实验学校和一般学校同年级学生在学习态度、动机，掌握知识、技能、技巧的水平，独立思考、独立工作能力等多方面的对比测验，实验教学取得显著的成就。主要有下述两个方面。

1. 改变了动机—关系体系（学生对学习的态度、教师对教学的态度、家长对评价的态度、师生关系、学生间关系、学生与家长的关系、教师与家长的关系），学生对学习积极主动，有较正确的学习动机，有旺盛的求知欲，教学民主、师生关系融洽，消除了在传统教育中常见的师生对立和冲突，学习和学校生活成了学生渴求的乐事。

2. 学生在一般发展，掌握知识、技能、技巧的质量，独立思考和独立工作能力等方面均大大超过一般学校同年级学生的水平。

阿莫纳什维利的实验涉及到了学校教育的方方面面，是一项整体性的改革小学教育的实验。他的实验具有很大的独创性，他对教育问题的一些见解与苏联传统的观点也有差异，有的甚至是对立的。无疑，正如他自己所说的，他在教育问题上的见解，读者并非都是能够接受的。但有一点是可以肯定的，即中小学教育的内容和方法必须根据现代社会的需要和时代的发展加以重新认识和进行改造。

责任编辑　薛　莉
版式设计　吕　娟
责任校对　徐　虹
责任印制　叶小峰

图书在版编目(CIP)数据

孩子们，你们好！/(苏)阿莫纳什维利著；朱佩荣译．—2版．—北京：教育科学出版社，2005.9(2024.6重印)

(学校无分数教育三部曲)

ISBN 978-7-5041-3179-9

Ⅰ．孩… Ⅱ．①阿…②朱… Ⅲ．小学—教学研究 Ⅳ．G 622.0

中国版本图书馆 CIP 数据核字(2005)第 109631 号

北京市版权局著作权合同登记　图字：01-2015-7821 号

出版发行　**教育科学出版社**

社　址　北京·朝阳区安慧北里安园甲 9 号	市场部电话　010-64989009
邮　编　100101	编辑部电话　010-64989363
传　真　010-64891796	网　址　http://www.esph.com.cn

经　销	各地新华书店		
印　刷	三河市兴达印务有限公司		
开　本	720 毫米×1020 毫米　1/16		
印　张	17.75	版　次	2002 年 2 月第 1 版 2005 年 9 月第 2 版
字　数	290 千		
定　价	62.00 元	印　次	2024 年 6 月第 20 次印刷

如有印装质量问题，请到所购图书销售部门联系调换。

Original Title：
З дравствуйте, дети！
By Shalva Amonashvili
Russian text copyright © Shalva Amonashvili，2015
All rights reserved

This Chinese edition is translated and poblished by permission of PROPRIETOR. The Publisher shall take all necessary steps to secure cupyright in the Translated Work in each country it is distributed.

本书中文版由**权利人**授权教育科学出版社独家翻译出版。未经出版社书面许可，不得以任何方式复制或抄袭本书内容。
版权所有，侵权必究